궁예의 나라
태봉
그 역 사 와 문 화

김용선 엮음

# 궁예의 나라
# 태봉
그 역 사 와 문 화

일조각

궁예가 세운 나라, 태봉은 24년간 존속하였다(895~918년: 이 기간에 이름은 몇 차례 바뀌었지만 전성기를 구가하던 시대를 따라 이 나라의 이름을 일단 태봉이라고 부르기로 한다).

태봉의 역사는 14년간 유지되었던 대한제국보다는 길지만(1897~1910년), 견훤이 세운 후백제의 48년보다는 훨씬 짧다(889~936년). 그나마 대한제국은 조선의 수백 년 된 역사적 정통을 고스란히 계승하였을 뿐 아니라 고종과 순종이라는 두 황제가 대를 이었고, 후백제 역시 견훤과 신검 부자가 대를 이어 통치하였다. 그러나 태봉은 궁예 당대로 멸망하고 말았다. 이러한 점에서 태봉은 한국 역사상 가장 단명하였던 국가라고 해도 좋다.

이처럼 단명하였던 나라 태봉과 그 나라의 국왕 궁예를 우리가 주목하는 이유는 무엇인가? 신라의 왕족 출신으로 중이 되었던 궁예는 891년에 북원(강원도 원주시)의 세력가였던 양길의 휘하에 들어가면서 정치적 야심을 본격적으로 키우기 시작하였다. 그 이듬해 양길의 군사 100여 명의 지원을 받아 주천(강원도 영월군) 등지의 공략에 나섰던 궁예는 894년에는 명주(강원도 강릉시)를 점령하면서 무리를 3,500명으로 키웠고, 그 이듬해인 895년에는 후고구려를 세우고 스스로 왕임을 선포하였다. 변방에서 공식적 활동을 시작한 뒤 불과 5년 만에 중앙의 역사무대 한 가운데에 우뚝 서게 된 것이다. 견훤은 889년에 후백제의 왕임을 자칭하였다고 하므로 궁예의 건국은 견훤보다는 6년 정도 뒤지지만, 전성기 때 궁예영역은 삼한 지역의 3분의 2에 미칠 정도로 선발국 후백제를 압도하기도 하였다.

한편 국왕이 된 뒤 궁예는 자신이 미륵불임을 자처하고, 그가 다스리는 나라를 미륵의 이상세계로 만들고자 노력하였다.

우리 역사상 정치적 군주가 자신을 부처라고 주장한 것은 궁예가 유일하고, 국왕을 신격화하면서 신정적 전제주의를 직접적으로 추구한 국가 역시 태봉이 유일하다. 이러한 그의 노력은 지나치게 급진적이고 무자비할 정도로 과감하였기 때문에 후대의 역사가들, 특히 유교적 이념에 충실하던 역사가들은 그를 '폭군'이라는 고정적인 이미지로 형상화하고 말았다. 그러나 불만과 모순에 가득 찬 당대의 현실을 이상사회로 개혁하고자 애쓰던 그의 모습은 '정사正史'보다는 설화나 전설 속으로 녹아들어가 민중 속에서 그 생명력을 면면히 이어가게 되었다. 실제 궁예를 내쫓고 태봉을 멸망시킨 고려까지도, 이 나라의 이름이 말해주듯이 일정 부분 궁예와 태봉의 역사적 정통성을 계승하였음을 공식적으로 선포하고 있기도 하다.

이와 같이 볼 때, 비록 짧은 기간 명멸하고 말았지만 궁예와 태봉은 우리에게 여러 가지 면으로 역사적 흥미와 관심을 불러일으킨다. 즉 궁예의 건국을 돕거나 지지한 세력은 누구였고, 태봉을 이끌어간 통치체제와 사상적 기반은 구체적으로 무엇이었으며, 정통 역사기록 이외에도 적지 않게 남아 있는 궁예와 관련된 각종 유적이나 민간전승들은 얼마만큼의 역사적 사실을 반영하고 있느냐는 문제 등이 그것이다. 이러한 문제들은 궁극적으로는 태봉이라는 국가가 한국사에서 차지하는 역사적 의의는 과연 무엇이냐는 점으로 귀착될 수 있다.

실상 이러한 문제에 대해서는 그동안 많은 관심이 있었다. 이 책의 부록으로 길게 제시한 '참고문헌 목록'이 그러한 사실을 잘 보여준다. 그런데도 이제 이 책을 새롭게 만든 이유는 궁예와 태봉에 관한 여러 문제를 단편적인 주제로서가 아니라 상호 종합적으로 연관을 지으면서 입체적으로 검토하고자 하였기 때문이다.

그리하여 이 책의 구성을 크게 두 부분으로 나누었다. 즉 1부에서는 궁예 세력의 형성과 건국, 몰락에 이르기까지의 과정을 주로 문헌자료에 의한 전통적인 역사연구의 방법으로 검토하였다. 2부에서는 불상이나 성곽 등과 같은 각종 유물과 유적, 민간설화와 아울러 문학이나 영상작품을 통하여 그려진 궁예의 자취와 모습을 분석하였다. 또 각각의 주제들을 다루면서 새로운 학설을 제시하기보다는 기왕의 연구성과를 세밀히 검토하고 충분히 섭렵하여 누구라도 쉽게 읽고 이해할 수 있는 내용을 담고자 하였다. 다시 말해 이 책이 궁예와 태봉에 관한 최초의 충실한 개설서이자 앞으로의 본격적인 연구를 위한 종합입문서와 같은 역할을 해주기를 기대한다.

이 책은 태봉 철원 정도 1100주년을 맞아 강원도 철원군의 지원으로 이루어진 『태봉국 역사문화유적 학술조사 연구용역보고서』(2006)를 토대로 하여 만들어졌다. 그러나 이 보고서 작성에 참여한 12명의 필자들은 이 책을 내면서 엮은이의 의도에 맞추어 여러 차례의 토의 과정을 거치면서 새롭게 원고를 다듬어주었다. 이러한 노력에 대한 평가는 학계와 독자들이 내려주겠지만, 엮은이로서는 번거로움을 마다하지 않고 기꺼이 협력해준 필자들께 감사할 따름이다. 또 보고서에 이어 이 책을 내도록 허락해준 철원군의 정호조 군수와 태봉국철원정도기념사업회에도 감사한다. 한편 한림대학교 대학원의 김태욱 씨의 헌신적인 노력이 아니었으면 이 책의 발간은 아마도 불가능하였을 것이다. 또 저마다 다른 필자들의 개성을 충분히 살리면서도 전체적인 조율을 이루어낸 일조각 편집부에도 역시 깊게 감사한다.

2008년 7월

엮은이 김용선

차례

책을 내면서 5
머리말 10

1부　궁예와 태봉, 건국에서 몰락까지 —역사와 정치 그리고 문화

1장 궁예의 세력 형성과 건국 19
출신 19 ㅣ 출가와 승려 생활 21 ㅣ 반란군 가담과 자립 24 ㅣ 철원 진출과 도읍
설정 29 ㅣ 송악 천도와 건국 33

2장 태봉의 중앙정치기구 37
마진 시기, 광평성체제의 성립과 호족연합정권 38 ㅣ 태봉 시기, 광평성체제의 변
화와 신정적 전제주의 43

3장 태봉의 종교와 사상 56
궁예왕과 미륵신앙 57 ㅣ 궁예왕과 유교적 정치이념 61 ㅣ 궁예왕과 풍수도참설
68

4장 궁예정권의 영토확장과 영역변화 75
궁예의 초기 활동지역 76 ㅣ 양길 휘하에서의 활동지역 79 ㅣ 송악 도읍기의 영토
확장 82 ㅣ 마진 시기의 영토확장 83 ㅣ 태봉 시기의 영역 85

5장 태봉의 대외관계 93
태봉 대외관계의 실상 94 ㅣ 태봉 대외관계의 성격과 평가 104

6장 태봉의 정치적 지향과 유산 112
마진·태봉 시기 궁예의 정치적 지향 113 ㅣ 왕건의 고려 건국과 궁예의 정치적
유산 120

**2부　태봉의 자취를 찾아서** – 유물과 유적 그리고 전설

**1장 철원 지역 성곽의 성격** 133

철원 지역 성곽의 현황 134 │ 궁예와 철원 일대의 성곽 153

**2장 철원 월하리 유적의 조사 결과와 성격 검토** 161

월하리 유적의 위치와 주변 현황 162 │ 월하리 유적의 조사 내용 163 │ 월하리 유적 관련 문헌기록의 검토 177

**3장 태봉 지역 불교미술에 대한 시고** 184

태봉시대 불교미술의 성격 185 │ 태봉 지역의 불교조각 188 │ 중부 지역 불교조각의 새로운 요소와 그 의의 201 │ 태봉 이후의 불교조각, 궁예미륵 203

**4장 전설에 나타난 궁예왕** 210

문헌전설에 나타난 궁예왕 211 │ 구비전설에 나타난 궁예왕 214

**5장 문학·영상작품에 그려진 궁예왕과 태봉** 229

문학작품에 그려진 궁예왕과 태봉 230 │ 영상작품에 그려진 궁예왕과 태봉 236

맺음말 247
주 259
관련연표 277
참고문헌 281
찾아보기 295
이 책을 쓴 사람들 302

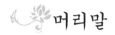# 머리말

김 용 선

    9세기 이후 신라사회는 커다란 격변기에 돌입하였다. 전제왕권에 대한 진골귀족들의 반발이 왕위쟁탈전으로 번지면서 신라사회를 지탱해주던 진골 중심의 골품체제가 크게 흔들리게 되었다. 또 지방에 대한 중앙정부의 통제력이 크게 약화되는 가운데 잦은 반란에 따른 막대한 경비 지출과 중앙귀족들의 사치스러운 생활은 농민의 부담을 더욱 가중시켰다. 그 결과 신라의 전통적인 권위에 반발하는 분위기와 신라사회에 대한 불만이 급격하게 확산되었다.

    진성여왕 3년(889년) 중앙정부는 재정적인 위기를 타개하고자 지방의 주 · 군에 조세 납부를 독촉하였는데, 이를 계기로 지방의 불만은 곧 반란이라는 형태로 폭발하였다. 반란은 곧 전국으로 번져갔다. 반란군 중에는 일정한 지배 영역을 확보하고 그 영역에 대한 조세, 공물, 노동력을 마음대로 수취하면서 독자적 군사력과 경제력을 갖춘 세력가들이 나타났는데, 이들을 호족豪族이라고 불렀다. 호족 가운데에는 정권의 형태를 지니면서 신라에 대항하는 세력으로 성장한 이들도 있었다. 그중 대표적인 인물이 궁예弓裔와 견훤甄萱이다. 이들은 마침내 고구려와 백제의 부흥을 표방하면서 각자 나라를 건국하였다. 신라의 통일이 무너지고 후삼국시대가 전개되기 시작한 것이다.

그렇다면 이 시기의 역사를 어떻게 이해하는 것이 올바른 것인가? 흔히 '나말려초'라고 부르듯이 신라의 쇠망과 고려의 성립이라는 과도기적인 시기에 불과한 것인가? 아니면 '후삼국시대'라는 명칭에서 보듯이 30여 년간의 짧은 기간이지만 어엿한 독립왕조 국가의 형태를 갖춘 세 나라가 서로 쟁패하던 시기로 보아야 할 것인가?

이 책은 이러한 문제를 좀더 구체적으로 검토하기 위하여 만들었다. 신라에 대한 불만과 반발로 말미암아 분열과 혼란의 시대가 도래하였다면, 그 분열과 혼란을 수습하려는 인물들은 어떠한 과정을 거쳐 독자적인 세력을 확보하였고 구체적으로 어떠한 정책을 시행하였는가? 그들에 의해 새로 건국된 국가가 일정한 기간 동안 독자적인 지배력을 행사하였다면, 그 국가의 통치조직은 어떠하였고 지배이념은 무엇이었는가? 또 후삼국의 세 국가가 모두 신생 국가인 고려에 의해 멸망하였다면, 몰락 요인은 무엇이고 그들의 역사적 유산은 고려라는 국가에 어떻게 계승되었느냐는 중심 과제들을 다루고자 한다.

이 책은 궁예를 중심으로 이와 같은 주제들을 풀고자 한다. 즉 후삼국시대의 한 축을 이끈 궁예라는 인물과 그 세력의 특성, 그가 세운 태봉정권과 그 성격 등의 문제들을 구체적으로 검토하여 이 시기의 역사적 의의를 심도 깊게 살펴보고자 한다.

실상 궁예나 태봉과 관계있는 자료들은 많지 않다. 가장 중요한 사료라고 해야 『삼국사기』의 마지막에 견훤과 함께 실린 궁예의 전기와 『고려사』 첫머리에 있는 「태조 세가」의 태조 즉위년 이전 기사, 열전에 단편적으로 실린 기사 몇 개를 꼽을 수 있을 따름이다. 또 이 기사들은 궁예를 멸망시킨 고려의 입장에서 서술된 것이기 때문에 주로 궁예와 그 정권에 대하여 부정적인 모습을 부각시키는 데 중점을 둔 것이 대부분이다. 그러므로 이러한 점은 이들에 대한 역사적 사실이 심하게 왜곡되었을 것이라는 심증을 굳히게 한다.

따라서 이러한 자료의 제한된 성격 때문인지 지금까지 궁예와 태봉에 대한 관심은 비교적 많았지만 실증적이고도 구체적인 연구는 아직 제대로 실시되지 않았다고 할 수 있다. 실상 그동안의 연구는 궁예에 대하여 초점을 맞춘 것보다는 후삼국시대 전체를 조망하는 가운데 그중의 한 부분으로 연구되거나 아니면 고려 건국 이전의 과도기적인 전사前史로 취급되는 경우가 더 많았다. 그렇지만 이러한 연구를 통하여 나말려초나 후삼국시대에 관한 여러 사실이 다양한 각도에서 검토되면서 궁예나 그와 관계있는 모습들도 조금씩 밝혀지게 되었다. 그러므로 이러한 연구성과들을 다시 한번 정리하고 점검한다면 궁예와 태봉에 대해서도 좀더 종합적이고 체계적인 이해가 가능하지 않을까 하는 생각이 든다.

궁예와 태봉에 대한 특성을 집중적이면서도 체계적으로 이해하고자 할 때 다음과 같은 점들을 검토할 필요가 있다.

첫째, 궁예가 독자적 세력을 형성하여 마침내 건국하기까지 어떠한 과정을 거쳤느냐는 것이다. 궁예는 신라왕족 출신으로 승려가 되었다가 반란군에 가담한 뒤 점차 독자세력을 구축하여 마침내 국가를 건국하고 왕이 된 인물이다. 그렇다면 이와 같은 출신 배경이나 승려 생활은 그의 사회적 진출에 어떠한 영향을 끼쳤으며, 또 지배자로서의 그의 세력은 어떻게 형성되었고 그 세력의 정치·사회적 배경은 무엇이었는지 검토하고자 한다.

둘째, 궁예는 국가를 어떻게 통치하였느냐는 점이다. 특히 궁예는 국왕으로 즉위한 이후 강력한 전제왕권을 행사하였는데, 그 과정에서 독자세력을 구축한 호족들과의 관계는 어떻게 맺었고 그들 간에 어떠한 통치기구를 만들고 운영하였는지에 대한 것이다. 또 한편으로 고려는 건국 초기에 태봉의 정치기구를 대부분 이어받았으므로 태봉의 정치기구에 대한 연구는 신라 말과 고려 초의 정치·사회변동에 대한 이해를 높이는 데에도 기여할 수 있다.

셋째, 태봉의 종교와 사상에 관한 문제이다. 궁예는 901년 건국 이후 국호를 고려(후고구려)에서 마진摩震(904년), 태봉泰封(911년)으로 바꾸었을 뿐 아니라 연호도 무태武泰(904년), 성책成册(905년), 수덕만세水德萬歲(911년), 정개政開(914년)로 여러 차례 바꾸었다. 또 국호를 태봉으로 바꾸던 911년을 전후한 시기부터는 자신을 미륵불로 내세웠다. 이렇게 국호와 연호를 자주 바꾸고 스스로 미륵불이라고 칭하였다는 점은 궁예의 정치가 특히 사상과 매우 밀접하게 연관되어 있다는 사실을 말해준다. 특히 당시 후삼국사회에서는 선종과 함께 풍수도참설이 크게 유행한 시기였으며, 신라의 골품체제에 반발하던 유학자들 일부는 궁예정권에 참여하여 중요한 역할을 하였다. 이렇게 사상적으로 복잡하게 얽혀 있던 시기에 궁예는 과연 어떠한 사상을 기반으로 하여 국가를 이끌었으며, 그것이 가지는 의미는 과연 무엇인지 주목할 필요가 있다. 이러한 점은 한국사에서 매우 독특한 모습을 보여주는 신정적神政的 전제주의專制主義의 실체를 이해하는 데에도 중요한 실마리를 제공할 것이다.

넷째, 태봉의 영토확장과 영역변화에 관한 문제이다. 비록 18년이라는 짧은 기간에 그쳤지만 태봉은 한때 후삼국 전 영역의 3분의 2에 해당하는 영토를 차지한 강대한 나라였다. 궁예는 실질적으로 후삼국의 패권을 장악하였던 국가의 제왕이었다. 그러므로 궁예는 어떠한 과정을 거쳐 이와 같은 영토를 확장하게 되었는지, 태봉의 영역은 어디까지 이르렀는지 구체적으로 검토할 필요가 있다.

다섯째, 이와 아울러 태봉의 대외관계는 어떠하였느냐는 점도 검토하고자 한다. 중국에서 당唐이 멸망한 이후 10세기 전반 이른바 오대五代의 시대가 비롯되면서 북쪽에서는 거란과 발해가 대치하는 등 복잡한 국제관계가 전개되었다. 이를 틈타서 한반도의 새로운 지배세력으로 등장한 독자적 지방세력가들은 제각기 중국의 나라들과 활발하게 접촉하면서 자신들의 지배권을 확립하고자 노력하였다. 따라서 이 시기의 대외관계 역시 학계에서 적지 않은 주목을 받고 있는데, 후백제나 고려에 대한 관심에 비해 태봉의 대외관계에 대한 연구는 거의 없는 실정이다. 아마도 사료의 부족이 절대적인 걸림돌이겠지만, 그렇더라도 태봉의 대외관계 실상은 어떠하였는지, 후삼국 시기의 다른 나라들과 어떠한 차이가 있는지 정확하게 파악해볼 필요가 있다.

마지막으로 검토해볼 것은 태봉의 정치적·역사적 유산은 그를 이은 고려에 어떻게 계승되었느냐는 점이다. 궁예는 자신의 세력을 급진적이고 비상한 방식으로 강화하다가 끝내는 부하들의 정변에 의해 축출되었다. 특히 왕건王建은 변방의 신흥세력 출신으로 궁예에게 귀부하여 신임을 받으며 정치적·군사적 실력을 키우다가 궁예를 몰아내는 데 주도적인 역할을 하였다. 왕건은 국호를 궁예가 처음 정하였던 고려라고 하고 궁예를 반면교사로 삼아 국가를 경영하고 마침내 후삼국의 통일을 이룩하였다. 그렇다면 왕건은 궁예에게 어떠한 정치적 유산을 물려받았으며, 그것을 어떻게 이용하였는가? 이러한 문제는 결국 태봉이 차지하는 역사적 의의로 귀착될 수 있다.

이상과 같은 검토는 주로 문헌자료에 의한 전통적인 역사 연구방법론을 적용한 것이다. 그러나 앞서 말했듯이 궁예나 그에 관련된 기록은 매우 부족하다. 그러므로 새로운 자료를 발굴하거나 문헌 이외의 자료를 잘 정리하여 새로운 각도에서 이해하는 작업도 절대적으로 필요하다. 이러한 점에 따라 이번 연구는 문헌자료 이외에 궁예나 태봉과 관련된 유물이나 유적 등 다른 자료에 대해서도 최대한 주목하였다.

그리하여 우선 철원 일대에 산재해 있는 성곽 중 궁예와 관련된 성곽을 재검토하였다. 철원평야에 있는 성곽 중에는 보개산성이나 명성산성 등과 같이 문헌이나 구전상 궁예와 관련이 있다고 전해지는 성곽이 몇 개 남아 있다. 궁예는 후삼국시대의 치열한 정복전쟁에서 승리하기 위하여 많은 성곽을 직접 새로 쌓거나 보수하였고, 미륵불을 자칭하며 신정적 전제주의를 시행하였던 만큼 그 위엄에 걸맞은 도성을 건축하기 위한 대규모 토목공사도 벌였다. 그러므로 이러한 성곽 내 유적이나 출토유물, 축성방법, 산성의 입지 조건을 더욱 면밀하게 검토하여 이 성곽들이 구체적으로 궁예와 어떠한 관련이 있고 어떠한 기능을 하였는지 검토할 필요가 있다. 또 현재 비무장지대 안에 있어 직접 가볼 수는 없지만 문헌기록마다 조금씩 차이를 보이는 태봉도성의 구조문제도 면밀하게 조사하여 정리하는 것도 차후의 본격적인 조사를 위하여 필요한 일이 아닌가 생각한다.

다음으로는 궁예나 태봉과 직접적으로 관련된 유적을 조사하고 재검토하는 일이다. 최근 철원군 철원읍 노하리에 소재한 조선시대의 철원향교터에서 토성을 비롯한 태봉시대의 것으로 생각되는 유적이 본격적으로 발굴되었다. 이 유적을 상세하게 검토하여 이 유적의 성격이 구체적으로 어떠한 것이며, 태봉시대 수도였던 당시의 철원과 어떠한 관련이 있는지 다시 한번 검토하고자 한다.

그 다음으로는 궁예와 관련된 사찰과 불교조각의 특성을 밝혀내는 일이다. 스스로 미륵불이라고 칭하였던 만큼 궁예가 직접 창건·중수하거나 아니면 간접으로라도 그와 관련된 불교유적도 상당수 있을 것이다. 특히 태봉시기를 전후하여 만들어져 사찰에 봉안된 불상들은 상호 간에 유사한 특징이 있을 가능성이 많다. 이들의 검토를 통하여 태봉시대의 불교문화에 대한 접근을 시도하고자 한다.

이와 같은 구체적 유적이나 유물에 의한 검토 이외에 궁예와 관련이 있는 다양한 민담이나 전설 등도 고찰해볼 필요가 있다. 궁예가 비극적인 생을 마침과 동시에 태봉이 멸망한 이후, 궁예에 대한 여러 가지 전설이나 민담이 유포되기 시작하였다. 이들은 문자로 정착되기 어려운 성질이 있기 때문에 각 시대에 따라 다양한 형태나 평가로 나타날 수밖에 없다. 즉 전설과 민담은 궁예에 대한 평가나 궁예를 바라보는 시각이 시대에 따라 어떻게 변화하였는지를 알려주는 유용한 자료이다. 또 궁예라는 인물은 극적인 일생을 살았던 만큼 시나 소설 같은 문학작품의 좋은 소재로 자주 등장하였다. 최근에는 영화나 드라마 등 영상작품으로 제작되기도 하였다. 문학이나 영상작품에 그려진 형상 역시 '역사적 사실'과 '역사적 상상력' 사이에서 궁예와 태봉을 장차어떻게 형상화해야 하는지에 대한 좋은 방향을 제시해줄 수 있을 것이다.

마지막으로 구체적인 연구에 들어가기에 앞서 한 가지를 언급하고자 한다. 잘 알다시피 신라의 몰락한 왕족 출신이었던 궁예는 출가하여 승려가 되었고, 이후 반란군에 가담하였다가 점차 독자세력을 구축하여 마침내 901년 후고구려를 건국하였다(궁예는 처음 나라 이름을 고려라고 불렀으나 스스로 고구려 계승을 표방하였다. 학자들은 왕건이 세운 고려와 구별을 하기 위하여 이 나라를 후고구려라고 부르기로 하였다). 904년에는 나라 이름을 마진으로 바꾸었고, 911년에는 태봉으로 바꾸었다가 918년 왕건의 정변으로 멸망하였다. 이 중 궁예정권의 전성기이자 그 정권의 특성이 가장 잘 드러나는 때가 태봉시대였으므로, 이 책에서는 궁예가 세운 나라를 통틀어 '태봉'이라고 부르기로 한다. 또 궁예는 태봉의 국왕이었으나 시호도 없고, 그에 합당한 칭호도 없다. 그러나 그도 엄연히 일국의 왕이었던 것만큼 국왕으로 언급될 필요가 있을 때에는 궁예가 아닌 '궁예왕'이라고 부르기로 하겠다. 이 점에 대하여 착오나 혼란이 없기를 바란다.

# 1부

# 궁예와 태봉, 건국에서 몰락까지

역사와 정치 그리고 문화

# 1장

# 궁예의 세력 형성과 건국

정 청 주

그동안은 궁예의 초기(901년 건국 이전) 세력 기반에 대해서 적당세력賊黨
勢力[1] 혹은 적도賊徒[2], 사원세력寺院勢力[3] 혹은 수원승도隨院僧徒[4], 호족세력豪
族勢力[5], 불만농민不滿農民[6], 초적草賊[7] 등으로 이해해왔다. 이는 모두 궁예의
초기 세력 기반을 규명하는 데 일정하게 기여하였다. 이 장에서는 이러한 이
해를 토대로 출신出身, 출가出家와 승려僧侶 생활, 반란군叛亂軍 가담과 자립
自立, 철원鐵圓 진출과 도읍都邑 설정, 송악松嶽 천도遷都와 건국建國 등의 순
서로 서술하면서 궁예의 세력 형성과 건국에 대하여 고찰하고자 한다.

## 출신

다음의 기록을 살펴보면, 궁예의 출신에 대하여 짐작할 수 있다.

궁예는 신라인으로 성姓은 김씨金氏이다. 아버지는 제47대 헌안왕憲安王 의정誼
靖이며 어머니는 헌안왕의 빈어嬪御로 그의 성명姓名은 전하지 않는다. 혹은 제
48대 경문왕景文王 응렴膺廉의 아들로서, 5월 5일에 외가外家에서 출생하였다고
한다. …… 왕이 중사中使를 명하여 그 집에 가서 죽이게 하였다. 사자使者가 어린

애를 강보에서 빼앗아 누樓 아래로 던졌는데, 마침 유비乳婢가 몰래 받다가 잘못하여 손으로 찔러 한 눈이 멀게 되었다. 그래서 안고 도망쳐 숨어서 고생스럽게 길렀다(『삼국사기』 권50 열전10 궁예).

이 기록에 의하면, 궁예는 제47대 헌안왕憲安王 의정誼靖의 서자庶子이거나 혹은 제48대 경문왕景文王 응렴膺廉의 아들이다. 어느 경우를 따르더라도 그가 왕자王子의 신분이었음은 분명하다. 그는 왕자 출신이지만 외가에서 태어났고, 태어나자마자 왕에 의해 죽임을 당해야 하는 처지에 놓였다. 이러한 사실은 그가 왕위계승 과정의 정권 싸움에 희생되어 지방으로 쫓겨난 자였다는 것을 말해준다.

결국 궁예는 신라왕실과 경주의 진골귀족眞骨貴族에게 버림을 받아 지방으로 쫓겨났다. 그러므로 그는 신라왕실과 경주의 진골귀족에 대해서 철저하게 적대적인 태도를 취하였다.

천복天復 원년 신유(901년)에 선종善宗이 왕을 자칭하고 사람들에게 이르기를 "옛날에 신라가 당에 청병請兵하여 고구려를 파하였기 때문에 평양 옛 서울이 황폐하여 풀만 무성하니 내가 반드시 그 원수를 갚으리라"고 하였다. 대개 그가 출생해서 나라의 버림을 받은 것을 원망하였던 까닭에 이러한 말을 한 것이다. 일찍이 남쪽으로 순행하여 흥주興州 부석사에 가서 벽에 그린 신라왕의 초상을 보고 칼로 쳤는데, 그 칼날 자국이 아직도 남아 있다(『삼국사기』 권50 열전10 궁예).

이 기록에서 궁예가 고구려를 멸망시킨 신라에 대하여 보복하겠다고 말한 이유는 그가 출생 시에 버림을 받았기 때문이다. 그의 이러한 반신라적反新羅的 태도는 신라왕실과 경주의 진골귀족을 대상으로 하였다고 보는 것이 타당하다. 그가 영주榮州 부석사에 있는 신라왕의 초상을 칼로 베어버렸다는 것도 어디까지나 신라왕실에 대한 적대적인 태도를 표시한 것이다.

이상에서 살펴본 바와 같이 궁예가 신라왕실과 경주의 진골귀족에게 철저하게 적대적인 태도를 취한 데는 그의 신분이 왕자이면서도 그들에 의해 쫓겨나서 왕자 신분으로서의 특권을 누리지 못한 데 대한 원한이 크게 작용한 것이다. 이러한 점에서 그는 골품체제骨品體制의 규범에서 크게 벗어나지 못한 것으로 보인다. 결국 궁예는 신라의 골품체제를 타도하려는 강력한 의지를 소유하고 있었지만, 한편으로는 골품체제의 규범에서 벗어나지 못하고 있었다.[8]


## 출가와 승려 생활

궁예는 10여 세에 출가하여 세달사世達寺로 가서 승려가 되어 선종善宗이라고 자호自號하였다.[9] 그가 세달사로 간 이유는 그가 세달사의 인근 지역에서 성장하여 세달사에 대한 초보적인 지견을 가지고 있었기 때문이다.

『삼국사기』가 편찬된 12세기 중엽에 세달사는 흥교사興敎寺로 불렸다. 고려시대에 흥교사는 강원도 영월군[10]과 경기도 개풍군 풍덕[11]에 존재하였다. 그래서 세달사의 위치를 경기도 개풍군 풍덕의 흥교사로 이해하는 견해도 있다.[12] 그렇지만 경기도 개풍군 풍덕 소재의 흥교사가 이전에 세달사였다는 기록은 찾아볼 수 없다. 그러나 영월의 흥교사가 세달사였다는 사실은 다음의 기록에서 확인할 수 있다.

옛날 신라 때에 세규사世達寺(지금의 흥교사)의 장사莊舍가 명주溟州 내리군㮈李郡(지리지에 의하면, 명주에 내리군은 없고 내성군㮈城郡이 있다. 본디는 내생군㮈生郡이요, 지금의 영월寧越이다. 또 우수주牛首州 영현領縣에 내령군㮈靈郡이 있는데 본디는 내기군㮈己郡이요, 지금의 강주剛州다. 우수주는 지금의 춘주春州

다. 여기서 말한 내리군은 어느 것인지 알 수 없다)에 있었다. 본사本寺에서 승僧 조신調信을 보내어 지장知莊으로 삼았다(『삼국유사』 권3 낙산이대성 관음 정취 조신).

이 기록에 의하면, 당시의 세규사世逵寺는 명주의 내리군에 장사莊舍를 소유하였고 본사本寺에서는 승 조신을 지장으로 파견하여 그 장사를 관리하였다. 여기서 세규사世逵寺는 세달사世達寺의 오기誤記가 분명하다. 일연一然이 세주細註에서 고증한 바와 같이 세달사의 장사가 위치한 명주 내리군은 명주 관내의 내성군인지 아니면 우수주 영현인 내령군인지 확실하지 않지만 명주 관내의 내성군일 가능성이 크다. 왜냐하면 일연이 내령군, 곧 당시의 강주는 춘주에 속하고 있음을 지적하고 있을 뿐 아니라 내령군(지금의 영주)은 험준한 소백산백 아래에 위치하고 있어서 세달사와의 연결이 쉽지 않은 지역이기 때문이다. 그러므로 세달사의 장사는 통일신라시대의 명주 관내의 내성군, 즉 지금의 영월군에 위치하고 있었다. 그렇다면 세달사도 영월군에 위치하고 있었다고 이해하는 것이 타당하다. 세달사의 정확한 소재지는 강원도 영월군 남면 흥월리 흥교동 태화산이다.[13]

이와 같이 세달사와 그 장사가 명주 관내 내성군, 즉 지금의 영월군에 위치한다는 사실은 세달사의 세력권이 영월과 그 인근 지역인 평창平昌, 정선旌善, 단양丹陽, 제천提川 등에 상당히 넓게 형성되었다는 것을 추측할 수 있다.

궁예는 세달사에서 승려로 생활하면서 어떻게 세력을 형성하였을까? 다음의 기록을 검토해보면 확인할 수 있다.

장성해서는 승려의 계율을 조심하지 않고 기상이 활발하며 담기膽氣가 있었다. 일찍이 재齋를 올리는 데 나가 행렬에 들었는데 까마귀들이 무엇을 물어다가 그의 바리때 속에 떨어뜨렸다. 주워 보니 아첨牙籤에 왕王 자가 써 있으므로 비밀히 간직하여 말하지 않고 자부심을 크게 가지게 되었다(『삼국사기』 권50 열전10 궁예).

궁예가 일찍이 재齋에 나가 행렬에 들었는데 까마귀가 그의 밥그릇에 '왕王'자가 쓰인 아첨牙籤을 떨어뜨렸다는 이 설화는, 궁예가 초기 세력을 형성하는 모습을 시사한다. 즉 당시 세달사에는 궁예가 왕자 출신이라는 것을 알고 그로 하여금 반란을 일으켜 왕이 되라고 부추기는 세력이 존재하였다는 것을 추측할 수 있다. 그러한 세력은 세달사의 사원세력뿐 아니라 영월과 그 인근 지역의 호족세력이었을 것이다. 궁예는 이러한 세력을 결집하여 초기 세력을 형성한 것이 분명하다.

즉위 후 궁예는 미륵불彌勒佛을 자칭하고 더 나아가 20여 권의 경전經典을 저술하고 강설講說하였다고 한다. 이러한 사실에 의하면, 궁예는 불교 전반에 정통한 승려였다. 이러한 만큼 궁예가 세달사에서 결집한 사원세력에는 승려僧侶를 비롯한 사원의 각종 노동에 종사하는 수원승도隨院僧徒도 포함되었을 것이다.[14]

이뿐 아니라 다음의 기록을 살펴보면, 몰락한 낙향 진골귀족인 김흔金昕계의 호족세력과도 연결되었음을 추측할 수 있다.

조신調信이 장상莊上에 와서 □수□守 김흔金昕 공公의 딸을 좋아하여 그에게 깊이 홀렸다. 여러 번 낙산사 관음보살 앞에 나아가서 그 여자와 관계 맺기를 몰래 빌었다(『삼국유사』 권3 낙산이대성 관음 정취 조신).

이 기록에 의하면, 세달사의 지장知莊인 조신은 당시 김흔의 딸을 연모하여 여러 번 낙산사 관음보살 앞에 나아가서 그녀와 관계 맺기를 몰래 빌었다. 여기에 나오는 김흔은 김주원金周元의 증손으로 당시에 내성군(지금의 영월)태수太守였다. 조신이 김흔의 딸을 연모하였다는 사실은, 김흔과 세달사의 승려인 조신 사이에 왕래나 교류가 있었다는 것을 시사한다. 결국 세달사는 김흔계의 호족세력과 연결되어 있었다.[15]

따라서 세달사의 승려인 궁예는 영월과 그 인근 지역의 호족세력과 연결되어 있었다. 이들 호족세력은 궁예가 양길梁吉 휘하에서 군사활동을 하던 시기에, 더 나아가 명주에서 자립하던 시기에 궁예의 휘하로 결집되었다.

### 반란군 가담과 자립

궁예가 신라 골품체제를 타도하는 반란에 나선 것은 기훤箕萱과 양길梁吉에게 투신投身하면서부터이다.

진성왕眞聖王 즉위 5년 대순大順 2년 신해辛亥(891년)에 죽주竹州의 적괴賊魁 기훤에게 귀의하였더니 기훤이 업신여기고 예우하지 아니하였다. 선종이 우울하여 스스로 안정하지 못하고 비밀히 기훤의 휘하인 원회元會·신훤申煊 등과 결탁하여 친구가 되었다.

경복景福 원년 임자(892년)에 선종이 북원北原의 적 양길에게 가니, 양길이 잘 대우하며 일을 맡겼다. 드디어 군사를 나누어 주면서 동쪽으로 가서 공략하게 하니, 이에 그는 치악산雉岳山 석남사石南寺에 출숙出宿하고 주천酒泉·내성奈城·울오鬱烏·어진御珍 등의 현縣을 습격하여 모두 항복을 받았다(『삼국사기』 권50 열전10 궁예).

이 두 기록은 궁예가 죽주의 기훤, 북원(지금의 원주)의 양길과 결합하는 과정을 알려준다. 궁예는 진성여왕 5년(891년)에 기훤과 결합하였는데, 이때 궁예가 이끌고 갔던 세력은 세달사에서 결집한 사원세력의 일부였다. 그런데 기훤이 궁예를 업신여기고 예우하지 않은 것은 궁예의 사원세력이 소규모였기 때문이다.

이듬해(892년) 궁예는 양길과의 결합을 시도하였는데, 양길은 그를 잘 대
우하며 일을 맡겼다. 이것은 궁예가 상당한 정도로 자신의 세력을 거느리고
있었다는 사실을 말해준다. 이때 궁예는 세달사의 사원세력을 기반으로 삼
아 죽주에서 기훤의 부하였던 원회·신훤 등의 세력을 포섭하였으므로 양길
은 그를 크게 예우할 수밖에 없었다.

양길과 결합한 후 궁예는 치악산 석남사에 출숙出宿하여 주천(영월)·내성
(영월)·울오(평창)·어진(정선) 등 명주 관내의 10여 군현을 점령함으로써 그
의 세력을 더욱 확장하였다. 이들 10여 군현은 모두 세달사의 세력권 안에
있던 지역이기 때문에 궁예가 쉽게 점령할 수 있었다. 이들 군현을 점령하는
과정에서 세달사의 사원세력뿐 아니라 치악산 석남사의 사원세력도 궁예세
력으로 흡수되었다.[16] 또 이때부터 궁예는 영월과 그 인근 지역의 호족세력
을 어느 정도 결집하였다. 물론 궁예는 명주에서 자립한 이후에도 이들 지역
의 호족세력을 계속 결집하였다.

다음의 기록을 살펴보면, 궁예는 894년에 명주에서 자립하였다.

진성왕 8년(894년) 10월에 궁예가 북원에서 하슬라何瑟羅로 진입하니 그 무리가
600여 명에 달하여 장군將軍을 자칭自稱하였다(『삼국사기』 권11 신라본기11).
건녕乾寧 원년(894년)에는 명주로 들어가니 군사가 3,500명이나 되었다. 이 군사
를 14대隊로 나누어 김대금金大黔·모흔장毛昕長·귀평貴平·장일張一 등으로 사
상舍上(부장部長)을 삼고 사졸士卒과 더불어 감고甘苦와 노일勞逸을 같이하며 주
고 빼앗고 하는 데 있어서도 공公으로 하고 사私로 하지 아니하니, 이로써 중심衆
心이 그를 두려워하고 경애하여 장군將軍으로 추대하였다(『삼국사기』 권50 열전
10 궁예).

이와 같이 궁예는 진성여왕 8년(894년)에 명주를 점령하였다. 그런데 당시의 병력이 전자의 기록에는 600명으로, 후자의 기록에는 3,500명으로 다르게 기재되어 있으나 후자의 기록이 더 자세한 점으로 미루어 3,500명이 정확한 수치로 보인다.[17] 이와 같은 병력의 수치상 차이는 궁예가 북원을 출발한 당시에는 600명이었으나 명주에 들어가서 모집함에 따라 3,500명으로 증가되었다고 생각된다.[18] 이러한 사실은 궁예가 명주의 지방세력들에게 지원을 받았다는 것을 말해준다. 궁예는 3,500명의 병력을 14대隊로 나누고, 각 대에는 사상舍上이란 지휘관을 두어 250명의 병력을 지휘하도록 하였다. 14대 3,500명의 군사력은 당시로는 상당히 큰 규모였는데, 이러한 군사력이 바로 궁예의 강력한 세력 기반이 되었다.

궁예는 몸소 전장에 나가 사졸들과 동고동락하면서 공평무사하게 대해 존경과 경애를 받았다. 이와 같이 궁예는 무장武將으로서의 통솔력이 탁월하였기 때문에 강력한 군사력을 구축할 수 있었고 이를 기반으로 장군을 자칭하였다. 결국은 독립세력으로 성장하였다.

그러면 이 당시 기훤·양길의 세력이나 궁예의 세력은 어떠한 성격의 집단일까? 다음의 기록을 살펴보면 짐작할 수 있다.

신라는 말년에 쇠미하여 정치가 어지럽고 백성들이 흩어지며, 왕기王畿 밖 주현州縣은 반부叛附하여 반반씩이 되었고, 원근에 군도群盜가 벌떼같이 일어나고 개미처럼 모이듯 하였다. 선종은 어지러운 틈을 타서 무리를 모으면 뜻을 이룰 수 있으리라 생각하였다(『삼국사기』 권50 열전10 궁예).

신라 말에 정치가 혼란해지자 왕기 밖 주현들의 절반이 반부叛附하였고 백성들은 흩어지고 멀고 가까운 지역에서 군도가 벌떼같이 일어나고 개미같이 모여들었다. 이를 본 궁예는 어지러운 틈을 타서 무리를 모으면 뜻을 이룰 수 있다고 생각하였다.

　이처럼 궁예는 백성 곧 농민이 유이流移하여 군도가 되어 봉기하자 이들을 모아 세력을 형성하려고 하였다. 기훤이나 양길도 궁예와 마찬가지였을 것이다. 이 당시 군도群盜, 도적盜賊, 초적草賊, 초구草寇 등으로 불리는 몰락한 농민 출신의 반란군이 전국에 걸쳐 일어나고 있었다. 이 반란군세력은 흔히 적당세력賊黨勢力 혹은 적도賊徒라고 이해할 수 있다.[19] 또는 불만농민不滿農民이라고 이해해도 좋다.[20] 필자는 몰락한 농민 출신의 반란군세력을 초적세력草賊勢力이라고 부르고자 한다.

　궁예가 기훤에게 투신한 후 명주에서 장군을 칭하고 독립세력으로 자립하기까지의 시기에 형성한 세력은 기본적으로 초적세력이었다. 이 시기에 명주에도 초적들이 자주 침입하였다. 889년 범일梵日이 사망한 후 개청開淸이 머물고 있던 굴산사崛山寺도 여러 차례 초구草寇, 즉 초적草賊의 습격을 받아 산문山門을 유지할 수 없을 지경이었다.[21] 이러한 명주의 초적세력은 대체로 궁예의 군대로 편입되었다. 따라서 궁예가 명주에서 확보한 3,500명의 병력은 대부분이 초적세력이었다.[22] 이 초적세력 이외에 사원세력과 호족세력이 어느 정도 추가되어 궁예의 초기 세력이 구성되었다.[23] 그러나 명주에서 자립한 이후에는 사원세력이나 초적세력보다는 호족세력이 궁예세력의 주요 구성요소가 되었다.

　궁예가 명주에서 자립하고 독립적인 정치세력으로 성장하는 데는 호족세력인 김순식金順式과 사원세력인 굴산문崛山門 승려들의 협조가 큰 도움이 되었다. 궁예는 명주를 중심으로 한 영동嶺東 일대에 강력한 세력을 형성하고 있던 김주원金周元계 호족세력의 협조를 받으면서 독립세력으로 성장하였다. 당시 명주에서는 김순식이 지명주군주사知溟州軍州事 혹은 명주장군溟州將軍으로서 강력한 호족세력을 형성하여 교敎·속俗 양계兩界에 걸쳐 명주 일대를 장악하고 있었다. 이러한 위치에 있던 김순식의 협조를 받으면서 궁예는 명주를 점령하여 자신의 세력 기반을 확고히 했을 것이다.[24] 김순식은 왕건王建이 즉위한 후에도 오랫동안 항복하지 않아서 왕건이 근심하였다. 왕건은 김순식을 귀부시키기 위하여 여러 차례에 걸쳐 집요한 노력을 경주하였다. 태조 5년(922년) 7월에는 왕건이 김순식의 아버지 허월許越을 보내어 타이르자 김순식이 장자長子인 수원守元을 보내어 귀부하였다.[25] 이처럼 김순식은 궁예가 명주에서 자립할 때 그에게 협조한 호족세력이었기 때문에 왕건이 즉위한 후에도 오랫동안 귀부하지 않고 독립세력을 유지하면서 적대적일 수 있었다고 생각한다.

김순식의 아버지 허월은 왕건이 즉위한 후 내원內院의 승려로 있었는데, 이로 미루어보면 허월은 이미 궁예가 집권하고 있을 때부터 내원에 소속되어 있었다. 내원은 궁궐 안의 사원이었던 것으로 보이므로 허월은 궁예의 측근 인물로 보아도 무방하다. 더 나아가 허월이 명주 출신이었던 것으로 미루어 보아 궁예가 명주에서 자립한 시기부터 궁예에게 협조한 것으로 추측된다.

허월은 궁예를 만나기 이전부터 그의 출신지인 명주에 소재한 굴산문의 승려였다고 보아도 무리가 없을 것이다. 신라 말에 굴산문은 명주 일대에 큰 영향력을 가지고 있었는데, 그 중심 사원은 명주에 위치하고 있던 굴산사였다. 그런데 889년 굴산문의 개조開祖 범일이 사망하자 굴산문은 개청과 행적行寂을 중심으로 나뉘었다. 행적은 명주를 떠났으나 개청은 굴산사의 이웃에 위치하는 지장선원地藏禪院에 머물면서 활동하였다. 아마 허월은 범일이 굴산문을 이끌 때 굴산문에 속해 있었고 범일이 죽은 후에는 개청과 함께 지장선원에 머물렀을 것으로 추측된다. 이러한 사정을 염두에 두면, 궁예는 허월을 매개로 굴산문의 개청계 승려들의 지지를 받았을 것이다.[26] 그리고 허월의 아들인 명주장군 김순식도 지장선원의 단월檀越로서 궁예가 굴산문 승려들의 지지를 받는 데 상당한 역할을 하였을 것이다.

허월과 그의 아들 김순식은 대체로 김주원의 후손으로 이해할 수 있다. 김순식이 김주원의 직계 후손이라는 기록을 아직 찾지 못하였지만 그가 당시 명주 지역에서 막강한 군사력을 가진 호족이었기 때문에 김주원계 세력과 별개로 존재할 수는 없었을 것이다.[27]


## 철원 진출과 도읍 설정

다음의 기록을 검토해보면, 궁예는 896년에 철원으로 진출하였다.


진성왕 9년(895년) 8월에 궁예가 저족猪足·성천狌川의 두 군郡을 격파하고 또 한 산주漢山州 관내의 부약夫若·철원鐵圓 등 10여 군현郡縣을 파하였다(『삼국사 기』권11 신라본기11).

이에 (선종은) 저족猪足·성천狌川·부약夫若·금성金城·철원鐵圓 등 성城을 격 파하고 군사軍士의 성세聲勢가 매우 떨치매, 패서浿西의 적구賊寇들이 와서 항복 하는 자가 많았다. 선종은 스스로 생각하기를, 무리가 많으므로 개국開國하고 군 君을 칭할 수 있다고 하여, 처음으로 내외內外의 관직官職을 설치하였다(같은 책, 권50 열전10 궁예).

병진(896년)에 철원성鐵圓城에 도읍하였다(『삼국유사』권1 왕력 후고려 궁예).


명주에서 자립한 후 궁예는 진성여왕 9년(895년) 8월에 명주에서 해안을 끼고 북상하여 영서嶺西로 넘어와 저족(인제)·성천(화천)·부약(금화)·금성 (금화군 금성면)·철원 등 10여 군현郡縣을 점령함으로써 그의 세력 기반을 더 욱 확고히 하고, 마침내 896년에 철원을 도읍으로 정하였다. 그리하여 궁예 는 개국하고 군君을 칭할 만하다고 생각하고 처음으로 내외의 관직을 설치 하였다. 하지만 실제로 개국하고 군을 칭하였는지는 의문이다. 그가 내외의 관직을 설치하였다고는 하는데 간소한 행정체제일 뿐 국가 규모의 체계적인 행정조직이라고 보기는 어렵다. 더욱이 이때 궁예집단은 국호國號도 없는 등 국가로서의 체계를 갖추지 못하고 있었다.[28] 이러한 한계가 있는데도 궁예가 철원에 도읍하고 내외의 관직을 설치하였다는 것은 궁예가 반란군집단에서 벗어나 독립적인 정권을 수립하였고 나아가서는 건국할 수 있는 태세를 갖추었다는 것을 의미한다.

그러면 궁예는 왜 철원에 도읍하였을까? 궁예는 평야지대를 이루고 있는 철원 지역의 경제력과 이에 바탕을 둔 지방세력들의 협조를 기대하였을 것이다. 궁예가 철원에 도읍하기 31년 전인 865년에 철원 도피안사到彼岸寺의 철조비로자나불상鐵造毘盧遮那佛像이 조성되었는데, 그 조성자는 □멱거사□覓居士를 비롯한 1,500여 향도香徒들이었다. □멱거사는 1,500여 명이라는 적지 않은 인원을 모아 향도조직을 만드는 데 앞장선 인물이었을 것이다. 이 철조불상을 조성하기 위해서는 상당한 비용이 소요되었을 것인데, 그 가운데 적지 않은 부분을 그가 부담하였을 것이다. 그는 상당한 경제력을 갖춘 철원 지역의 유력자였을 것이다. 그런데 도피안사 향도들 중에는 □멱거사와 비슷하거나 또는 그에 미치지 못하는 또 다른 유력자들도 있었을 것이다. 이들은 □멱거사와 함께 향도조직의 상층부를 구성하였고 궁예는 철원에서 □멱거사를 비롯한 여러 유력자의 협조를 받았을 것이다.

당시 철원 주민들은 강한 말세의식末世意識을 가지고 있었고, 미륵불彌勒佛의 하생下生을 간절히 염원하였다. 그리하여 그들은 미륵불이 하생하는 이상세계가 곧 올 것이라고 내세우는 궁예에게 적극적으로 호응하였던 것으로 보인다. 이러한 철원 주민들을 끌어들이기 위해서 궁예는 철원에 도읍한 것이다.[29]

궁예가 철원에 도읍한 또 다른 사정은 양길과 대립하는 것을 피하고자 하는 것이었다. 궁예가 양길의 휘하에서 벗어나 명주에서 자립하였지만 양길에게서 완전히 자유로울 수는 없었다. 우선 그의 핵심세력이 양길과 무관할 수 없었다. 그렇다고 이때 그가 양길의 세력을 극복할 처지도 아니었다. 당시 양길은 북원(지금의 원주)을 근거지로 하여 상당한 세력을 형성하고 있었다. 양길은 892년에 견훤에게서 비장裨將의 관직을 제수받을 정도의 위치에 있었고 당시 각지에 존재하고 있던 여러 지방세력을 대표할 만한 존재였다. 이러한 양길에게서 벗어나 자립한 궁예는 양길의 세력을 의식할 수밖에 없었다. 이러한 사정으로 양길과의 전면적인 대립을 피하기 위하여 명주를 떠나 철원에 도읍한 것이다.[30]

궁예가 철원에서 독립정권을 수립하고 건국할 수 있는 태세를 갖출 수 있었던 것은 물론 강력한 군사력을 확보하였기 때문이지만 '패서적구浿西賊寇'가 다수 귀부하였기 때문이다. 패서적구가 귀부한 시기는 궁예가 철원에 도읍하기 이전인 895년이었다. 이 패서적구는 패서 지역의 호족세력으로 이해된다.

이 패서 지역의 호족세력 중 평산박씨平山朴氏의 세력이 잘 알려져 있다. 평산박씨의 세력 근거지는 패서 지역의 중심지인 평주平州이다. 평산박씨의 가문은 박직윤朴直胤이 평주에 정착한 것을 계기로 삼아 패강진浿江鎭의 군사조직을 통하여 호족세력으로 성장하였다. 박직윤은 평주에서 '읍장邑長'이 되었고 '대모달大毛達'이라는 칭호를 사용하였다. 대모달大毛達은 대모달大模達을 가리키는 것으로 고구려의 장군직인데, 신라 하대에 각 지역에서 성장하는 호족세력을 지칭하던 '장군將軍'이라는 칭호에 해당한다. 박직윤이 대모달이라는 칭호를 사용한 것은 그가 신라정부의 지배를 벗어나 독립세력으로 성장하였다는 것을 시사한다. 9세기 중기에 존재하였을 것으로 추측되는 박직윤의 대에 이르러 평산박씨는 상당한 지방세력으로 성장하였다. 그리하여 박직윤의 아들인 박지윤朴遲胤의 대에 평산박씨가 패서 지역의 유력한 호족세력으로 성장할 수 있었다고 추측된다.

박지윤은 패서 지역의 많은 호족이 궁예에게 귀부한 895년에 귀부하여 궁예의 지지세력이 된 것으로 보인다. 당시 패서 지역의 호족들은 패강진의 군사조직을 통하여 평산박씨를 중심으로 서로 밀접하게 연결된 영향력 아래에 있었다. 평산박씨로 대표되는 패서 지역의 호족세력은 궁예가 패서 지역을 장악하는 데 상당한 도움을 주었을 것으로 추측된다.[31]

평산박씨를 비롯한 패서 지역의 호족들이 궁예에게 귀부한 이유는 궁예의 병력이 많고 강하기 때문이다. 달리 말해 평산박씨는 궁예와 정면 대결하는 것을 피하고 자신의 세력권에 대한 기득권을 보장받으려는 목적에서 궁예에게 귀부한 것이다. 그리하여 평산박씨는 궁예 치하에서 그 자손이 번창함으로써 그들의 정치적 지위를 향상할 수 있었다. 반면 궁예는 신라의 골품체제를 타도하고 새로운 국가를 세우겠다는 목적을 달성하기 위해서 더욱 확고한 군사적 기반이 필요하였다. 그래서 궁예는 평산박씨를 비롯한 패서 지역의 호족과 결합하였다고 생각된다.[32]

한편 송악의 왕건 가문도 896년에 패서 지역의 호족을 뒤따라 궁예에게 귀부하였다. 왕건의 아버지인 송악군松嶽郡 사찬沙粲 왕륭王隆이 귀부하자 궁예는 왕륭을 금성(금화)태수에 임명하였고 왕륭의 설득에 따라 송악에 발어참성勃禦塹城을 쌓고 그 성주城主에 왕건을 임명하였다. 그런데 당시 왕륭은 송악군 사찬을 칭하고 있었는데, 이것은 그가 상당한 세력 기반을 형성하고 있었다는 것을 말해준다. 더욱이 그가 "군郡을 들어 궁예에게 귀부하였다"는[33] 사실로 미루어 왕륭이 송악군을 지배하고 있었다는 것을 알 수 있다. 그러므로 왕륭은 송악군에 대한 지배권을 장악하고 있던 호족이라고 생각된다.

궁예는 이러한 왕건 가문을 우대하고 후원하였다. 궁예는 왕륭을 금성태수에 임명하였다. 금성은 당시 도읍이었던 철원의 바로 옆에 위치한 곳이므로 궁예가 중시하였던 곳이다. 이 점에서 궁예가 왕륭을 금성태수에 임명한 것은 그를 크게 우대한 것이다. 그리고 송악에 발어참성을 쌓고 그 성주에 왕건을 임명한 것은 송악군에 대한 왕건 가문의 지배권을 더욱 확고하게 인정해주었다는 것을 의미한다. 반면 궁예가 왕건 가문을 우대하고 후원한 것은 그들에게 얻고자 하는 바가 있었기 때문이다. 당시 왕건 가문은 해상무역海上貿易에 종사하여 상당한 부를 축적하였다. 궁예는 이러한 왕건 가문의 경제력을 자신의 기반으로 삼고자 하였을 것이다.[34]

위에서 살펴본 바와 같이 궁예는 패서 지역의 호족 및 왕건 가문과 결합하여 패서와 송악 지역에 진출하였고 이들의 군사·경제적 기반을 활용하여 자신의 주요한 세력 기반으로 삼았다.

## 송악 천도와 건국

다음의 기록을 살펴보면, 궁예는 898년에 송악으로 천도하였다.

효공왕 2년(898년) 7월에 궁예가 패서도浿西道와 한산주漢山州 관내의 30여 성城을 취하고 드디어 송악군松岳郡에 도읍하였다(『삼국사기』 권11 신라본기12).

궁예는 효공왕 2년(898년)에 패서도와 한산주 관내의 30여 성城을 차지하고 마침내 송악松岳으로 천도하였다. 송악에 천도한 후 궁예는 공암孔巖(서울 양천구), 검포黔浦(김포), 혈구穴口(강화) 등 한강 하류 일대를 격파하였다. 송악에 천도하기 전 896년에는 승령僧嶺(연천)과 임강臨江(장단) 두 현縣을 공격하여 취하고 897년에는 인물현仁物縣(개풍)의 항복을 받는 등 한산주 지역을 장악하였다.[35] 이와 같이 궁예는 송악 천도를 전후한 기간에 패서 지역과 한산주 지역, 한강 하류 일대를 장악하였다.

궁예가 송악으로 천도한 이유는 첫 번째로 패서 지역과 한산주 지역, 한강 하류 일대를 더욱 확고하게 장악하기 위해서였다. 두 번째로 궁예가 평산박씨를 비롯한 패서 지역의 호족 및 왕건 가문과 결합하여 그들의 군사·경제적 기반을 활용하기 위해서였다. 두 번째 이유와 관련하여 다음의 기록을 살펴보면 확인할 수 있다.

이때 양길은 그대로 북원北原에 있어 국원國原 등 30여 성城을 취하여 소유하였다. 선종이 땅이 넓고 백성이 많다는 말을 듣고 크게 노하여 30여 성의 강병으로 습격하려 하였는데, 선종이 탐지하고 먼저 공격하였는데 크게 파하였다(『삼국사기』 권50 열전10 궁예).

효공왕 3년(899년) 7월에 북원적수北原賊帥 양길은 궁예가 자기에게 두 마음을 품고 있음을 꺼리어 국원 등 10여 성주城主와 더불어 그를 치려 하여 비뇌성非惱城 아래로 진군進軍하였으나 양길의 병사가 패하여 달아났다(같은 책, 권11 신라본기12).

이 두 기록은 송악으로 천도한 다음 해인 899년에 북원의 양길이 상당한 병력을 동원하여 궁예를 공격하였고, 궁예는 이러한 양길의 공격을 제압하고 그의 군대를 궤멸시켰다는 것을 전하고 있다. 당시 양길은 북원을 근거지로 국원(지금의 충주) 등 30여 성을 장악하고 있을 정도로 강력한 세력을 형성하였다.

궁예는 평산박씨를 비롯한 패서 지역의 호족 및 왕건 가문과 결합하여 그들의 협조를 이끌어냄으로써 강력한 세력을 형성한 양길의 군대를 격파하였다.[36] 결국 궁예가 송악으로 천도한 데는 양길을 효과적으로 제압하려는 의도가 있었다.[37]

궁예는 899년에 양길의 세력을 평정한 후 남쪽으로 영역을 크게 확대하였다.

광화 3년 경신(900년)에 또 태조를 명하여 광주廣州·충주忠州·당성唐城·청주

青州(혹은 청천靑川)·괴양槐壤 등을 쳐서 모두 평정하고 공으로 태조에게 아찬阿湌 벼슬을 제수하였다(『삼국사기』 권50 열전10 궁예).

효공왕 4년(900년) 10월에 국원·청주·괴양의 적수賊帥 청길淸吉·신훤莘萱 등이 성城을 들어서 궁예에게 투항하였다(같은 책, 권12 신라본기12).

이 두 기록은 서로 다르게 기록되어 있지만 궁예가 900년에 광주·국원(충주)·청주(청주)·괴양(괴산)·당성(남양) 등 남한강 일대를 포함한 광범위한 지역을 장악하였다는 것을 알려준다. 이 지역들은 대체로 양길의 영향력 아래에 있었다.[38] 궁예가 이 지역들을 장악한 것은 이전 해에 양길의 세력을 평정한 결과이다. 그러니까 궁예는 양길의 세력을 격파함으로써 영역을 더욱 확대할 수 있었던 것이다.

또 두 기록을 살펴보면, 국원·청주·괴양의 적수賊帥인 청길·신훤 등이 성을 들어 귀부하였다는 것을 알 수 있다. 청길·신훤은 성을 들어 귀부한 것으로 보아 해당 지역의 호족세력이다. 궁예는 송악 천도 이후 한산주 지역, 한강 하류와 남한강 일대의 호족세력과 관계를 맺었을 것으로 추측된다.

궁예가 899년에 양길을 격파하고 900년에 남한강 일대까지 영역을 확대한 것은 상당히 큰 의미가 있다. 궁예는 896년 철원에서 송악으로 천도한 후 패서 지역과 한산주 지역, 한강 하류 일대를 확보하였고 899~900년에 남한강 일대와 남양만 지역을 장악하였다. 이로써 궁예는 한강 하류 일대를 확보하고 나아가 서해에서 활동할 수 있는 기반을 마련함으로써 해상에서 후백제를 견제할 수 있었다. 그리고 남한강 유역을 확보함으로써 대후백제와 대신라관계에서 유리한 위치에 설 수 있었다.[39] 이러한 기반 위에서 901년에 궁예는 후고구려後高句麗를 건국하였다.[40]

이제까지 궁예의 세력 형성과 건국에 대하여 알아보았다. 그 대강을 요약하면 다음과 같다.

궁예가 기훤에게 투신한 후 명주에서 장군을 칭하고 독립세력으로 자립하기까지의 시기에 형성한 세력은 기본적으로 초적세력이었다. 이 초적세력 이외에 사원세력, 호족세력이 어느 정도 추가된 것이 궁예의 초기 세력을 구성한 양태이다.

그러나 궁예는 명주에서 자립한 이후 사원세력이나 초적세력에만 의존할 수는 없었다. 그래서 그는 호족세력과 결합하였다.[41]

궁예는 철원에 도읍한 896년 전후 무렵부터 901년 후고구려를 건국하기까지 패서와 송악 지역, 한산주 지역과 한강 하류 일대, 남한강 유역의 호족세력들과 결합하였다. 그리하여 궁예는 후고구려 건국 이후 일정한 기간 동안 호족연합정책을 추구할 수밖에 없었다.

# 2장

# 태봉의 중앙정치기구

조 인 성

　궁예弓裔는 901년 고려高麗를 건국하였다. 그가 고구려의 계승을 표방하였다는 점과 왕건王建의 고려와 구별이 필요하다는 점에서 흔히 이를 후고구려라고 부른다. 그 후 궁예는 나라 이름을 904년에 마진摩震으로, 911년에 태봉泰封으로 바꾸었다. 그런데 이 가운데 궁예정권의 특성이 가장 잘 드러나는 때는 태봉시대라고 생각한다. 이에 궁예가 세운 나라를 태봉이라고 통칭하기로 한다.

　태봉은 918년 6월 왕건의 정변으로 망하였다. 태봉은 약 18년 동안 존속하였던 셈인데, 그 길지 않은 기간에 태봉은 후삼국 전 영역의 3분의 2에 해당하는 영토를 차지하고 강대한 나라가 되었다. 아울러 통치하기 위하여 여러 정치기구를 만들었다.

　태봉의 정치기구에 대한 연구는 태봉의 정치적 변동을 이해하는 데 도움이 된다. 그 성격이나 변화는 궁예의 정치적 지향을 포함하여 태봉이 처한 정치적 환경 등과 밀접하게 연관되어 있다. 그뿐 아니라 이는 고려 초의 정치적 특성을 알기 위해서도 필요하다. 왜냐하면 고려 초의 정치기구는 대체로 태봉의 그것을 이어받은 것이기 때문이다. 요컨대 태봉의 정치기구에 대한 연구는 신라 말과 고려 초의 정치·사회변동에 대한 우리의 이해를 심화

하는 데 기여할 수 있는 것이다.[1]

정치기구는 정치권력을 갖고 정치적 기능을 수행하는 기구를 가리킨다. 구체적으로 중앙의 여러 관부와 지방 제도, 관등과 관직 등을 포괄한다. 이 장에서는 그 가운데 상대적으로 자료가 풍부한 편인 중앙정치기구를 검토하기로 한다. 앞으로 살펴볼 내용을 소개하면 다음과 같다.

첫째, 중앙정치기구의 성립과정을 개관하려고 한다. 그리고 각 관부가 어떠한 일을 담당하였는지 알아보고, 그것과 신라 관부와의 관계도 정리하려고 한다. 나아가 성립 당시 중앙정치기구가 지녔던 정치적 성격에 대해서도 살펴볼 것이다.

둘째, 중앙정치기구의 변화상을 정리하고 그것이 가지는 의미를 생각해보려고 한다. 특히 몇몇 핵심관부의 변화에 주목할 것인데, 이를 궁예의 정치적 지향과 관련하여 검토할 것이다.


## 마진 시기, 광평성체제의 성립과 호족연합정권

궁예는 철원으로 진출한 후 나라를 열고 임금을 칭할 수 있겠다고 자부하면서 중앙과 지방의 관직을 두었다. 그가 896년 철원에 도읍하였으므로 건국의 태세를 갖추고 정치기구를 설치하였던 것은 이때부터였다.

궁예는 896년 왕건의 아버지인 왕륭王隆을 금성태수金城太守에 임명하였고 898년에는 그 아들 왕건을 정기대감精騎大監에 임명하였다. 900년에는 왕건에게 아찬阿湌을 수여하였다. 이것이 궁예가 초기에 설치한 중앙과 지방의 관직과 관등의 예이다. 아쉽게도 자료를 더 찾을 수 없는 형편이다.

그런데 태수, 대감, 아찬 등이 모두 신라의 관직과 관등이라는 점이 주목된다. 태수는 군郡을 다스렸던 신라의 지방 장관이고 대감은 신라의 무관직의 하나였다. 왕건은 정예한 기병을 이끄는 지휘관이었던 것이다. 아찬은 신라

17관등 중 제6관등이다. 이때는 아직 본격적으로 나라를 세우기 전이었으므로 신라의 여러 제도를 그대로 이어받았다고 짐작할 수 있다.

궁예는 901년 후고구려를 세웠다. 그는 패서 지역의 여러 유력자와 송악의 왕륭에게 협조를 얻어 건국하였다. 신라 말과 고려 초의 지방세력가를 호족豪族이라고 하는데, 후고구려는 호족연합을 기초로 성립한 나라라고 할 수 있다.[2]

후고구려의 건국과 더불어 정치기구가 더욱 짜임새 있게 되었을 것임은 충분히 상상할 수 있다. 그것이 호족연합에 기초한 후고구려의 성격을 반영하였을 것이라는 점도 그러하다. 하지만 유감스럽게도 그 구체적인 내용을 알려주는 자료는 찾을 수 없다.

궁예는 904년 국호를 후고구려에서 마진으로 바꾸고 연호를 무태라고 하는 등 국가의 면모를 새롭게 하면서 정치기구를 정비하였다. 그 당시 중앙정치기구의 대강은 다음과 같이 전한다.

1. 비로소 광평성廣評省을 설치하여 광치나匡治奈(고려 중기의 시중侍中), 서사徐事(고려 중기의 시랑侍郎), 외서外書(고려 중기의 원외랑員外郞) 등을 두었다.

2. 또 병부兵部, 대룡부大龍部(창부倉部), 수춘부壽春部(고려 중기의 예부禮部), 봉빈부奉賓部(고려 중기의 예빈성禮賓省), 의형대義刑臺(고려 중기의 형부刑部), 납화부納貨府(고려 중기의 대부시大府寺), 조위부調位府(고려 중기의 삼사三司), 내봉성內奉省(고려 중기의 도성都省), 금서성禁書省(고려 중기의 비서성秘書省), 남상단南相壇(고려 중기의 장작감將作監), 수단水壇(고려 중기의 수부水部), 원봉성元鳳省(고려 중기의 한림원翰林院), 비룡성飛龍省(고려 중기의 태복시太僕寺), 물장성物藏省(고려 중기의 소부감小府監)을 두었다. 3. 또 사대史臺(여러 외국어 통역을 학습시키는 일을 맡았음), 식화부植貨府(과수를 심고 기르는 일을 맡았음), 장선부障繕府(성城과 해자垓字의 수리를 맡았음), 주도성珠淘省(그릇을 만드

는 일을 맡았음)을 설치하였다. 4. 또 정광正匡·원보元輔·대상大相·원윤元尹·
좌윤佐尹·정조正朝·보윤甫尹·군윤軍尹·중윤中尹 등의 품직品職을 설치하였다
(『삼국사기』 권50 열전10 궁예).

위의 기록은 그 내용으로 보아 몇 가지로 나눌 수 있다. 그중 1·2·3은 관
부와 관직에 관한 것인데, 그 소관 업무를 짐작할 수 있다. 4에 나오는 정광
이하의 품직은 관리의 위계질서를 나타내는 관등이다.

기록 1을 보면, 궁예는 904년에 처음으로 광평성을 설치하고 광치나 이하
의 관직을 두었다. 광평성은 여러 관부 중 최고였고 911년까지 정치권
력의 핵심이었다. 따라서 904년에 이루어진 중앙정치기구의 정비를 광평성
체제의 성립이라고 부르기로 한다.

> 효공왕 8년(904년)에 궁예가 백관百官을 두었는데, 신라 관제官制를 따랐다(그 제
> 정한 관호官號가 비록 신라의 관제에 말미암았다고 하지만 다른 것도 많이 있었
> 다)(『삼국사기』 권12 신라본기12).

위의 기록을 보면, 마진의 관제가 신라의 그것을 따랐다고 하고, 주註를 통
하여 그 관부의 명칭(官號)이 신라의 것과 많이 다름을 지적하였다. 사실 대
부분의 관부나 관등의 명칭이 신라의 것과 일치하지 않는다. 그런데 건국한
지 4년 만에 새로운 관제를 발명한다는 것이 그리 간단한 일은 아니었을 것
이다. 이에 위의 주는 신라의 관제를 따랐으면서도 그 이름을 달리한 경우가
많았다고 풀이할 수 있지 않을까 생각한다.

〈표 2-1〉은 마진의 관부를 신라와 고려의 것과 비교하여 정리한 것이다.
다만 광평성과 내봉성의 담당 업무에 대해서는 이러저러한 논란이 있다. 이
뿐 아니라 이 두 관부의 성격은 광평성체제의 성격을 알려주는 단서가 된다.

표 2-1  신라·마진·고려 관부의 대비

| 신라 | 마진 | 고려 | |
|---|---|---|---|
| 관부 | 서열/관부 | 관부 | 담당 업무 |
| 집사성執事省 | (1) 광평성 | 중서문하성 | |
| 병부兵部 | (2) 병부 | 병부 | 무관의 선발을 포함한 인사 업무, 군사관계의 일반 업무, 국왕 등에 대한 의장대의 역할과 호위 업무, 교통과 통신. |
| 창부倉部 | (3) 대룡부 | 창부 | 호적과 인구, 토지와 그에 근거한 요역徭役, 공물貢物, 조세관계를 담당한 호부戶部의 속사屬司 중 하나. |
| 예부禮部 | (4) 수춘부 | 예부 | 각종 의식의 예절과 예식, 국가의 제사, 국왕과 신하의 조회, 외교사절 업무, 학교와 과거. |
| 영객부領客府 | (5) 봉빈부 | 예빈성 | 빈객賓客(송宋의 귀화인, 여진女眞의 사신이나 추장, 탐라耽羅의 왕족 등)의 접대와 연회. |
| 좌우이방부左右理方府 | (6) 의형대 | 형부 | 법률의 제정과 개정, 재판과 형의 집행. |
| | (7) 납화부 | 대부시 | 왕실 소용의 재물과 화폐, 창고. |
| 조부調府 | (8) 조위부 | 삼사 | 전곡錢穀의 출납과 회계. |
| 위화부位和府 | (9) 내봉성 | 도성 | |
| | (10) 금서성 | 비서성 | 경전을 비롯한 도서 관리와 제사에 사용하는 문서 작성. |
| 예작부例作府 | (11) 남상단 | 장작감 | 궁궐, 관청, 성곽 등의 건축과 수리. |
| | (12) 수단 | 수부 | 산림천택山林川澤, 기술자(工匠), 건축과 수리를 담당한 공부工部의 속사 중 하나. |
| 상문사詳文師 | (13) 원봉성 | 한림원 | 교서 등 국왕의 말이나 명령 작성, 외교문서 대리 작성. |
| 승부乘府 | (14) 비룡성 | 태복시 | 국왕이 사용하는 수레와 말 관리, 말 등의 목축과 관리. |
| 물장전物藏典 | (15) 물장성 | 소부감 | 공예 기술과 만든 물품 관리. |

이 두 관부를 살펴보면, 먼저 광평성은 서열 제1위의 행정 관부이다. 태봉이나 고려 초의 광평성 장관이었던 시중은 신라 집사부執事部의 시중에서 비롯된 명칭으로 여겨지므로 광평성이 집사부의 후신일 가능성도 있다.[3]

한편 앞의 기록 1에 따르면, 광평성의 장관 광치나는 고려 중기의 시중에 대응하는 것으로 주기되어 있다. 시중은 중서문하성中書門下省의 장관인 문하시중門下侍中을 가리킨다. 중서문하성은 문벌귀족들의 이익을 대변하였는데, 이 점에서 진골귀족들의 이익을 대변하였던 신라의 화백和白과 통한다고 할 수 있다. 그렇다면 광평성은 말 그대로 국가의 중대사를 널리 평의하는 관부로서 화백과 중서문하성을 연결하는 고리에 해당한다고도 볼 수 있다.[4]

그런데 신라 중대에 전제왕권을 지지하는 역할을 하였던 집사부가 하대에 와서는 진골귀족과 연결되었다. 하대의 집사성執事省은 국왕의 명령을 집행하는 행정 관부이면서도 본질적으로는 화백과 통하는 면이 있었다. 그렇다면 광평성을 이러한 집사성과 연결할 수 있지 않을까 생각한다.[5] 다시 말해 광평성은 최고의 관부이면서 호족들의 이익을 대변하는 관부였다고 본다.

궁예의 장군으로서 한때 왕건과 어깨를 나란히 하였던 이흔암伊昕巖은 왕건의 즉위 소식을 듣고 공주를 떠나 철원으로 돌아왔다. 그는 반역을 꾀하였던 사실이 드러나 하옥되었고 죄를 자백하였다. 이때 태조는 여러 관리로 하여금 그의 죄를 의논하게 하였고, 그들이 모두 마땅히 죽여야 한다고 하자 그 의견에 따라 저자에서 목을 베도록 하였다.

태조는 공론公論에 따라 이흔암을 처벌하였다. 그런데 공론이라고 하지만 그것은 당시 유력자들의 뜻이었다. 그들의 뜻을 모을 수 있는 기구는 바로 널리 평의한다는 의미를 지닌 광평성이 아니었을까 생각한다. 왕건이 즉위한 후의 일이지만, 이를 통하여 904년에 설치된 광평성의 일면을 엿볼 수 있다.

앞서 언급한 바와 같이 궁예는 호족들의 협조를 바탕으로 후고구려를 건국하였다. 그러한 그가 불과 4년 만에 호족세력을 무시할 수 있을 정도로 왕권을 강화하기는 어려웠을 것이다. 즉 마진은 여전히 호족연합적인 성격을 가지고 있었을 것이다. 이 점을 고려한다면 광평성은 호족들의 이해를 대변하는 관부로서 설치되었고, 한동안 그러한 역할을 하였을 것으로 볼 수 있다.

다음으로 내봉성은 앞의 기록 2에서 보듯이 고려의 도성에 해당한다. 도성은 상서도성尙書都省을 가리킨다. 상서도성은 이부·병부·호부·형부·예부·공부 등으로 구성되었다. 그런데 〈표 2-1〉에서 보듯이 병부·수춘부·의형대는 각각 병부·예부·형부에 해당한다. 대룡부와 수단은 호부와 공부의 속사인 창부와 수부에 해당한다. 그렇다면 이부에 해당하는 관부만 없었던 셈인데, 내봉성을 도성에 비긴 것은 그것이 인사를 담당하는 기구였음을 시사한다. 즉 내봉성은 고려의 이부, 신라의 위화부에 해당하는 관부였을 것이다.[6]

내봉성의 '내봉'은 국왕의 측근에서 명령을 받든다는 뜻으로 풀이된다. 이처럼 인사를 담당하였던 내봉성이 궁예의 측근기구였다는 점은 인사권을 장악하여 왕권을 강화하려고 하였던 그의 정치적 의도가 반영된 것이다. 다만 〈표 2-1〉에서 보듯이 내봉성의 서열이 제9위에 지나지 않았음은 주목할 만하다. 광평성체제에는 왕권을 강화하려는 궁예의 의도가 어느 정도 반영되었지만 아직 그것이 성공을 거두기는 어려웠음을 알려주는 것으로 보인다. 요컨대 광평성체제는 기본적으로 호족연합정권을 뒷받침하는 중앙정치조직이었다.


**태봉 시기, 광평성체제의 변화와 신정적 전제주의**

904년에 성립된 광평성체제는 이후 재정비되었다. 그 내용은 『고려사』 권1 세가1 태조 원년(918년) 6월 신유辛酉 조에 나오는 인사발령을 통하여 짐작할 수 있다. 왕건이 즉위한 후 6일 만에 나왔던 인사조치를 통하여 904년부터 918년까지의 사정을 어느 정도 살필 수 있다. 이러한 내용을 정리한 〈표 2-2〉와 앞의 〈표 2-1〉를 비교해보면 대략 다음과 같은 변화를 찾을 수 있다.

첫째, 관부의 서열이 일부 변하였다. 〈표 2-1〉을 보면, 904년 당시 병부는 제2위, 내봉성은 제9위의 관부였다. 그런데 〈표 2-2〉를 살펴보면, 내봉성이

제2위로, 순군부가 제3위로, 병부가 제4위로 되어 있다. 물론 이러한 변화는 정변을 주도한 세력의 계획에 따른 것일 수도 있다. 그런데 순군부와 병부, 내군 등 〈표 2-2〉에 나오는 관부들이 왕건 즉위 이전부터 있었던 것들이므로 서열의 변화도 904년 이후 918년 이전 어느 시기에 일어났을 것으로 보는 것이 합리적이다.

둘째, 904년에는 없었던 관부들을 찾을 수 있다. 순군부는 〈표 2-1〉에는 없지만 〈표 2-2〉에서는 볼 수 있다. 그런데 〈표 2-2〉를 보면, 광평낭중에 임명된 신일과 임식, 내봉경에 임명된 능준은 전직 순군부 관리였다. 따라서 순군부는 904년 이후 왕건이 즉위하기 이전의 어느 시기에 만들어진 것이다. 〈표 2-2〉에만 있는 진각성과 내군 역시 그러하다.

셋째, 각 관부 소속의 관직이 늘어났다. 〈표 2-2〉를 보면, 내봉감에 임명된 강윤형은 전 광평낭중이었으며 광평원외랑 국현과 내봉이결 예언은 전 광평사였다. 광평성 설치 당시 고려의 시랑이나 원외랑에 해당하는 서사와 외서가 설치되었을 뿐 낭중과 사는 설치되지 않았다. 요컨대 낭중과 사는 904년 이후 918년 이전에 새로 만들어진 관직이었다. 이로 미루어보면 다른 관부의 관직도 늘어났을 것으로 예상된다.

넷째, 관직과 관부의 명칭이 바뀌었다. 앞의 기록 1에서 광평성의 관원은 장관인 광치나를 비롯하여 서사와 외서로 구성되었는데 〈표 2-2〉에서 보듯이 각각 시중, 시랑, 원외랑으로 바뀌었음을 알 수 있다. 한편 내봉경에 전 창부경 권식이 임명되었다. 창부는 〈표 2-1〉에 없지만, 새로 설치된 것이라고 생각하지는 않는다. 〈표 2-1〉의 대룡부가 고려의 창부에 해당하는 것이었음을 고려하면 창부는 대룡부의 이름을 바꾼 것이라고 보아야 한다.

이상과 같은 변화가 일어난 시기는 확실하지 않지만 그 시기를 911년경으로 볼 수 있다. 904년 국호를 후고구려에서 마진으로 바꿈과 동시에 성립한 광평성체제가 911년 태봉으로 국호를 변경할 즈음에 재정비되어 고려 초까

## 표 2-2　태조 원년(918년) 6월 신유의 인사발령

| 서열/관부 | 장관 | 차관 | 하급관직 |
|---|---|---|---|
| (1) 광평성<br>廣評省 | 시중侍中<br>(한찬韓粲 김행도金行濤) | 시랑侍郎<br>(알찬閼粲 임적여林積璵) | 낭중郎中<br>(전前 순군부낭중徇軍部郎中 한찬 신일申一)<br>(전 순군부낭중 한찬 임식林寔)<br>원외랑員外郎<br>(전 광평사廣評史 국현國鉉) |
| (2) 내봉성<br>內奉省 | 영令<br>(한찬 금강黔剛) | 경卿<br>(전 수순군부경守徇軍部卿<br>능준能駿)<br>(전 창부경倉部卿 권식權寔) | 감監<br>(전 광평낭중 강윤형康允珩)<br>이결理決<br>(전 광평사 예언倪言)<br>평찰評察<br>(전 내봉사 곡긍회曲矜會) |
| (3) 순군부<br>徇軍部 | 영<br>(한찬 임명필林明弼) | | 낭중<br>(전 내봉사 유길권劉吉權) |
| (4) 병부<br>兵部 | 영<br>(파진찬波珍粲 임희林曦) | 경<br>(알찬 김인金堙)<br>(알찬 영준英俊) | |
| (5) 창부<br>倉部 | 영<br>(소판蘇判 진원陳原) | 경<br>(알찬 최문崔汶)<br>(알찬 견술堅術) | |
| (6) 의형대<br>義刑臺 | 영<br>(한찬 염장閻萇) | | |
| (7) 도항사<br>都航司 | 영<br>(한찬 귀평歸評) | 경<br>(임상난林湘煖) | |
| (8) 물장성<br>物藏省 | 영<br>(한찬 손형孫逈) | 경<br>(요인휘姚仁暉)<br>(향남香南) | |
| (9) 내천부<br>內泉部 | 영<br>(소판 진경秦勁) | | |
| (10) 진각성<br>珍閣省 | 영<br>(파진찬 진징秦靖) | | |
| (11) 백서성<br>白書省 | | 경<br>(일길찬一吉粲 박인원朴仁遠)<br>(일길찬 김언규金言規) | |
| (12) 내군<br>內軍 | | 경<br>(능혜能惠)<br>(희필曦弼) | |

지 계속되었을 것으로 본다.

이제 광평성체제의 변화가 어떠한 의미를 가지는 것인지 구체적으로 알아보기로 한다. 우선 서열 제9위였던 내봉성이 제2위의 관부가 되었다는 것은 그 정치적 비중이 커졌음을 뜻한다. 내봉성이 국왕의 측근기구로서 인사를 담당하는 관부였으리라는 앞서의 지적을 떠올리면 우선 이는 궁예가 내봉성을 통하여 본격적으로 인사권을 행사할 수 있게 되었음을 시사한다.

〈표 2-2〉에서 보듯이 내봉성의 장관과 차관으로 영令과 경卿이 있다. 내봉평찰에 전 내봉사 곡긍회가, 순군낭중에 전 내봉사 유길권이 임명된 것으로 보아 내봉성의 하급관직으로 사가 있었음을 알 수 있다.

이러한 인사발령 후 내봉원외랑 윤형尹珩이 내봉낭중으로, 내봉사 이긍회李矜會가 내봉원외(랑)으로 승진하였다. 이를 통하여 내봉성에 낭중과 원외랑이 있었음을 알 수 있다. 낭중, 원외랑, 사의 관직은 광평성이나 순군부 등 다른 관부에서도 찾을 수 있다. 이들은 일반직이었다고 할 수 있을 듯한데 인사를 담당하였을 것이다.

한편 〈표 2-2〉에서는 내봉성의 또 다른 하급관직으로 감, 이결, 평찰을 찾을 수 있다. 이들과 같은 명칭의 관직은 다른 관부에서는 볼 수 없다. 이에 감계통의 관직은 특수한 것이었다고 할 수 있지 않을까 생각한다. 그리고 이 점에서 이들은 내봉성 설치 당시부터 있었던 관직이라기보다는 후대에 부가된 것으로 본다.

그런데 이결, 평찰 등의 명칭은 신라 내사정전의 의결議決, 정찰貞察과 비슷하다. 그렇다면 그것들의 임무는 관리들에 대한 감찰로 볼 수 있지 않을까? 감도 역시 감찰을 의미하는 것으로 본다. 그렇다면 내봉성은 사정을 담당하였다고 할 수 있다.

내봉성의 위상이 격상되었던 것은 본래의 인사 기능 외에 사정 기능이 추가되었던 것과 무관하지 않으리라고 본다. 다시 말해 내봉성은 인사를 담당하였을뿐 아니라 관리들에 대한 감찰의 임무를 맡게 됨에 따라 서열 제2위의 관부가 되었던 것으로 헤아려본다. 그리고 이에 따라 감 등의 관직도 신설되었을 것이다.

국왕의 측근기구인 내봉성이 인사에 더하여 감찰 기능을 하게 되었다면 그것은 관리들에 대한 자신의 통제를 더욱 강화하겠다는 궁예의 의지에서 비롯된 것이다. 즉 왕권을 강화하기 위한 시도였음을 의미한다.

한편 광평성은 태봉대에도 여전히 최고 관부였으며 그 장관인 시중은 백관의 으뜸이었다. 그런데 내봉성과 달리 그 정치적 지위는 격하되었다.

건화乾化 3년 계유(913년)에 태조가 여러 차례 변공邊功을 세웠으므로 관계와 지위를 올려 파진찬波珍粲 겸 시중으로 삼아 그를 소환하고 수군水軍의 업무는 모두 부장副將 김언金言 등에게 맡기도록 하되 정벌과 관련한 일은 태조에게 아뢰고 그를 행하도록 하였다. 이에 태조의 지위는 모든 관리의 으뜸이었다. 하지만 평소의 뜻이 아니었고 또 참소를 두려워하여 높은 지위에 있음을 즐기지 않고 대궐문(公門)을 출입할 때마다 나라의 일(國計)을 공명정대하게 처리(平章)하였다. 오직 사사로운 마음을 누르고 삼가고 조심하여 힘써 여러 사람의 마음을 얻었고, 어진 사람을 좋아하고 악한 사람을 싫어하여 매번 사람이 참소를 당함을 보면 문득 자세히(悉) 해명하여 구해주었다. 청주인靑州人 아지태阿志泰라는 자가 있었는데 본래 아첨하고 남을 속였다. 궁예가 참소를 좋아하는 것을 보고 이에 같은 주州 사람 입전笠全·신방辛方·관서寬舒 등을 참소하였다. 해당 관부에서 그를 조사(推)하였으나 몇 년이 되었어도 해결하지 못하였다. 태조가 진위를 분별하니 아지태가 죄를 인정하였고(伏辜), 여러 사람의 의견(衆情)이 통쾌하다고 하였다. 이로 말미암아 군대(轅門)의 장군과 장교, 종실宗室의 훈현勳賢, 지모(智計)를 갖춘 문인(儒雅)의 무리들이 바람에 초목이 쓸리듯 그림자처럼 따르지 않음이 없었다. 태조는 화가 미칠까 두려워하여 다시 군대를 이끌고 출정하는 임무(閫外)를 원하였다. 4년

갑술(914년)에 궁예는 또 수군 장수가 미천하여 적을 위압하기에 부족하다고 하면서 이에 태조를 시중에서 해임하여 다시 수군을 이끌도록 하였다(『고려사』 권1 세가1 태조 즉위).

위의 기록에 따르면, 왕건은 913년 시중에 임명된 후 이른바 '아지태 사건'을 해결하였고, 이로 말미암아 그를 따르는 자들이 많았다. 하지만 그는 화가 미칠까 두려워하여 다시 전선으로 나가기를 원하였으며, 또 궁예는 914년 수군 장수가 적에게 두려움을 줄 수 없다는 이유로 왕건을 시중에서 해임하여 수군을 맡도록 하였다. 이상은 궁예가 시중 왕건을 중심으로 정치 세력이 형성되는 것을 용납하지 않았고, 그 결과 왕건을 해임하였던 것으로 풀이할 수 있다.

궁예 밑에서 시중을 지냈던 인물로는 왕건 외에 구진을 찾을 수 있다. 태조가 그를 나주도대행대시중에 임명하자 구진은 오랫동안 전 임금 궁예에게 노고를 바쳤다는 것을 이유로 들면서 그것을 고사하였다. 그가 궁예에게 바쳤다는 노고란 궁예하에서 시중을 비롯한 여러 관직의 임무를 수행하면서 이루어진 것이다. 구진의 말에서 궁예에게 봉사하였던 그의 모습을 떠올릴 수 있을 뿐이다.

앞서 광평성은 본래 호족들의 이해를 대변하는 관부로서 설치되었다고 보았다. 하지만 왕건이나 구진에게서 호족 대표자로서의 모습을 찾기는 어렵다. 이는 시중으로 대표되는 광평성의 정치적 위상이 격하되었음과 이에 반하여 왕권이 강화되었음을 알려주는 것이다.

이미 언급한 바와 같이 태봉대에는 군사 관련 기구로서 순군부와 내군을 새로 두었다. 그중 순군부는 서열 제3위의 관부로서 제4위의 병부보다 중요시되었다.

순군부는 병권을 관장하는 기구였다. 병권이라 함은 대략 군정권軍政權과 군령권軍令權으로 나누어 생각할 수 있다. 전자가 무관의 인사와 같은 일반적인 군사 업무에 관한 권한이라면 후자는 군사지휘권을 가리킨다. 순군부가 병권을 관장하였다고 하여 이 두 가지를 모두 오로지하지는 않았을 것이다. 〈표 2-1〉에서 고려 병부가 관장하였던 일을 참고하면 병부는 군정권을, 순군부는 군령권을 맡았다고 보는 것이 온당하다.[7]

순군부가 설치되기 전 병권을 맡은 것은 병부였다. 그럼에도 순군부를 새로 설치한 이유는 우선 군사적인 관점에서 찾아야 한다. 당시가 후삼국 간의 전쟁 시기였음을 고려하면 더욱 효율적인 전쟁을 수행하기 위하여 군령을 전담하는 기구를 둘 필요가 있었던 것이 아닌가 생각한다. 순군부의 서열이 병부에 앞섰다는 것이 이를 시사한다.

한편 효율적인 지휘는 궁예의 지휘권 강화를 뒷받침하였다. 이를 통하여 궁예는 왕권을 강화하는 정치적 효과를 거둘 수 있었다. 한편 병부의 권한을 나누어 순군부를 설치한 이유는 병부가 병권을 독점하였던 것을 궁예가 바람직하게 여기지 않았기 때문이다. 권한의 분산이라는 측면에서도 순군부 설치는 왕권을 강화하기 위한 조치였다고 할 수 있다.

내군은 그 명칭으로 보아 궁예를 경호하는 친위군이었다. 그런데 그 임무가 그에 한정되었던 것은 아니었던 듯하다. 왕건은 즉위한 지 얼마 되지 않아 참소를 자행하여 죄 없는 사람들을 자주 모함하였다는 이유로 궁예의 내군장군이었던 은부를 처단하였다. 그가 경호부대 책임자로서 궁예의 신임을 받았던 인물이었음을 고려하면 그가 하였다는 참소나 모함이란 반궁예적 움직임을 적발하였던 것을 가리키는 것이 아닐까? 특히 군軍 내부의 동향을 감시하는 것이 내군의 또 다른 임무였을 것으로 본다.

앞서 잠시 언급하였던 이흔암은 궁마弓馬를 직업으로 삼은 전문적인 군인이었던 듯하다. 그런데 그는 궁예를 섬기면서 은밀한 일을 탐지하여 출세하였다. 그렇다면 이흔암은 군 내부의 여러 가지 동향, 가령 반궁예적인 움직임을 탐지한 것은 아닐까? 그가 내군과 어떠한 관련을 맺고 있었는지는 알수 없지만 내군의 역할과 관련하여 시사하는 바가 있다.

요컨대 내군의 설치는 군을 더욱 강력하게 통제하려는 궁예의 의도에서 비롯되었다고 할 수 있다. 그렇다면 그것은 순군부의 설치와 맥을 같이하는 것이라고 생각된다.

이상에서 살펴본 광평성체제의 변화는 궁예의 정치적 지향과 밀접하게 연관되어 있었다. 이와 관련하여 궁예가 미륵불彌勒佛을 자칭한 점을 주목하고자 한다.

주량朱梁 건화乾化 원년 신미(911년)에 성책聖册을 바꾸어 수덕만세水德萬歲 원년으로 하고 나라 이름을 바꾸어 태봉이라고 하였다. (중략) 선종은 미륵불을 자칭하며 머리에 금색 모자(金幘)를 쓰고 몸에 가사(方袍)를 입었고 큰 아들을 청광보살青光菩薩, 막내아들을 신광보살神光菩薩로 삼았다. 외출할 때에는 항상 흰 말을 탔는데 채색 비단으로 말갈기와 꼬리를 장식하였으며 어린 소년들과 소녀들로 하여금 깃발과 양산, 향과 꽃을 들고 앞에서 인도하게 하였고 비구 200여 명을 시켜 불덕을 찬양하는 노래(梵唄)를 부르며 뒤를 따르게 하였다. 또 스스로 불교 경전 20여 권을 지었는데 그 말이 요망하여 모두 바른 말이 아니었다. 때로는 반듯하게 앉아 불법을 강설하였는데 승려 석총釋聰이 일러 말하기를 "모두 사악한 설(邪說)과 괴이한 말(怪談)로 교훈이 될 수 없다"고 하였다. 선종이 이를 듣고 노하여 쇠뭉치(鐵椎)로 때려 죽였다(『삼국사기』 권50 열전10 궁예).

위의 기록에 따르면, 궁예는 두 아들을 보살로 삼았다. 마치 불교조각에 있어서 미륵불상(궁예)을 가운데 두고 양 옆에 보살상(두 아들)이 위치하고 있는, 이른바 삼존불三尊佛의 모습을 떠올리게 한다. 궁예는 자신은 물론 아들까지 신격화하였다.

위에 나오는 궁예의 복장이나 행차 때의 이러저러한 모습은 궁예가 하생한 미륵불임을 드러내기 위하여 고안된 장엄莊嚴의 일부였다. 가령 그의 행차에서 200여 명에 달하는 승려들이 불렀다는 노래는 미륵불 궁예의 공덕을 찬양하는 내용이었을 것이다.

석총은 궁예의 강설을 "모두 사악한 설(邪說)과 괴이한 말(怪談)로 교훈이 될 수 없다"고 비난하였다. 이는 궁예의 강설과 그 기초가 된 경전 20여 권의 내용이 기존 불교의 그것과 매우 달랐음을 시사한다. 구체적인 것은 알 수 없지만 그 경전이나 강설은, 궁예가 하생한 미륵불이며 태봉이 미륵불이 하생한 이상세계임을 주장하는 내용을 담고 있을 것이다.

미륵불은 전륜성왕轉輪聖王이 세상을 다스릴 때 하생하는 것이라고도 한다. 전륜성왕은 금·은·동·철로 된 불법의 수레바퀴를 굴리면서 사방을 위엄으로 굴복시킨다는 왕이다. 궁예가 국왕이었음을 고려하면 당시 그는 전륜성왕이자 동시에 미륵불이었던 셈이다. 그는 세속적인 면에서 통치자의 권위와 종교적인 면에서 부처의 권위를 함께 가졌다고 할 수 있다.

신神을 대리하는 사제가 지배권을 가지고 종교적 원리에 의해 통치하는 정치형태를 신정神政이라고 한다. 오직 국왕만이 권력을 소유하는 정치형태를 전제정치라고 한다. 궁예는 신정적 전제주의를 추구하였다.

궁예는 911년 국호를 태봉으로 바꾼 이후부터 미륵불을 자칭하였을 것이다. 그렇다면 궁예의 신정적 전제주의는 광평성체제의 변화와 연관이 있을 것이다. 태봉대에 내봉성은 격상한 반면, 광평성은 격하하고 순군부와 내군은 새로 설치되었다. 이러한 광평성체제의 변화는 왕권을 강화하기 위한 조처였던 것이다.

미륵불 궁예는, 이른바 미륵관심법을 터득하였다고 한다. '관심'이란 남의 마음을 보는 것, 다시 말해 남이 어떠한 생각을 하고 있는지를 알 수 있다는 것이다. 이 점에서 미륵관심법은 하생한 미륵불로서의 궁예의 권능을 드러내기 위한 수단이었다.

다음의 기록을 살펴보면, 궁예는 미륵관심법을 내세워 부녀자들의 비밀을
알아내고 잔인하게 처벌하였다.

정명貞明 원년(915년)에 부인 강康씨가 왕이 도리에 어긋난 일(非法)을 많이 행하
자 정색하고 그를 고치도록 말하였다. 왕이 그를 미워하여 말하기를 "네가 다른
사람과 간통하고 있다니 어찌된 일인가?"라고 하였다. 강씨가 말하기를 "어찌 그
러한 일이 있겠습니까?"라고 하니 왕이 말하기를 "나는 신통력으로 그를 보았다"
하고는 쇠절구공이를 뜨겁게 달구어 그녀의 음부를 찔러 죽였으며 (죽음이) 그 두
아이에게도 미쳤다. 이후 더욱 의심하고 급하게 노하니 모든 관료, 장수, 아전과
아래로 백성에 이르기까지 죄 없이 죽음을 당하는 자가 자주 있었고 부양斧壤(김
화), 철원 사람들은 그 해독을 견딜 수가 없었다(『삼국사기』 권50 열전10 궁예).

궁예는 부인 강씨가 간통하였음을 신통력으로 알아냈다면서 뜨겁게 달군
쇠절구공이로 그녀의 음부를 찔러 죽였다. 여기서 신통력이란 곧 미륵관심
법이며 부녀자들의 비밀이라는 것은 간통과 같은 행위를 가리킨다는 점도
짐작할 수 있다.

불교의 계율이 간통과 같은 음행을 금하고 있음을 떠올리면 미륵불 궁예
는 백성에게 계율의 준수를 요구하였던 것으로 풀이할 수 있다. 그런데 불교
의 계율은 속세의 율령과 통할 수 있다. 이 점에서 궁예가 계율을 강조하였
다면 그것은 미륵불의 권위를 바탕으로 엄격한 율령통치를 추구하기 위해서
였을 것으로 본다. 궁예의 신정적 전제주의는 종교적으로 계율의 엄수를, 세
속적으로는 율령에 의한 법가적法家的 지배를 표방하였다고 파악된다.

그런데 미륵관심법은 비단 부녀자들의 음행을 적발하는 데만 이용한 것은
아니었다. 궁예는 거짓으로 반역죄를 꾸며 내어 하루에도 100여 명을 죽여

서 장수나 정승으로 해를 당한 자가 십중팔구였다. 반역의 적발도 미륵관심법에 따른 것으로 보이는데, 왕건도 그 때문에 죽을 고비를 넘겼다.

하루는 궁예가 태조를 급히 불러 궁궐에 들어가니 궁예는 바야흐로 처형한 사람들에게 몰수한 금은보화와 가재도구(床帳之具)를 점검하고 있었다. 성난 눈으로 태조를 자세히 쳐다보다가 말하기를 "그대는 어젯밤에 사람들을 모아서 반란을 일으키려고 음모하였으니 웬일인가?"라고 하였다. 태조는 얼굴빛을 변하지 않고 전연 輾然히 웃으면서 말하기를 "어찌 그러한 일이 있었겠습니까"라고 하였다. 궁예가 말하기를 "그대는 나를 속이지 말라. 나는 마음을 볼 수 있기에 그것을 안다. 나는 지금 곧 선정禪定에 들어 보고 나서 그 일을 이야기하겠다"고 하고는 이내 눈을 감고 손을 모으더니 오랫동안 하늘을 우러렀다. 그때에 장주掌奏 최응崔凝이 옆에 있다가 짐짓 붓을 떨어뜨리고는 뜰로 내려와 그것을 주으면서 빨리 걸어 태조를 지나치며 몰래 말하기를 "죄를 인정하지 않으면(不服) 위태롭습니다"라고 하였다. 태조는 곧 깨닫고 말하기를 "제가 실로 반란을 일으키려고 음모하였으니 그 죄는 죽어 마땅합니다"라고 하였다. 궁예는 크게 웃고 나서 말하기를 "그대는 정직하다고 할 만하다"라고 하였다. 곧 금은으로 장식한 말안장과 굴레를 주면서 말하기를 "다시는 나를 속이지 말라"고 하였다(『고려사』권1 세가1 태조 즉위).

위의 기록에 따르면, 궁예는 '마음을 볼 수 있기에' 왕건의 모반을 알 수 있었다. 이는 다름 아닌 미륵관심법이다. 이처럼 미륵관심법은 모반의 적발과 처벌에도 이용되었던 것이다.

이에 궁예가 부인 강씨를 죽인 사건에 대해서도 다시 한번 생각하게 된다. 궁예의 '도리에 어긋난 일'이 무엇인지는 구체적으로 알 수 없지만 부인 강씨는 미륵불 궁예의 치세를 비판하였고, 그 결과 미륵관심법에 의해 살해되었다. 보살이라고 신격화된 두 아들까지 죽음을 당하였다는 점을 고려하면 부인 강씨와 그 동조자들이 궁예의 두 아들을 내세워 궁예에게 도전하였을 가능성도 있다.

궁예가 미륵관심법을 내세웠던 것은 자신에게 반발하는 세력을 제압하고 혹은 그럴 가능성이 있는 세력의 출현을 억제하고자 하는 목적에서 비롯된 것이 아닐까? 미륵관심법은 지배층에 대한 통제와 감시를 강화하기 위하여 고안된 듯하다. 그렇다면 이는 관리들을 감찰하기 위하여 내봉성에 사정 기능을 더하고, 군의 동향을 감시하기 위하여 내군을 새로 설치하는 것 등을 내용으로 하였던 광평성체제의 변화와 서로 맞아떨어진다. 다만 이상과 같은 정치기구들이 작동하는데도 왕권강화가 뜻대로 이루어지지 않자 미륵불을 자칭하고 미륵관심법을 내세워 반대파에 대한 숙청을 단행하였을 가능성도 배제할 수 없다.


이제까지 태봉의 중앙정치기구에 대하여 알아보았다. 그 대강을 요약하여 결론을 내린다.

태봉의 중앙정치기구는 국호를 마진으로 바꾼 904년에 일단 정비되었다. 그것은 광평성을 정점으로 하였는데, 이 점에서 광평성체제라고 할 수 있다.

광평성은 신라 하대의 집사성과 고려의 중서문하성과 맥이 닿았다. 신라 중대의 집사부와는 달리 집사성은 진골귀족들의 이해를 대변하였으며 중서문하성은 문벌귀족들의 이해를 대변하였던 것처럼 광평성은 호족들의 이해를 대변하는 관부였다. 반면 궁예의 측근기구로서 인사를 담당한 내봉성은 서열 제9위에 그쳤다. 결국 광평성체제는 호족연합에 기초한 궁예정권을 뒷받침하는 중앙정치조직이었다고 생각된다.

국호를 태봉으로 고친 911년 무렵 광평성체제에는 적지 않은 변화가 있었다. 관부의 서열이 변하였고 새로운 관부와 관직이 설치되었으며 명칭이 바뀌었다.

　내봉성의 서열이 제2위가 되었다는 점은 궁예가 그를 통하여 인사권을 장악하였음을 시사하는 것으로 눈길을 끌었다. 아울러 감, 이결, 평찰 등 감찰을 담당하는 관직을 새로 둔 점에서 내봉성은 사정기구로서의 역할도 하였다. 이에 반해 광평성의 정치적 지위는 하락하였다. 광평성의 장관인 시중이 호족들의 대표자라고 하기보다는 행정적 실무자로 그 성격이 변한 점에서 그러하다.

　새로 설치된 관부 중 순군부는 군령권을 담당하는 관부였다. 이는 효율적인 지휘체계의 확립을 위하여 순군부를 두었음을 의미하는데, 최고지휘관이 궁예였음을 고려하면 그것을 새로 두었던 이유는 왕권을 강화하기 위함이었다. 내군 또한 새로 두었는데, 이는 궁예의 신변 경호는 물론 군 내부의 반궁예적인 움직임을 탐지, 적발하는 역할도 하였다. 따라서 내군 역시 왕권을 강화하기 위해 설치된 것이다.

　널리 알려진 바와 같이 궁예는 미륵불을 자칭하였다. 그는 국왕이면서 미륵불이었던 셈인데, 궁예의 통치는 미륵불의 권위에 의해 뒷받침되는 신성한 것이 되었다. 이에 그가 신정적 전제주의를 추구하였다고 본다. 그런데 궁예는 미륵관심법을 터득하여 부인의 간음은 물론 관리들의 반역죄까지 알 수 있다면서 무자비한 숙청을 단행하였다. 이는 광평성체제의 변화 중 내봉성에 감찰 기능을 더하여 관리들에 대한 감시를 강화하고 내군을 새로 두어 군 내부의 동향을 감시하도록 한 것과 통한다. 결국 광평성체제의 변화는 신정적 전제주의 추구와 맞물리는 것이었다.

# 3장

# 태봉의 종교와 사상

조 범 환

　궁예왕弓裔王은 901년 후고구려를 세운 후 태조 왕건에 의해 축출당할 때
까지 국호와 연호를 여러 번 바꾸었다. 904년에는 국호를 마진摩震, 연호를
무태武泰라고 하였다. 905년에는 연호를 성책聖册으로 고쳤다. 그리고 911년
에는 국호를 태봉泰封으로, 연호를 수덕만세水德萬歲로 바꾸었다. 914년에는
연호를 정개政開로 고쳤다. 또 그는 911년을 전후한 시기부터 스스로 자신을
미륵불彌勒佛로 내세웠다.

　이러한 사실을 염두에 두면 태봉의 궁예왕은 다양한 사상적인 기반을 가
지고 정치하였음을 알 수 있다. 국호와 연호를 바꾸고 스스로 미륵불을 칭한
것은 특정한 사상적인 기반이 없이는 불가능한 일이기 때문이다. 이와 관련
하여 가장 주목되는 것은 궁예왕의 미륵신앙彌勒信仰이다.[1] 그리고 그는 미
륵신앙에만 그치지 않고 유교적儒敎的 정치이념을 가진 유학자들을 등용하
여 정치를 수행하였다.[2] 더 나아가 궁예왕은 정치하는 데 있어 풍수도참설風
水圖讖說을 적절하게 이용하기도 하였다.[3]

　이 장에서는 기왕의 연구성과를 기반으로 하여 태봉의 정치사상을 검토하
고자 한다. 먼저 지금까지 많은 주목을 받은 궁예왕과 미륵신앙과의 관계를
알아볼 것이다. 다음으로 궁예정권이 구현하고자 하였던 유교적 정치이념이

과연 어떠하였느냐는 것을 더듬어 보고자 한다. 마지막으로 궁예왕과 풍수
도참설에 대해서 알아보고자 한다.


## 궁예왕과 미륵신앙

궁예왕은 911년 나라 이름을 마진에서 태봉으로 바꾸었다. 그즈음 그는
미륵불을 자칭하였을 뿐 아니라 두 아들을 각각 청광보살, 신광보살이라고
칭하였다. 마치 불교조각에서 미륵불을 주존불로 하고 양옆에 보살상이 배
치된 모습을 떠올리게 한다. 궁예왕은 자신은 물론 자식들까지 신격화하였
음을 알 수 있다. 그가 외출할 때 백마를 타고 어린 남녀를 앞세우고 비구들
로 하여금 범패를 부르며 따르게 하였다는 것은 나름대로 미륵불의 장엄을
꾸몄음을 알려준다.[4] 그리고 비구들은 궁예왕을 따르면서 미륵불 궁예왕을
찬양하는 노래를 불렀다.

그런데 궁예왕이 20여 권에 달하는 적지 않은 분량의 경전을 지었다는 점
이나 강설하였다는 점을 미루어보면 그가 불교 전반에 대하여 두루 알고 있
었다고 본다. 특히 미륵신앙에 대하여 잘 알지 못하였다면 이는 불가능한 일
로 여겨진다. 여기서 궁예왕이 10여 세 때 세달사에서 출가하여 장성한 후에
도 승려였다는 사실을 떠올릴 수 있다. 즉 그가 승려 시절에 미륵신앙에 대
한 상당한 지식을 가지게 되었음은 의심의 여지가 없다.[5]

궁예왕은 일찍부터 새로운 국가의 건설을 계획하였을 것이다. 그러한 그
가 미륵신앙에 대해서 관심을 가졌던 이유는 그것이 자신의 꿈을 이루는 데
도움이 될 것으로 판단하였기 때문이다. 궁예왕이 세력 기반을 형성하였던
곳이 명주溟州였고, 진표眞表가 명주 일대에서 포교하였던 점을 고려하면 양
자의 관련성을 충분히 짐작할 수 있다. 명주 일대의 하층 농민들 사이에 미
륵불이 하생하는 이상세계의 도래에 대한 바람이 퍼졌고, 그들의 말세의식

이 심화되면서 말세에 살고 있는 자신을 구원해줄 미륵불의 하생에 대한 기대가 커졌다. 이에 궁예왕은 용화세계龍華世界의 출현을 내세움으로써 명주 일대의 농민들을 끌어들였을 것으로 짐작된다.[6]

이후 궁예왕은 철원을 도읍으로 삼게 되는데 그곳은 다른 인근 지역과 비교해볼 때 상대적으로 강한 말세의식이 성하여 미륵불의 하생을 가장 열망하는 곳이었다.[7] 그리하여 궁예왕은 미륵불 하생의 이상세계가 곧 올 것이라고 하여 철원 주민들을 끌어들였다.

> 광화 원년 무오(898년) (중략) 겨울 11월에 팔관회八關會를 시작하였다(『삼국사기』 권50 열전10 궁예).
>
> 태조 원년(918년) 11월에 유사有司에서 아뢰기를 "전주(궁예)가 매년 중동(11월)에 팔관재八關齋를 크게 열어 복을 빌었으니, 빌건대 그 제도를 따르십시오"라고 하니 왕이 그를 따랐다. (중략) 그리하여 구정毬庭에 윤등일좌輪燈一座를 설치하고 향등香燈을 사방에 두루 늘어 놓았으며 또 2개의 채붕을 지으니 각각의 높이가 5장 이상이었으며 앞에서 백희百戱와 가무를 뽐냈는데 그 가운데 사산악부와 용봉상마거선龍鳳象馬車船은 모두 신라 때의 고사였다. 백관들은 도포를 입고 홀을 들고 예식을 거행하였는데 구경하는 자들이 도성을 메웠다. 왕이 위봉루威鳳樓에 행차하여 이를 관람하였는데 해마다 상례로 삼았다(『고려사』 권69 지23 예 가례 잡의 중동팔관회의).

위의 두 기록을 통하여 궁예왕이 898년부터 매년 11월에 팔관회를 열었음을 알 수 있다. 태조의 명에 따라 개최된 팔관회는 궁예왕대의 제도를 따른 것이므로 위 기록의 팔관회 모습은 궁예왕대의 그것과 크게 다르지 않았을 것이다.

미륵에 관한 경전에는 하생한 미륵불을 만나기 위한 공덕 가운데 하나로 팔관재의 법을 받거나 팔재계八齋戒를 지켜야 한다고 되어 있는데, 하루 동안 팔계八戒를 닦는 것이 팔관회였다.[8] 궁예가 하생한 미륵불을 자칭하였다는 점에서 그가 팔관회를 시작하였던 목적 중의 하나는 하생한 미륵불을 맞기 위한 준비였을 것이다. 궁예가 미륵불의 하생을 예언한 것은 그가 명주에 들어가 세력을 형성한 894년 10월부터 불과 4년이 지난 일이다. 그리고 궁예왕은 말세의 중생을 구제할 수 있는 것이 미륵불의 하생뿐이라는 믿음을 이용하였던 것이다.

미륵불은 전륜성왕轉輪聖王이 세상을 다스릴 때 하생하는 것이다. 궁예왕이 국왕이었음을 고려한다면 당시 그는 전륜성왕이자 동시에 미륵불이었던 셈이다. 그는 세속에서 통치자로서의 권위와 종교에서 신으로서의 권위를 오로지하게 되었던 것이다. 이 점에서 궁예왕이 미륵신앙에 기초를 둔 신정적 전제주의를 추구하였다고 생각한다.[9]

궁예왕은 미륵관심법彌勒觀心法을 터득하여 부인의 음사를 알아내고 그것을 적발하여 잔혹하게 처벌하였다. 불교의 계법에서 음사를 금한다는 것은 상식에 속하는 일이다. 이미 언급한 바와 같이 궁예왕의 미륵신앙이 진표의 미륵신앙에 기초하였다는 점이나 진표가 계율을 매우 중시하였다는 점 따위를 고려하면 궁예왕은 백성들에게 계율의 준수를 요구하였다고 풀이할 수도 있다. 그리고 계율이 속세의 율령과 통할 수 있다는 점에서 궁예왕이 계율을 강조한 또 다른 측면은 엄격한 율령통치의 추구였던 것이 아닐까 생각한다. 요컨대 궁예왕의 신정적 전제주의가 세속적으로는 율령에 의한 법가적 지배를, 종교적으로는 계율의 엄수를 표방하였던 것이라고 파악된다.

또 궁예왕은 미륵관심법을 내세워 왕건의 모반을 밝혀낼 수 있다면서 그를 죽이려고 하였다. 이를 통하여 궁예왕의 미륵관심법이 부인의 음사만이 아니라 모반의 적발과 처벌에도 이용되었다는 점을 충분히 상상할 수 있다. 그렇다면 궁예왕이 미륵관심법을 내세웠던 중요한 목적이 자신에게 반발하는 세력을 제압하고 혹은 그럴 가능성이 있는 세력의 출현을 억제하고자 하는 데 있었던 것이 아니냐는 생각이 든다. 미륵관심법을 통한 지배층에 대한 궁예왕의 통제와 감시의 강화는 관리들을 감찰하기 위하여 내봉성에 사정 기능을 더하고, 신변 경호는 물론 군의 동향을 감시하기 위하여 내군을 설치하는 것 등을 내용으로 하였던 광평성체제의 변화와 서로 통하는 면이 있다고 여긴다. 따라서 궁예왕의 신정적 전제주의는 반궁예세력의 억압을 그 주된 내용으로 하고 있다.

궁예왕은 후백제·신라전쟁에서 승리를 거두려면 강력한 지도력을 갖추어야 한다고 느꼈을 것이다. 이상이 궁예왕이 왕권의 전제화를 꾀하였던 배경일 것으로 짐작되지만, 그러한 설명만으로는 그가 추구하였던 전제주의가 하필이면 신정적인 경향을 띠게 되었던 까닭이 드러나지 않는다. 이와 관련하여 우선 왕권을 강화하기 위한 궁예왕의 노력이 어느 정도 성공을 거두었고, 그를 바탕으로 그가 자신을 신격화하면서 신정적 전제주의로 나아갈 수 있었다고 생각한다. 반면 궁예왕의 전제주의가 정교일치에 기초하고 있었다는 점은 그의 노력에도 왕권강화가 여의치 못한 면이 있었음을 반증하는 것이 아니냐는 생각도 든다. 위에서의 논의대로 궁예왕이 미륵관심법을 통하여 반궁예세력을 억압하려고 하였다면 그중 후자가 더욱 주목되어야 할 것이다. 궁예왕은 호족연합정권에서 벗어나 왕권을 강화하려고 노력하였는데 호족들의 반발에 부딪치자 자신을 신격화함으로써 그에 대응하였던 것이다.[10]

궁예왕의 신정적 전제주의를 지지하였던 세력으로는 우선 궁예왕의 미륵신앙을 지지하였던 승려들을 꼽을 수 있다. 가령 궁예왕이 행차할 때 범패를 부르며 뒤를 따랐다는 승려들이 그들이었을 것이다. 더 구체적으로는 허월 許越을 떠올릴 수 있다. 명주의 중소호족 출신으로 굴산문 개청계에 속하였던 그는 궁예왕이 명주에서 자립할 때 협조하였을 뿐 아니라 태봉이 무너질 무렵에는 궁전 안의 사원이었던 내원內院에 머무르고 있을 정도로 궁예왕의 신임을 받았다. 그러한 만큼 허월은 내원의 승려로서 미륵불인 궁예왕을 사상적으로 뒷받침하는 역할을 맡았으리라고 짐작된다. 따라서 그는 미륵신앙을 비롯한 불교 전반에 대하여 상당한 지식을 소유하였을 것이다. 그는 일찍이 궁예왕을 만나기 이전부터 승려였을 것이다. 그가 그러한 궁예왕의 신정적 전제주의를 사상적으로는 물론 정치적으로도 뒷받침하였으리라는 점에는 별다른 이론의 여지가 없다. 아울러 궁예왕의 총애를 받았다는 종간宗侃도 주목된다. 그는 어려서 승려가 된 인물로 이 점이 궁예왕과 유사하여 흥미롭다. 종간은 이미 세달사 시절부터 궁예왕의 추종자였던 것은 아닐까 상상한다. 그렇지 않더라도 종간과 궁예왕과의 관계는 두 사람이 모두 승려였다는 사실만으로도 밀접하였다고 보아야 한다. 이처럼 종간이 승려였고 궁예왕의 심복이었다면 그 역시 궁예왕의 신정적 전제주의를 사상적으로나 정치적으로 뒷받침하였을 것으로 여겨진다. 단 종간이 허월과 달리 소판蘇判이라는 고위 관등을 가지고 있었다는 점이 유의된다. 두 사람을 비교할 때 허월이 주로 사상적인 측면에서 궁예의 신정적 전제주의를 지지하였다면 종간은 주로 정치적인 측면에서 지원하였다.[11]

이렇게 볼 때 미륵신앙이 궁예왕의 왕권전제화를 뒷받침하는 사상으로서 가장 중요시되었음을 단적으로 말해준다. 특히 그의 치세 후반기에는 그것이 더욱 중시되었다. 궁예왕이 표방하는 미륵신앙은 이상세계의 건설보다는 현실사회의 개혁에 더 치중되었다. 비록 그렇더라도 미륵불 하생의 이상세계에 대한 종교적인 염원만을 지닌 농민들을 이끌고 국가를 건설하고 운영하는 일은 쉽지 않았기 때문에 그는 또 다른 정치이념이 필요하였다.


## 궁예왕과 유교적 정치이념

궁예왕의 통치를 자세히 살펴보면 불교뿐 아니라 유교적 정치이념을 가진 유학자들을 등용하여 정치를 맡겼음을 알 수 있다. 이는 궁예왕이 정치하는 데 있어 미륵신앙만으로 해결되지 않는 부분이 있다는 것을 알고 있었고 그 래서 유학자들을 중용하여 정치를 맡긴 것으로 해석된다. 더 나아가 궁예왕 이 유학적 소양도 어느 정도는 가지고 있었음을 알려준다.

사실 신라 하대에는 중앙의 국학과는 달리 지방에도 학교가 존재하였다.[12] 그리고 그곳에서 유학교육은 지방학교의 학문적 수준까지도 끌어올리는 계 기가 되었다. 더구나 당에서 유학하고 돌아온 도당유학생들 가운데는 지방 에서 머물면서 인재를 양성하였다. 이렇게 되자 지방에서 공부한 유학생들 가운데는 현실문제 해결능력과 골품제 사회체제를 비판하는 경향을 가진 새 로운 경향의 인물들이 배출되었다.[13]

그런데 이들 가운데는 궁예나 견훤과 같이 신라를 부정하고 새로운 나라 를 세운 이들에게 많은 기대를 걸고 투탁하였다. 도당유학생도 있었을 것이 고 지방교육기관에서 유교적 학문을 수학한 인물들도 상당수 있었을 것임은 당연하다고 생각된다. 물론 그들에 관한 기록이 자세히 남아 있지 않아 구체 적인 것은 알 수 없지만 최승우崔承祐와 같이 신라 육두품 출신이 후백제 견 훤에게 투탁하여 활약한 것을 미루어보면 궁예왕에게도 투탁한 유학자들이 적지 않았으리라 짐작된다.

궁예왕은 자신에게 투탁한 유학자들을 통하여 정치적인 문제들을 해결하 고자 하였던 것으로 해석된다. 초적의 무리들로 나라를 다스린다는 것이 매 우 어렵다는 것을 잘 알고 있었다. 궁예왕은 그들의 도움 없이는, 그들의 의 견을 존중하지 않고는 나라를 통치할 수 없다는 것을 누구보다 잘 헤아렸던 것이다. 다음의 기록을 살펴보면, 궁예왕에게 투탁한 인물들을 알 수 있다.

왕유의 본 성명은 박유朴儒이며 자는 문행文行이니 광해주 사람이다. 성격이 곧으 며 경서와 사기에 통달하였다. 처음에는 궁예에게서 벼슬하여 원외員外로 되었고 동궁기실東宮記室까지 올라갔다. 궁예의 정치가 혼란해진 것을 보고 이어 가정을 떠나 산골짜기에 은거하였다가 태조가 즉위하였다는 소식을 듣고 찾아 와서 현신하니 태조가 그를 예로써 대접하면서 말하기를 "좋은 정치를 하는 길은 어진 사람을 구하는 데 있는바 이제 그대가 온 것은 마치 부암傅岩과 위빈渭濱이 명사를 얻은 것과 같다" 하고 이어 갓과 띠를 주고 기요機要를 주관하게 하였는데 공로가 있으므로 드디어 왕王씨라는 성姓을 주었다(『고려사』 권92 열전5 왕유).

최응은 황주 토산 사람이니 부친은 대상大相 최우달崔祐達이다. 최응의 모친이 임신하였을 때 그 집의 밭에 오이가 열렸는데 꿈에 홀연히 거기에 참외가 열렸다. 읍사람들이 이 이야기를 궁예에게 알렸고 궁예가 점을 쳐보니 "생남하면 나라에 이롭지 않을 것이니 절대로 키우지 말라"는 것이었다. 그래서 부모가 그를 숨겨 두고 양육하였다. 어려서부터 공부에 힘썼으며 장성해서는 오경五經을 통탈하고 글을 잘 지었으므로 궁예의 한림랑翰林郎으로 되었으므로 제고制誥를 기초할 때마다 아주 그의 뜻을 만족하게 하였다. 그래서 궁예는 말하기를 "소위 성인이란 아마 이러한 사람이 아닌가?"라고까지 하였다. 하루는 궁예가 태조를 불러 놓고 반란을 음모한다고 허망한 말을 하였으므로 태조는 변명하였다. 최응이 장주掌奏로서 궁예의 곁에 있다가 일부러 붓을 땅에 떨어뜨리고 뜰에 내려서서 집어 가지고 태조의 옆을 지나면서 귓속말로 "음모하였다고 하지 않으면 위험하오"라고 하였다. 태조는 그 의미를 깨닫고 드디어 거짓으로 복죄하였더니 화를 모면하였다. 태조가 즉위하자 옛 관직 그대로 지원봉성사知元鳳省事로 임명하였다가 곧 광평낭중廣評郎中으로 임명하였다. 최응은 대신이 될 만한 도량이 있고 행정 실무에도 통달하여 당시에 명망이 대단히 높았다(같은 책, 권92 열전5 최응).

태평은 염주 사람이니 경서와 역사에 대하여 광범히 연구하였고 행정 실무에 능숙하였다. 당초에는 그 고을의 도적 두목 유긍순柳矜順의 기실記室로 있었으며 궁예가 유긍순을 격파하니 태평이 항복하였으나 궁예는 그들이 오랫동안 복종하지 않은 것에 노하여 그를 졸병으로 배속시켰다. 그는 드디어 태조를 따르게 되었는바 건국할 당시 그의 힘이 이에 기여한 바 있었다. 그래서 그를 순군낭중徇軍郎中으로 등용하였다(같은 책, 권92 열전5 왕순식 부 태평).

창근昌瑾이 처음에는 글이 있는 줄 몰랐는데 나중에 그것을 보고 이상히 여겨 궁예에게 바쳤다. 궁예는 창근으로 하여금 거울 판 사람을 찾게 하였으나 달이 차도록 찾지 못하였다. 오직 동주東州 발삽사勃颯寺의 치성광여래熾盛光如來 불상 앞에 토성土星을 맡은 신의 옛날 소상이 있는데 그것이 거울 주인의 상과 같고 그 좌우 손에는 역시 도마와 거울을 들고 있었다. 창근이 기뻐하여 그 사실을 자세히 써서 올리니 궁예는 경탄하고 이상히 여겨 글을 잘 아는 송함홍宋含弘, 백탁白卓, 허원許原 등에게 그 글을 해석하게 하였다(같은 책, 권1 세가1 태조1).

위의 기록에 따르면, 박유·최응·태평·송함홍·백탁·허원 등은 모두 처음에 궁예왕에게 발탁되어 그를 위하여 일정한 역할을 맡고 있었다. 박유의 신분을 확실하게는 알 수 없지만 '경사經史에 통하였다'든지 또는 '동궁기실東宮記室'이 된 점으로 미루어 유학적 지식이 매우 뛰어난 인물임이 틀림없다. 특히 동궁기실이 되었다는 것은 궁예왕의 왕자들과 매우 밀접한 위치에 있었음을 알려준다. 궁예왕이 박유를 동궁기실로 삼았다면 그는 경사를 섭렵한 유학자임을 헤아릴 수 있다. 왕건 즉위 초에 박유가 찾아오자 왕건이 예로써 대우하고 "다스림의 길은 오직 어진 이를 구함에 있으니 이제 경의 옴은 부암傅巖·위빈渭濱의 사士를 얻음과 같도다"라고 하며 박유의 내투를 은殷의 고종高宗이 부암에서 설說을 얻고, 주周의 문왕이 위수빈渭水濱에서 태공망太公望 여상呂尙을 얻은 것에 비유하였다. 왕건이 그를 중용하여 국가의 기요를 관장하게 하고 왕씨의 성을 하사하는 기록들을 종합해보면 유교적 학식과 행정능력을 고루 갖춘 유학자였음을 헤아릴 수 있다.

한편 최응은 어려서부터 학문에 힘써 일찍이 오경에 통하고 글을 잘 지었다고 한다. 또 궁예왕에게 출사하여 한림랑이 되어 제고制誥를 초한 사실을 보면 문장력이 뛰어난 인물임을 짐작할 수 있다. 궁예왕은 그를 평하여 이른 바 성인을 얻는다 함은 이 사람이 아닌가 할 정도로 높이 평가한 것을 보면 나이가 젊은데도 대단한 유학적 지식을 가진 인물임을 알 수 있다. 그리고 그는 궁예정권 후기에 지원봉성사로 활약하였다. 그의 집안이 황주 토산인 으로 되어 있어 그도 지방에서 유학을 공부한 인물임을 헤아릴 수 있다.

태평은 처음에 염주鹽州의 호족 유긍순의 기실이었는데 궁예왕이 공격하 였을 때 쉽게 항복하지 않아서 일반 군졸이 되었다. 그는 뒷날 왕건이 정변 을 일으킬 때 크게 도왔다. 중요한 점은 태평이 경서와 역사에 대하여 광범 하게 연구하였고 행정 실무에도 능숙하였다는 점이다. 물론 궁예왕에게 반 항하여 일반 군졸로 활동하기는 했지만 유교적 소양이 매우 뛰어났음을 알 수 있다.

송함홍과 백탁 그리고 허원은 궁예가 객상客商 왕창근王昌瑾이 바친 거울 에 쓰인 글자를 해독하게 하였다고 하는데 이들은 문인이었다. 문인이라고 기록된 것으로 보아 당시 글을 잘 아는 위인들이었을 것으로 판단된다. 다시 말해 유학적 소양이 뛰어난 인물들이었음을 알 수 있다.

이상에서 살펴본 인물 외에도 윤봉尹逢과 한신일韓申一, 김언규金言規, 박 인원朴仁遠 등을 들 수 있다. 윤봉은 최응과 함께 내봉경內奉卿으로 있다가 최응의 양보와 추천으로 광평시랑으로 승진한 인물이다. 수주樹州 수안守安 출신으로 삼한공신三韓功臣 내사령內史令 명의공名義公의 지위에 이르렀다.[14] 윤봉도 최응과 같이 궁예정권에서 활동하였던 관료이며 삼한공신으로 책봉 된 것을 보면 왕건의 추대에 협조하였던 공신이다. 그는 학문과 행정능력에 힘입어 고위직에 올랐다.[15]

한신일의 출신은 알 수 없으나 태조 8년(925년)에는 광평시랑 상주국上柱 國의 지위로서 오월吳越에 내투하였던 춘부소경 박암朴巖과 함께 후당에 사 행하였다.[16] 이러한 사실로 미루어볼 때 그가 문신관료임을 알 수 있으며 궁예정권 때부터 활동하였음을 헤아릴 수 있다.

김언규와 박인원은 태조 원년 6월의 신유인사辛酉人事에서 일길찬으로서 함께 백서성경白書省卿에 임명되었다. 백서성은 궁예왕대 금서성禁書省(제10위)에 비견되는 문한기구이며 경은 그 장관으로서 문한직文翰職이므로 이들도 문신관료에 해당하는 인물임을 알 수 있다.

지금까지 궁예정권 출신의 문사로서 고려에서 활동한 대표적인 인물인 박유·최응·태평·송함홍·백탁·허원·윤봉·한신일·김언규·박인원 등을 제시, 분석하였다. 이들은 대체로 신라의 서북 변경 출신으로 경주와는 거의 관계가 없는 인물들이었다.[17] 이들은 뛰어난 학문과 유학적 소양을 갖추고 있었다.

결국 궁예왕이 이들을 등용하여 정치한 것은 이들을 통하여 중앙과 지방의 통치조직을 비롯한 궁예정권의 통치 기반을 마련하였을 것으로 헤아린다. 더 나아가 궁예왕은 이들에게 유교적인 정치이념을 제공받아 새로운 사회를 만들고자 하였던 것이다. 그리고 궁예왕은 이들을 통하여 불교의 미륵신앙뿐 아니라 유교적 이념을 정치에 구현하고자 하였다.

특히 이들에게서 주목되는 것은 유교적 학식과 행정능력이다. 그런데 유교적 학식과 행정능력은 서로 불가분의 관계에 있다는 점이다. 궁예왕은 철원으로 진출한 이후 나라를 열고 임금을 칭할 수 있겠다고 자부하면서 비로소 중앙과 지방에 관직을 두었다. 이러한 사실을 미루어볼 때 중앙과 지방의 관직을 맡아 국가를 다스릴 수 있는 인물은 바로 유교적 지식을 가진 그들이었다.

궁예왕은 『삼국유사』 왕력 기록에 따르면, 896년 철원에 도읍하였다고 하는데 관직의 설치는 대략 이 무렵부터 이루어졌을 것이다. 그리고 그 이후 계속 정비되었을 것이며 901년 궁예왕이 고려를 건국한 후 정치기구가 더욱 짜임새 있게 되었을 것임은 충분히 짐작할 수 있다. 따라서 궁예왕은 유학적 지식을 가진 이들에게 관직을 주고 그들로 하여금 국가를 통치하는 데 일조하게 하였던 것이다. 궁예왕이 불교뿐 아니라 유학적 지식을 가진 자들을 등용한 것은 이러한 조치와 결코 무관하지 않다.

궁예왕이 문사들을 중용하고 그들을 통하여 통치하고자 한 것은 왕권을 강화하고자 한 것과 밀접한 관련이 있다. 광평성체제에는 원봉성과 같은 문한기구가 있었다. 궁예왕은 이러한 문한기구를 통하여 왕권강화를 의도하였던 것으로 파악된다. 이러한 점은 신라 하대 경문왕대를 전후하여 왕권이 강화되면서 문한기구가 확장되었던 사실[18]과 원봉성과 금서성의 독립을 연관지으면 알 수 있다. 이렇게 보면 궁예왕은 유학자들을 문한기구 혹은 근시기구에 소속시켜 그의 왕권강화를 제도적으로 뒷받침하게 하였을 것으로 파악된다. 더 나아가 광평성체제의 성립과정은 물론이고 태봉대 광평성체제의 정비에도 유학자들을 잘 활용하였던 것으로 파악된다.

궁예왕은 유학경전이나 그것에 대하여 해박한 지식을 가지고 있지는 않았지만 유학적 지식을 가진 자들을 등용하여 왕권을 강화하는 데 일익을 담당하게 하였다. 이는 궁예왕이 유학에 대하여 어느 정도 이해하고 있었으며 그것을 발판으로 삼아 태봉을 통치하는 데 밑거름으로 삼으려고 하였음을 헤아릴 수 있다.[19]

그렇지만 궁예왕은 점차 이들과 멀어졌고 왕권전제화를 추구하기 위하여 불교의 미륵신앙을 통한 신정적 전제정치를 추구하면서 유교적 정치이념을 주창하는 이들을 탄압하였다. 그러자 유학자들은 왕건에게로 전향하여 궁예를 축출하는 데 도움을 주고 고려왕조 개창에 일익을 담당하였다. 장주였던 최응이 궁예에게서 모반의 혐의를 받았던 왕건을 구해주었던 것이나 문인 송함홍 등이 궁예의 몰락과 왕건의 즉위를 예언하였다는 고경의 글을 거짓으로 해석하였다는 일화는 궁예왕의 신정적 전제주의를 찬성하지 않았다는 것을 보여준다.

## 궁예왕과 풍수도참설

궁예왕은 불교뿐 아니라 유학 그리고 풍수도참에 대해서도 적지 않은 관심을 가졌다.[20] 그것은 몇 가지의 기록을 통해서 알 수 있는데 이와 관련하여 다음의 기록들이 주목된다.

조서를 내리기를 "태봉의 왕이 참위讖緯를 믿고 송악松嶽을 버리고 부양斧壤으로 돌아와 거처하며 궁실을 지으니, 백성이 토목공사에 피곤하고 삼시三時에 농사 시기를 놓쳤다. 더구나 기근이 거듭되고 뒤이어 질역疾疫이 일어나서 집을 버리고 길에서 굶어 죽는 자가 잇달았으며 ……(『고려사절요』 권1 태조신성대왕 원년).

효공왕 7년(903년)에 궁예가 도읍을 옮기고자 하여 철원鐵圓과 부양斧壤에 이르러 산수를 두루 살펴보았다(『삼국사기』 권12 신라본기12).

위의 기록을 보면, 궁예왕은 참위설을 믿어 철원으로 환도하였다. 그리고 실제 철원으로 환도하기 위하여 몸소 송악에서 철원으로 다녀갔음도 알려준다. 이러한 사실로 미루어볼 때 궁예왕은 참위설에 대해서도 상당한 식견이 있었던 것으로 해석된다. 그가 직접 철원과 부악을 다녀왔다는 것이 이를 증명해준다. 여기서 참위설을 믿었다는 것은 바로 풍수지리설을 믿은 것으로 파악된다.[21] 그렇다면 그가 풍수지리설에 대한 지식을 어떻게 가질 수 있었는지 궁금하다.

잘 알려진 바와 같이 풍수지리설은 신라 말 지방의 호족세력들에게 환영을 받았다. 그들은 새로운 세계의 실현을 위해서는 자신들의 세력 기반인 지방의 우월성을 내세워야 한다고 생각하였다. 궁예왕 또한 이러한 풍수지리설을 놓칠 리가 없었다.

궁예왕이 풍수지리와 직접 접하게 된 것은 승려 생활을 하면서 관심을 두었던 것으로 짐작된다. 특히 풍수지리설은 혜철 선사가 개창한 동리산문에서 시작되었으며 그것을 발전시킨 인물이 도선道詵이다. 이후 도선은 옥룡사에 주석하면서 이 사상을 전파하였다. 그러한 가운데 그의 제자인 경보慶甫가 주목된다.

입산하는 행장을 꾸려 마치 새처럼 집을 나와 백계산白鷄山으로 나아가 도승화상道乘和尙을 배알하고 간청하되 제자가 되어 보살도를 닦아 여래의 집에 들어가서 오묘한 진리를 보는 지혜의 눈과 모든 사물의 근원을 아는 마음을 열도록 지도를 간청하였다. (중략) 이로부터 제방諸方으로 행각하되 배움에 있어 일정한 상사常師를 두지 아니하고 성주사聖住寺의 무염대사無染大師, 굴산사崛山寺의 범일대사梵日大師 등을 차례로 친견하여 법문을 듣고 현기玄機를 깨닫고 생각하기를 '옥을 캐고 구슬을 탐색하듯 도가 어찌 먼 곳에 있겠는가. 행하면 바로 그곳에 있다'고 하였다(김정언 찬, 「광양 옥룡사 통진대사 보운탑비문」; 이지관, 『교감역주 역대고승비문』 고려편 I, 1994, 420~421쪽).

위의 기록을 보면, 통진대사 경보는 도선의 제자가 되고 그로부터 법을 받은 옥룡사를 떠나 성주사의 무염 화상과 굴산문의 범일 선사를 찾아 만났다. 이러한 사실에서 주목되는 것은 당시 여러 선종 사원 사이에는 선승들의 인적 교류가 널리 이루어지고 있었음을 알 수 있다. 그 과정에서 옥룡사의 사상적인 특징, 특히 풍수지리설과 관련한 지식이 굴산문에도 전해졌음을 엿볼 수 있다. 그것은 경보를 통해서도 파악할 수 있다. 더구나 화엄종 승려들 중 선종 사원에서 공부한 경우도 찾을 수 있다.[22] 따라서 선종 산문에서 널리 알려졌던 풍수지리설은 화엄종 사원에서도 알려졌을 것이다.

궁예왕은 세달사에서 불교교리뿐 아니라 당시 사찰에서 널리 알려져 있던 풍수지리설에 대해서도 들었을 가능성이 높다. 그것은 궁예왕이 머물면서 공부한 세달사가 굴산문과 밀접한 관계가 있다는 것과 관련 있다. 즉 세달사는 굴산문의 영향력 아래에 있었으며 궁예왕이 굴산문의 세달사에 출가함으로써 화엄뿐 아니라 여러 불교사상을 접할 수 있었기 때문이다.[23] 이렇게 보면 궁예왕은 선승들 사이에서 널리 알려진 풍수지리설을 접하였으며 그것을 어느 정도 이해하였던 것으로 헤아릴 수 있다.

그런데 궁예왕과 관련된 풍수지리는 정치적인 측면과 매우 밀접하게 연결되어 있다. 궁예왕이 송악의 지형적인 조건을 무시하면서까지 철원으로 환도한 것은 정치적인 이유가 깊이 내재되어 있음을 염두에 둘 필요가 있다. 사실 송악은 수로를 이용할 수 있었기 때문에 조세의 운송 등에 있어서 도움으로 유용한 지역이었다.[24] 그럼에도 그는 수로를 전혀 사용할 수 없는 지역인 철원으로 환도한 것이다. 그 이유는 여러 가지 있을 수 있지만 아마도 신라를 효과적으로 병합하기 위한 목적에서 비롯된 것이라고 판단된다.[25] 사실 풍수지리만으로 수도를 옮긴다는 것은 쉬운 일이 아닌데도 궁예왕은 풍수지리설을 이용하여 정치적인 목적을 수행하려고 하였다.[26] 철원 환도에 대한 반대 여론을 무마하기 위해서 풍수지리설을 이용하였다.

한편 궁예왕은 연호도 여러 번 바꾸었는데, 그중에서도 유독 관심을 끄는 것이 바로 수덕만세이다. 수덕만세는 그 명칭이 독특할 뿐 아니라 수덕이 '오행적 역사관'과 관련되어 있다는 점에서 주목할 만하다.

수덕은 음양오행설을 추연鄒衍이 종합적으로 정리하여 조직한 오덕시종설五德始終說의 오덕五德 가운데 하나이다. 오덕시종설이라고 하는 것은 일종의 역사철학으로 우주의 현상이나 인사 등에 있어서의 여러 가지 변화는 오행의 덕성, 즉 작용에 의해서 이루어진다고 하는 것이다. 이른바 오행상승五行相勝이라는 원칙이다.[27] 오행상승설에 의하면, 오행상승의 관계에는 목은 토에 승하고 금은 목에 승하고 화는 금에 승하고 토는 수에 승한다고 하는 순환循環, 즉 상승相勝(相剋)의 원칙이 있다. 이 원칙은 사계절의 추이, 방위로부터 왕조의 흥망 등 여러 가지 사상의 변화에도 적용된다는 것이다.[28]

이렇게 볼 때 궁예왕이 정한 연호인 수덕만세는 그 명칭으로 보아 수덕水德의 왕조인 태봉이 만세 되리라는 기원의 의미를 가진 것이라고 파악된다.[29] 따라서 수덕만세에 내포된 사상은 만사만물萬事萬物이 영구불변하며 미래 영원을 지배하는 원리가 수水라는 것이다.[30] 그러므로 이 수는 화에 승하나 토에 승하지 못하는 것이 아니라 수화금목토水火金木土 오행의 최고위에 군림하는 것이다.[31] 결국 수에 대한 이러한 관념은 천지개벽 이래 종시된 오덕에 종지부를 찍은 것이었다.[32] 궁예왕은 신라를 화덕火德으로, 자신을 수덕으로 보았던 것이다. 그러나 궁예왕이 신라를 화덕으로 인정하였다는 근거를 밝힐 수 있는 뚜렷한 근거는 제시하기 힘들지만 다음의 기록을 통해서 조금이나마 엿볼 수 있다.

> 이보다 앞서 객상 왕창근이란 사람이 있었는데 (중략) 해가 거울에 비치면서 가늘게 쓴 글씨가 나타났다. 이를 읽어보니 고시와 같았는데, 그 요약은 "하느님이 진마辰馬를 내려 보내어 먼저 계鷄(닭)를 잡고 뒤에는 압鴨(오리)을 칠 것이며 (하략)"라고 하였다(『삼국사기』 권50 열전10 궁예).

위의 기록은 고경문古鏡文 내용의 일부인데, 먼저 닭을 잡고 뒤에 오리를 칠 것이라는 것은 왕 시중이 임금이 된 후에 먼저 계림鷄林을 점령하고 다음에 압록강 강안까지 회복하리라는 뜻이다.[33] 여기서 신라는 계림으로 불렸고 때로는 계鷄로도 표현되고 있다. 그런데 계는 오행의 오성五性으로는 화에 해당된다.[34] 다시 말해 화덕의 성은 계가 되는 것이다. 그렇다면 궁예왕은 신라를 화덕으로 보고 이를 오행상승설에 입각하여 적용한 것은 무엇 때문일까?[35]

궁예왕은 도참에서 혁명의 해로 간주되는 신유辛酉(891년)에 칭왕하였으며 육갑六甲의 수위首位로서 도참에서 신비하게 여기는 갑자甲子(904년)에 국호를 마진摩震으로 바꾸었다. 마진은 '마하진단摩訶震旦'의 약칭이다. 범어로 마하는 대大의 뜻이고 진단은 Chnitana의 음역으로 진인秦人의 주지住地란 뜻이다.[36] 그러고 보면 마진, 즉 마하진단은 대동방국大東方國임을 알 수 있다.[37] 또 궁예왕은 효공왕 15년(911년)에 국호를 태봉으로 고치고 아울러 연호를 수덕만세로 고쳐 신덕왕神德王 2년(913년) 정개政開로 고칠 때까지 사용하였다.

이러한 사실로 미루어볼 때 궁예왕은 정치적 변혁의 정당성을 확보하기 위하여, 또 혼란기에 민심을 얻기 위하여 도참사상을 활용한 것으로 이해된다.

궁예왕은 정책의 정당성을 확보하고 인민에 대한 지배력을 강화하기 위하여 풍수지리와 도참의 권위를 빌렸다. 그리고 철원으로 환도함으로써 풍수지리설에 기반을 둔 새로운 국가 건설에 노력하였던 것이다.

이제까지 태봉의 종교와 사상에 대한 검토를 통하여 궁예왕의 사상적인 기반을 살펴보았다. 그 내용을 정리하면 다음과 같다.

궁예왕은 미륵불을 자칭함으로써 종교적 지도자로서는 물론 세속의 통치자로서도 권위를 드러낼 수 있었다. 미륵불은 전륜성왕이 세상을 다스릴 때 하생하는 것이므로 국왕이었던 궁예왕은 전륜성왕이자 미륵불이었던 셈이다. 이러한 점에서 궁예왕은 신정적 전제주의를 추구하였다.[38] 궁예왕은 호족연합정권에서 벗어나 왕권을 강화하려고 노력하였는데 호족들의 반발에 부딪치자 자신을 신격화함으로써 그에 대응하였다.

궁예왕은 미륵불로서의 장엄을 꾸미고 유지하기 위해서 적지 않은 경비를 사용하였다. 자신의 치세가 미륵불이 하생한 이상세계임을 대외적으로 선전하기 위해서도 그러하였을 것으로 판단된다. 신정적 전제주의를 지지하는 자들의 충성을 유지하기 위해서도 상당한 비용이 필요하였을 것이다. 그러기 위해서 그는 과중한 세금을 거두어 들였던 것이다.

이러한 궁예왕의 신정적 전제주의를 지지하였던 세력으로는 우선 궁예왕의 미륵신앙에 호응하였던 승려들을 들 수 있다. 내원에 거주하였던 허월과 종간은 종교적인 측면에서뿐 아니라 정치적으로도 궁예왕을 보좌하였다. 그렇지만 궁예왕의 신정적 전제주의를 지지한 세력은 소수에 지나지 않았으며 여기에 반발한 세력은 유학자들이었다.

박유를 비롯한 유학자들은 처음에는 궁예왕이 유교적 정치이념으로 나라를 다스릴 수 있도록 도왔다. 이들은 대체로 신라의 서북 변경 출신으로 경주와는 거의 관계없는 인물들이었으며 뛰어난 학문과 유학적 소양을 갖추고 있었다. 결국 궁예왕은 이들을 등용하여 중앙과 지방의 통치조직을 비롯한 궁예정권의 통치 기반을 마련하였다. 더 나아가 궁예왕은 이들에게서 유교적 정치이념을 제공받아 새로운 사회를 만들고자 하였던 것이다.

궁예왕은 행정 실무 관료를 양성하여 태봉을 통치하고자 하였다. 유학에 능한 이들을 등용하고 그들의 행정능력을 이용하여 관부를 늘리고 그것을 통하여 중앙과 지방을 통치하고자 한 것이다. 결국 궁예왕은 미륵신앙만으로는 통치가 쉽지 않다는 것을 헤아린 것이 아닌가 싶다. 그것을 보완해줄 수 있는 사상이 필요하였기 때문에 유학자들을 중요하게 생각한 것으로 해석된다.

또 궁예왕은 풍수도참설에 대해서도 많은 관심을 가졌으며 천도하는 데 그것을 이용하였다. 궁예왕은 세달사에서 출가하여 풍수도참설을 접하였다. 풍수지리설에 관한 많은 지식을 얻은 후 그는 송악의 지형적인 조건을 무시하면서까지 철원으로 환도하였는데 풍수지리설을 이용하여 정치적인 목적을 수행하려는 의도가 있었다. 이를 통하여 궁예왕은 도참에 대한 어느 정도 이해가 있었음을 알 수 있으며 그것을 적극적으로 이용한 것으로 볼 수 있다. 더 나아가 궁예왕은 정책의 정당성을 확보하고 백성에 대한 지배력을 강화하기 위하여 풍수지리와 도참의 권위를 빌렸다. 그리고 철원으로 환도함으로써 풍수지리설에 기반한 새로운 국가 건설에 노력하였다.

궁예왕은 유학자들을 등용하여 유교적 정치이념을 통한 통치를 추구하면서도 풍수도참을 이용하기도 하였다. 그렇지만 미륵신앙에 더 많은 관심을 두고 신정적 전제왕권을 추구하였다. 이러한 사상적인 배경은 결국 궁예왕이 태봉에서 축출되는 계기로 작용하였다.

# 4장

# 궁예정권의 영토확장과 영역변화

이 재 범

  후삼국시대 궁예정권은 가장 넓은 영토를 보유하였다. 지금까지 구체적으로 영토와 영역에 대하여 연구된 바는 없지만 궁예정권을 연구하는 가운데 부분적으로 다루어진 예가 많다. 궁예정권의 영역에 대해서는 이미 당대인들에 의해서도 '삼한의 3분의 2' 또는 '삼한의 절반 이상'으로 일컬어졌다. 궁예정권은 실질적으로 후삼국의 패권을 장악한 국가였다.

  사료나 연구성과에 의하면 궁예정권의 영토는 원주·영월·인제·화천·철원·양구 등지를 포함한 지금의 강원도 일대를 말한다. 그리고 양평·광주·양주 등의 경기도 일대와 홍성·공주 등지의 충청남도 일대 그리고 청주·괴산·충주 등지의 충청북도 일대도 궁예정권의 영역이었다. 아울러 궁예세력은 진도·영암·영광 등의 전라남도 일대와 섬진강 일대까지도 미쳤던 것으로 알려져 있다. 궁예정권의 북방 진출은 평양과 안변 일대 등 그 이북 지역까지 진출하였던 것을 말해준다.

  그럼에도 궁예정권의 영토는 궁예의 활약에 의하여 얻은 것으로 인정하지 않으려는 경향이 강하다. 궁예정권이 강성해진 이유를 궁예 휘하에서 활약하였던 왕건의 공로로 인정하려고 하기 때문이다. 현전 기록은 궁예가 삼한에서 가장 크고 강성한 국가가 되었던 것은 궁예보다 그의 장수였던 왕건에 의해서라고 강조하고 있다. 따라서 많은 연구자는 궁예정권이 확보하였던 영역을 궁예의 활약으로 선뜻 인정하기를 주저하는 경향이 있다.

그러나 왕건의 활약은 분명히 궁예 휘하 장군의 한 사람으로서 수행한 결과였다. 왕건의 인물됨이 출중하였더라도 궁예라는 왕과 그가 건국한 마진이나 태봉과 같이 국호를 가진 국가가 없었다면 상당히 어려웠을 것이다. 그한 예로 궁예가 왕건에게 쫓겨난 뒤 궁예를 추종하던 여러 세력이 왕건에게 반란을 일으키거나 등졌다. 이러한 사실은 궁예정권의 실력이 왕건 개인에 의하여 이루어진 것이 아니라는 점을 분명하게 말해준다.

이러한 점을 염두에 두고 이 장에서는 왕건이 이룬 영토확장은 궁예정권 아래에서 당연히 해야 할 활동으로 간주하였다. 따라서 궁예세력의 변천과정과 영역의 변화된 양상을 살펴보는 데 있어 왕건의 치적이랄지 그의 공헌에 의한 것이었다라는 등의 부연 설명은 생략하고자 한다. 한편 자료의 이용에 있어서도 기존의 정사류의 내용과 평가만에 의하지 않고 후대의 구비 전승이나 향토지에 수록된 내용과 지역들도 포함하였다. 아울러 이 장에서는 궁예정권의 영토 변천과정을 시기적으로 살펴보았다는 점에서 나름의 의미를 찾고 싶다.


## 궁예의 초기 활동지역

궁예의 초기 활동지역은 그의 출신과 관련지어 이해해야 한다. 궁예가 외가에서 태어났으므로 첫 연고지는 외가라고 할 수 있는데, 그곳이 어느 지역인지 불분명하다.[1]

궁예는 신라왕실과 관련이 있지만 그의 아버지가 헌안왕인지 경문왕인지 불분명하다. 그런데 궁예 어머니의 신분이 '빈어嬪御'인 것을 보면 외가의 '가격家格'이 높지 않았던 것으로 파악된다.

더욱이 궁예는 출생과 함께 자신의 신분을 빼앗기고 출생지에서 배척을 받았다. 궁예의 출생과 관련된 불길한 조짐은 자신을 연고지에서 피신하도록 만들었다. 그는 연고가 없는 지역에서 자신의 목숨을 구해준 '유비乳婢'와 구차한 삶을 연명할 수밖에 없었다. 따라서 궁예의 초기 활동지역에 대해서는 정확하게 알려진 바가 없다. 이뿐 아니라 남의 시선을 피해서 살아야만 하였던 처지는 그의 세력이 일정하게 형성되었을 것으로 추정하기에는 무리가 따른다. 그의 출생지에 대해서 아무런 근거도 확보할 수 없기 때문이다. 궁예와 신라왕실과의 관계를 생각하여 왕성王城인 경주에서 태어났을 것으로 생각할 수도 있다. 그러나 당시의 관습에 따르면 왕성이 아닌 다른 지역에서 태어났을 수도 있다.

궁예의 초기 활동지역과 관련하여 알 수 있는 구체적인 지명은 세달사世達寺이다. 그러나 세달사의 위치는 정확하게 파악할 수 없다. 『삼국사기』에는 '세달사는 지금의 흥교사'[2]라고 기록되어 있는데 흥교사의 위치에 대해서는 여러 추정만 가능할 뿐 아직까지 확실하게 알 수 없다. 흥교사에 대해서는 개풍의 흥교사, 강원도 영월의 흥녕사지 등이 거론되고 있다. 한편 궁예의 외가가 영월에서 상당한 세력가였다는 사실과 함께 세달사에서 상당한 사원세력을 형성하였을 것이라는 견해도 있었으나 현재로는 설득력을 크게 얻지 못하고 있다.[3]

그러나 궁예가 세달사에서부터 일정한 정치적 성향을 보이는 것은 분명해 보인다. 다음의 기록을 참고하면 짐작할 수 있다.

머리를 깎고 중이 되어 스스로 선종善宗이라고 불렀다. 장성해서는 승려의 계율에 구애하지 않고, 기상이 활발하며 담기膽氣가 있었다. 일찍이 재齋를 올리는 데 나가 행렬에 들었는데 까마귀들이 무엇을 물다가 그의 바리때 속에 떨어뜨렸다. 주워 보니 아첨牙籤에 왕王 자가 써 있으므로 비밀히 간직하여 말하지 않고 자부심을 크게 가지게 되었다(『삼국사기』 권50 열전10 궁예).

궁예는 세달사에서 일반 승려와는 다소 다르게 행동하였다. 궁예가 승률을 잘 지키지 않았다는 것으로 보아 기존의 종단에 반대하였고 열심히 교리를 공부하거나 포교하기보다는 정치적 성향이 강하였다는 것을 알 수 있다. 그가 담기가 있었다는 표현이나, 특히 '왕王' 자가 쓰인 아첨을 받고 즐거워하였다는 것은 사원에서의 궁예 위치를 알려주는 것으로 보아도 좋다. 이 시기에 궁예와 결탁한 인물들은 비록 사원에서 만났지만 종교적 성향보다는 현실적이고 정치적인 성향이 강하였을 것이다. 그리고 그 세력은 극히 미약하였을 것이다.

세달사의 궁예세력이 보잘것없었으리라는 추정은 그가 바로 자신의 거취를 죽주의 호족인 기훤에게로 옮긴 사실로도 알 수 있다. 다음의 기록을 보면, 궁예세력이 일정하게 형성된 시기가 이 무렵이라는 것을 추측할 수 있다.

선종善宗은 어지러운 틈을 타서 무리를 모으면 뜻을 이룰 수 있으리라 하여 진성왕眞聖王 즉위 5년, 대순大順 2년 신해辛亥(891년)에 죽주竹州의 괴수 기훤箕萱에게 귀의하였다. 그러나 기훤이 업신여기어 예우하지 아니하였으므로 선종이 우울하여 스스로 안정하지 못하고 비밀히 기훤의 휘하에 있던 원회元會·신훤申煊 등과 결탁하여 친구가 되었다(『삼국사기』 권50 열전10 궁예).

위의 내용은 세달사를 나온 궁예가 어떻게 성장하였느냐는 것을 알려준다. 궁예는 기훤에게 귀의하였으나 기훤이 그다지 궁예를 반기지 않았다. 이 사실을 두고 궁예의 일정한 정치적 위상이 설정되었을 것이라는 견해가 있다. 기훤이 궁예를 하대하는 이유는 세달사에서 형성된 궁예세력을 견제하고자 하였기 때문이라는 견해가 있다.[4] 그러나 궁예가 양길에게 투탁하는 과정을 보면 그렇지 않다는 것을 알 수 있다. 궁예는 기훤을 떠나 양길에게 갔고 양길은 궁예에게 군사를 주었다. 그리고 궁예가 기훤 휘하에서 원회·신훤 등과 결탁하여 '친구(友)'라고 표현한 것으로 보아 일정한 조직체를 결성하지 못한 듯하다. 서로 뜻이 맞는 '임협'적 성격이 강하였던 것이다. 어떻든 궁예는 기훤의 휘하에서 확실하게 집단 행동이 가능한 존재로 성장하였던 것만은 틀림없다.


### 양길 휘하에서의 활동지역

궁예의 존재가 뚜렷이 부각된 시기는 원주의 양길 휘하에서부터라는 사실에 별다른 견해가 없다. 891년 궁예는 양길에게 환대를 받고 장수가 되었다. 양길은 궁예에게 군사를 주었다. 이 군사의 성격이 양길의 지휘를 받았던 병사였는지, 아니면 신라에서 이탈한 유민들을 결집한 것인지는 명확하지 않다.

진성왕眞聖王 5년(891년) 10월에 북원北原(원주) 적의 괴수 양길梁吉이 그 부장部將 궁예弓裔를 보내어 100여 명의 기병騎兵을 거느리고 북원 동쪽의 부락과 명주溟州 관내인 주천酒泉 등 10여 군현을 습격하게 하였다(『삼국사기』 권11 신라본기11).

위의 내용을 보면 양길이 궁예에게 준 군사의 성격을 알 수 있다. 양길이 궁예에게 배속시킨 군사는 기병으로 그 규모는 100여 명 정도였다. 당시 기병은 보병보다는 훈련 기간이 더 길었다. 말을 구한다거나 이에 필요한 장비를 준비할 수 있어야 하는 능력이 요구되었다. 따라서 기병은 보병보다는 정예병이었다. 그렇다면 양길이 궁예에게 지원한 병력은 양길의 군사 중에서도 상당히 핵심적 위치에 있는 군사라고 할 수 있다.

그리고 100여 명이라는 규모로 보아 이들이 전문적으로 훈련된 부대라고 추정할 수 있다. 신라 말 촌락의 인구는 100여 명 정도였다. 그중에는 남녀 노소를 포함하였음으로 100여 명의 장정이라면 촌락 4~5개에서 동원되어야 했다. 아울러 말의 숫자도 그러하다. 100여 기병에게 말을 주기 위해서는 촌락 5개 이상에서 말을 징발하여야 했다. 이러한 규모의 정예병을 양길이 궁예에게 주었다는 것은 그에 대한 신뢰나 이용 가치가 상당히 컸다는 것을 알 수 있다. 궁예의 확실한 군사활동은 양길의 휘하에서부터이다. 뒤에서 언급하겠지만, 궁예의 직함이 부장이라는 것도 그의 본격적 군사활동이 양길의 휘하에서부터라는 점과 무관하지 않다.

궁예는 양길이 지원한 100여 기병을 거느리고 치악산 석남사[5]를 거점으로 인근 지역을 점령하였다. 이때의 범위는 주천·영월을 중심으로 한 치악산 주변 지역이었다. 더 나아가 그의 세력은 지금의 강원도 남부와 경상북도 북부 일대까지 미쳤던 것 같다.[6] 그는 부석사를 포함한 이 일대를 공격하면서 '반신라反新羅'라는 민심을 이용하였던 것으로 짐작된다.[7]

궁예세력이 급성장한 시기는 894년 명주 일대를 점령한 이후부터이다. 이 해 10월 궁예는 600여 명의 군사로 명주를 점령하였다.[8] 그리고 이곳에서 그의 군사는 3,500명으로 늘어나 군대는 비약적으로 확대되었다. 이때 궁예는 명주에 그다지 저항을 받지 않고 입성하였다.[9] 궁예의 점령지역에 대해서는 점령방법에 따라 '습습襲'·'격격擊'·'귀부歸附' 등으로 구분하여 표기하는데 오직 '입명주入溟州'라고 하여 명주만이 '입入'으로 표현하였다. 그 까닭은 크게 접전하지 않았기 때문이다. 또 명주의 점령과정에 대해서는 굴산사의 범일계와 관련해서 유추하는 견해도 있다. 그들의 협조로 무혈입성이 가능하였다는 것이다.

궁예는 명주를 점령한 후 자신의 세력을 대대적으로 정비하였다. 먼저 3,500명으로 늘어난 군대를 14대의 부대로 나누었다. 이러한 사실은 궁예조직이 일정한 편제를 갖춘 조직적인 집단으로 성장하였음을 의미한다.[10] 성장 배경에는 여러 요인이 있었겠으나 궁예의 탁월한 통솔력과 지도력도 뒷받침되었다. 그는 사졸과 더불어 힘든 일을 함께하며 주고받는 경우에 있어서 공으로 하고 사사로이 하지 않았다. 그리하여 궁예는 장군으로 추대되었다.[11] 이 시기의 장군은 반독립적인 세력을 구사하였던 계층을 의미한다. 궁예는 명주 점령 이후 양길의 영향권에서 완전히 벗어난 상태는 아니었지만 일정하게 거리를 유지한 채 독자적인 정복활동을 하였다.

895년 궁예는 인제·화천·김화·철원·김성 등지를 점령하였다.[12] 그리고 이 무렵에 패서 지역의 호족들까지도 자신의 휘하로 편입하였다. 그는 '개국칭군開國稱君'할 만하다 하여 여기에 맞는 내외 관직을 설치하였다.[13] 미숙하나마 국가로서의 행정조직을 설치하였고 국가의 단계를 밟아갔다.

그리고 이 무렵 송악의 호족이었던 왕건 가문의 귀부도 궁예에게는 큰 힘이 되었다. 896년 송악의 사찬沙粲으로 있던 왕건의 아버지 왕륭王隆은 궁예에게 귀부하여 금성태수가 되고, 왕건은 송악에 발어참성勃禦塹城을 쌓고 송악태수에 임명되었다.[14] 그리고 이해에 궁예는 연천·장단 등의 지역을 장악하였다. 이듬해에는 풍덕이 항복하자[15] 이 일대에서 패자로서의 자부심을 가지고 송악을 도읍으로 정하였다. 그리고 다시 서쪽으로 진출하여 공암·김포·강화 지역까지 장악하여[16] 사실상 서해안을 통하여 중국과 직접 교역이나 외교활동을 할 수 있는 배경을 확보하였다.

궁예는 이 무렵부터 양길과 심한 갈등을 겪는다. 당시 양길은 궁예세력이 강성해졌다는 소문을 듣고 30여 성에서 강병을 차출하여 공격하려고 하였다. 그러나 이 사실을 미리 알게 된 궁예의 선공을 받고 피해를 보았다.[17] 이 전투의 승리로 궁예는 양길에게서 확실하게 벗어나 독자적 위치를 유지하였다. 그리고 2년 후 비뇌성非惱城전투에서 다시 양길에게 승리함으로써 점차 한반도 최강자의 위치를 확보하였다.

## 송악 도읍기의 영토확장

898년 2월에 궁예는 송악을 대대적으로 정비하고 왕건을 보내어 양주와 견주 일대를 점령하였다. 그리고 7월에는 패서도와 한산주 관내 30여 성을 얻자 비로소 도읍을 송악으로 옮겼다.[18] 송악 천도의 이유에 대해서 '산수가 기이하고 수려하다'고 하였는데 송악의 지리적 중요도가 컸다는 의미일 것이다.

앞서 말한 비뇌성전투는 궁예의 성장과정에서 가장 큰 고비였던 것이다. 제1차 비뇌성전투가 종결된 뒤 궁예는 이해 11월에 팔관회八關會를 개최하였다. 팔관회는 병사들의 위령제적 성격이 강한 국가적 행사로 제1차전에서 희생된 병사들에 대한 위무 차원의 성격도 겸한 것이라고 할 수 있다. 아울러 이 팔관회는 다음 해에 계획된 제2차전을 대비한 행사이기도 하였다.

899년 7월, 마침내 양길의 반격이 시작되었다. 양길은 궁예가 반역할 것이라고 하여 궁예를 공격하였다. 그러나 궁예의 군대와 비뇌성에서 접전하였으나 크게 패하였다.[19] 비뇌성의 위치에 대해서는 이견이 있다. 비뇌성을 양근에 비정하기도 하며 양수리나 가평 현리라고 하는 견해도 있다.[20] 어떻든 이 비뇌성전투로 궁예는 한강 중류까지 장악하였다. 이렇게 되자 이 일대의 세력들은 대체로 궁예에게 자발적으로 투항하였다.

900년에는 광주·충주·당성·남양·청천·괴양 등 지금의 충청남북도 일부가 그 영역 안에 들어가게 되었다. 궁예는 그 공을 세운 왕건에게 아찬阿粲을 제수하였다.[21]

903년에는 궁예가 확실한 중부 지역의 패자로 군림하였다. 그리하여 궁예는 송악에서 도읍을 옮기기 위하여 철원 일대의 산수를 둘러보기도 하였다.[22] 그러나 이해에 궁예정권의 영역상 큰 변화가 일어나게 되는 점을 주의 깊게 보아야 한다. 이해를 기점으로 궁예정권의 해양경략이 본격화된다. 왕건에 의해 해양경략이 활발하게 이루어진다. 이 시기부터 궁예정권의 영역

확대를 기록에는 왕건의 공으로 돌리고 있지만 왕건은 궁예의 부하 장수였으므로 궁예정권의 세력 확대와 관련해서 이해하여야 한다. 이해 3월 궁예 영역은 전라남도 나주 일대를 장악하기에 이른다.

904년에는 패강도의 10여 주현이 궁예에게 투항하였다. 패강도의 10여 주현의 점령으로 궁예정권은 황해도 일대를 거의 장악하였다. 이와 함께 이해는 궁예가 자신의 국가를 크게 변화시키는 시기이기도 하다. 궁예정권의 관제가 크게 정비되었다. 국호를 마진摩震으로, 연호를 무태武泰로 바꾸었다. 새로운 이상을 펼치려는 시기로 보아도 좋다. 특히 이해에 궁예는 철원으로 이주할 계획을 세우고 청주인 1,000호를 사민하였다. 철원을 신경新京이라고 하여 철원경鐵圓京으로 삼았다.[23] 철원을 '경京'으로 삼은 것은 중국 황제의 도읍과 같다는 의미의 정체성 표현이다. 그리고 궁예는 상주 일대의 30여 현을 공격하여 점령하고 또 공주장군 홍기弘奇가 내부하여[24] 궁예정권의 남방전선은 더 남하하였다.

905년 무렵이면 신라와의 경계인 동남부전선은 죽령과 금강을 연계한 선으로 보아도 무방하다.[25] 특히 공주 방면의 서남부전선은 전해에 공주장군 홍기가 궁예정권에 귀부하였고 이후로도 계속하여 공주 일대는 궁예 말년까지 궁예의 점령지였다. 왕건이 정변을 일으키자 이곳을 수비하던 이흔암伊昕巖이 왕건에게 불복하였다.[26] 즉 궁예 말년까지도 궁예의 심복에 의해 관리되는 지역이었던 것이다.


## 마진 시기의 영토확장

905년은 궁예정권의 획기적인 해이다. 그동안 준비해왔던 국도를 철원경으로 옮긴 해이기 때문이다.[27] 이와 함께 궁예정권의 정복사업도 더 활기를 띠었다고 할 수 있다. 그리하여 8월에는 신라와의 국경이 죽령 동북까지 이

르렀고, 신라에 대한 확실한 우위를 군사적으로 확보하였다.[28]

또 전년에 투항한 패서 지역에 대한 지배체제를 확고히 하였다. 패서 지역에 13개의 진을 설치하여 변경지역의 지방관제를 정비하였다. 진은 변경지역에 두었던 군정일치의 지방관제이다. 이러한 조치는 북방으로 진출하고자하는 의지의 표현이다. 이해에 평양성주 검용黔用과 증성甑城의 황의黃衣·적의적赤衣賊 명귀明貴들이 투항해온 것을 보면 평안남도의 전 지역을 자신의 통치범위 안에 포함시킬 수 있었던 것으로 짐작된다.[29] 다시 말해 당시 궁예정권의 북방경계선은 발해와의 국경이었는데 발해로의 영토확장은 신라때보다 더 북쪽으로 진출하였음을 의미한다. 궁예가 개국하면서 말한 내용 가운데 '신라와 당나라가 고구려를 멸망시키고 서경을 쑥밭으로 만들었다'[30]는 내용을 그대로 믿는다면 신라는 평양을 제대로 장악하지 못하였다는 것을 알 수 있다.

궁예영역이 사방으로 확대됨과 동시에 신라에 대해서 자신감 있는 태도를 취한 점을 살펴볼 필요가 있다. 궁예는 상주 사화진沙火鎭에서 견훤과 접전하였는데 승리하였다. 이러한 결과로 그는 더욱 자신감을 가지게 되었다.[31] 궁예가 신라를 멸도滅都라고 부르며 신라에서 오는 모든 사람을 죽였다는 표현은 그러한 의미로 해석될 수 있다. 그런데 멸도와 같은 표현이 신라에 있어서는 궁예정권에 대한 공포와 반궁예정서에서 비롯된 것으로 보아야 한다.

909년 궁예의 수군은 한반도의 서남해안을 장악하였다. 이해 6월 궁예의 수군은 진도군에 이르고 지금의 신안군 압해면 고이도(皐夷島城)를 점령하여[32] 실질적으로 영산강의 수운을 통제하였다. 특히 왕건은 염해현(영광)에 머물러 있다가 후백제에서 오월국吳越國으로 보내는 견훤의 외교선外交船을 나포하기도 하였다.[33]

그리고 이 지역에서 수년간에 걸쳐 몇 차례 접전을 벌였다. 910년 궁예정권의 군대는 후백제군의 반격을 받았다. 견훤은 나주 지역을 탈환하기 위하여 공세를 폈으나[34] 실패하였다. 견훤은 몸소 보병과 기병 3,000명을 이끌고 공격하였다. 그러나 열흘이 되도록 함락시키지 못하였다. 그러자 궁예는 수군을 보내어 이를 기습하여 물리쳤다.[35] 910년 이후로 서남해안의 제해권은 궁예정권이 우세하게 유지하였던 것으로 추정된다.


## 태봉 시기의 영역

궁예는 911년에 국호를 태봉으로 바꾼 이후부터 남방경략을 더욱 굳게 하였다. 그리고 912년에 나주에서 이 일대의 영유권을 놓고 후백제와 일대 격전을 벌였다. 앞서 살펴본 바와 같이 나주 일대의 접전은 903년부터 계속되었다. 궁예정권은 909년에도 후백제의 공격을 받았으나 수군을 이용하여 물리치기도 하였다. 견훤도 오월과의 교섭 등 서해로 진출하기 위해서는 영산강의 수계를 획득하여야 했다. 그리하여 양측의 총공세가 나주 지역에서 격돌하였다. 그러한 대립상황이 전투로 이어진 것이 912년의 덕진포德眞浦전투이다. 이에 대해서는 다음의 기록이 참고된다.

다시 나주 포구에 이르렀을 때에는 견훤이 직접 군사를 거느리고 전함들을 늘여놓아 목포木浦에서 덕진포德眞浦에 이르기까지 머리와 꼬리를 서로 물고 수륙 종횡으로 군사 형세가 심히 성하였다. 그것을 보고 우리 여러 장수는 근심하는 빛이 있었다. 태조가 말하기를 "근심하지 말라. 전쟁에서 이기고 지는 것은 군대의 의지가 통일되어 있느냐 없느냐 하는 데 있는 것이지 그 수가 많고 적은 데 있는 것은 아니다"라고 하면서 곧 진군하여 급히 공격하니 적선들이 조금 퇴각하였다. 이에 풍세를 타서 불을 놓으니 적들이 불에 타고 물에 빠져죽는 자가 태반이었다. 여기서 적의 머리 500여 급을 베었다. 견훤은 작은 배를 타고 도망하였다(『고려사』 권1 세가1 태조1).[36]

이 전투는 결과적으로 서남해안의 제해권을 확보하기 위한 필사적인 노력이었다. 결론은 견훤의 군대가 참패한 것으로 기록되어 있다. 이 기록은 왕건을 미화하기 위한 부분이 있더라도 대단한 전투였음이 틀림없고, 견훤이 입은 타격이 컸음도 부인할 수 없다. 왕건이 이끈 군대는 후백제군 500여 명을 죽이고 견훤이 작은 배를 타고 도망하는 전과를 올렸다. 이때 견훤이 동원한 전력은 견훤이 보유한 전투력의 상당한 부분이었음이 틀림없다. 견훤의 군대는 목포에서 덕진포에 이르기까지 머리와 꼬리를 물고 수륙 종횡으로 군사의 형세가 심히 성하여 궁예정권의 군대가 심하게 걱정하였다. 그러나 이 전투에서 궁예의 수군은 화공을 이용하여 승리하였다. 이 전투로 궁예는 확고하게 한반도의 서남부를 장악하였다. 그리하여 궁예는 삼한의 절반[37] 혹은 3분의 2[38]라는 영역을 장악하였다.

그리고 궁예는 이 일대를 자신의 지방제도에 편입하여 금성을 나주로 개칭하였다.

주량朱梁 건화乾化 원년元年 신미辛未(911년)에 성책聖册 연호를 고쳐서 수덕만세 水德萬歲 원년이라 하고 국호를 바꾸어 태봉泰封이라 하였다. 그리고 태조를 보내 어 군사를 거느리고 금성錦城 등지를 쳐서 금성을 나주羅州라 개칭하였다. 공을 논 하여 태조를 대아찬大阿湌 장군將軍으로 삼았다(『삼국사기』 권50 열전10 궁예).

이어서 궁예는 왕건을 보내어 이 일대의 해상세력을 확실히 장악하기에 이른다.[39] 왕건은 압해도를 근거로 하여 상당한 실력을 행사하였던 능창을 제압하는[40] 등 이 지역에서 확실한 세력을 과시하기에 이른다. 그리고 이곳에 나주도대행대를 두었다.[41] 나주도대행대는 그 우두머리가 시중이라는 사실로 보아 격이 높은 관부였던 것으로 짐작된다.

그러나 덕진포전투 이후로는 궁예영역에 관하여 살펴볼 수 있는 자료가 관찬 사서에는 별로 없다. 이때부터는 주로 궁예의 폭정과 미륵관심법을 통한 그의 정상에서 벗어난 행동을 묘사하는 데 많은 부분을 할애하고 있다. 그가 914년에 연호를 수덕만세에서 정개로 바꾸었고[42] 미륵불이라고 자칭하면서 금책을 쓰고 행렬이 지나치게 사치스러웠다고 서술되어 있다.[43] 『고려사』에는 이보다 더 잔인한 궁예의 성격파탄과 비정상적인 행동에 관한 내용을 수록하고 있다.

그러다가 918년 6월 인심이 변하여 태조를 추대하니 궁예는 도망하다가 평강 사람들에게 피살되었다.[44] 덕진포전투 이후부터 궁예가 몰락하는 동안 궁예에 대해서는 주로 포악함과 실덕의 모습만을 보이는 반면 왕건에 대해서는 위대함을 서술하고 있다. 그러나 금석문, 지리지 혹은 민간 전승에 따르면 이 동안의 사정을 다소 알 수 있다.

무위사 선각 형미의 비문[45]을 보면, 당시 강진 일대가 궁예영역에 포함되었음을 알 수 있다. 궁예는 형미를 불교에 대한 이론이 다르다고 하여 죽였다. 이 사실은 궁예의 실력이 이곳까지 미쳤다는 의미이다. 그리고 그 이후 어느 시기인가에 지금의 광주에서 세력이 대치하고 있었던 것이다. 지리지를 참고하면 광주에서 견훤의 사위가 왕건의 공격을 끝까지 잘 방어하였다는 것을 알 수 있다.[46]

궁예세력은 섬진강 유역까지 영향을 미쳤다. 왕건을 미화하고 있지만 이 당시 왕건은 궁예의 휘하 장수였으므로 이 일대에 진입하였을 경우 마진 혹은 태봉의 기치를 펼쳤을 것이다. 태안사 광자대사비에는 효공왕이 곡성의 광자대사에게 도움을 청하였으나 이를 거절하였던 것은 이 일대가 신라, 후백제, 태봉의 각축전이 있었던 지역이었기 때문이 아닌가 추정된다. 비문 가운데 "천명天命이 왕건에게로 돌아가 고려라는 새 나라를 건립하였다. (결락) 한때 낭연狼煙이 높이 올라 왕래하기가 고통스러웠으므로 스님들은 따로 왕을 도울 길을 찾지 못하였다(天命有歸 國朝新造. 背□ 梗狼煙 往來辛苦於沙門

神□終無於王)"[47]라는 구절은 당시 광자대사의 입장을 대변하는 것이다. 훗날 광자대사는 후백제가 아닌 왕건에게 귀의하는데 그 까닭은 왕건이 덕이 많은 인물이었다는 점도 있겠지만 실질적으로 태안사 부근까지 왕건의 실력이 미쳤기 때문으로 추정된다.

한편 궁예세력은 서북방으로는 지금의 압록강에 미쳤고 동북방으로는 안변에 미쳤던 듯하다. 905년 궁예는 패서도에 13개의 진을 설치하였다. 이 진은 고려시대의 북계 지역에 해당되는 곳이라고 한다.[48] 구체적으로 통해通海·통덕通德·평로平虜·강덕剛德·장덕長德·안수安水·수덕樹德·양암陽岩·안삭安朔·위화威化·청색淸塞·덕창德昌·정융靜戎의 13진이라고 한다.[49]

그리고 궁예세력이 함경남도 이북 지역에 미쳤을 것이라는 근거도 적지 않다. 특히 함경남도 안변 일대에는 궁예묘가 있었다는 기록에 주목할 필요가 있다.[50] 그 위치는 안변도호부의 '서남쪽으로 120리이며 삼방로三防路 왼쪽'이고 "석축石築이 수십 길이나 되고 높다란 형대炯臺가 있는데 지금은 절반이나 허물어졌다"[51]라는 기록을 보면, 궁예와 안변과의 관계가 깊다는 것을 짐작할 수 있다. 『고려사』에는 궁예가 백성들에게 맞아 죽었다고 기록되어 있지만, 이 일대에서는 조선 말에 이르기까지 궁예묘가 보존되었다. 이러한 사실은 적어도 이 일대에 궁예세력이 잔존한다는 의미로 해석할 수도 있다.

이와 함께 양구에 궁예가 맥국貊國을 공격하기 위하여 군량을 쌓아 두었기 때문에 붙여진 지명이라는 군량동軍糧洞의 존재도 주목된다.[52] 여기서의 맥국이 구체적으로 어디를 지칭하는지 알 수 없으나 이 일대가 궁예세력 아래에 있었다는 것은 분명하다.

궁예의 북방경계와 함께 생각해보아야 할 것이 궁예정권과 발해와의 관계이다. 당시 궁예정권의 북방경계는 발해였다. 그러나 이와 관련된 내용은 기록에서 찾아보기 어렵다. 그렇더라도 궁예정권의 북방경계를 알기 위해서는 발해와의 관계를 짚어보아야 할 필요가 있다. 이와 관련하여 다음의 내용을 검토해본다.

윤선尹瑄은 염주인鹽州人이니 위인이 침착, 용감하고 병법에 정통하였다. 당초에 궁예가 사람들을 서슴없이 죽이는 것을 보고 화가 자기에게 미칠 것을 염려하여 드디어 자기 동류를 거느리고 북방 국경으로 도망하여 부하를 모집하였더니 2명에 달하였다. 골암성鶻巖城을 근거지로 삼고 흑수黑水의 미개인들을 불러 들여 오랫동안 국경 고을들에 해를 끼쳤는데 태조가 즉위하자 부하들을 거느리고 귀순하였으므로 북방 국경이 편안하게 되었다(『고려사』 권92 열전5 왕순식 부 윤선).

위의 내용은 궁예의 포학함과 왕건의 온후함을 나타내고 있는데 궁예정권의 북방경계와 발해와의 관계를 짐작할 수 있는 부분이 있다. 먼저 궁예정권의 북방경계와 관련된 것으로 골암성이라는 구체적인 지명이 나온다. 윤선이 골암성을 근거지로 흑수와 함께하였다는 점에서 흑수말갈 분포지역과 가까운 곳으로 짐작된다. 따라서 궁예정권의 북방경계가 바로 흑수말갈족의 거주지역과 인접한 곳이라고 보아도 무리가 없다.

이와 관련하여 궁예정권과 발해와의 관계도 살펴보면 윤선의 행동이 주목된다. 윤선은 북방 국경으로 갈 때 자신을 따르는 무리들과 함께 갔다. 그리고 오랫동안 국경 고을들에 해를 끼쳤다. 이때의 국왕은 궁예였다. 그러므로 윤선은 반궁예 전선을 흑수말갈과 함께 전개한 것으로 볼 수 있다. 궁예정권과 흑수말갈은 대립관계였다. 이를 좀더 확대하면 흑수말갈과 같은 공동체였던 발해와의 관계도 대립관계였던 것으로 미루어볼 수 있다. 이에 비해 왕건은 흑수말갈과의 관계에서 궁예보다 편한 관계에 있었던 듯하다. 궁예가 몰락하고 왕건이 즉위하자 윤선은 고려에 귀부하였다. 그러나 윤선의 귀부는 개인의 귀부라고만 할 수 없고 그 휘하 흑수말갈의 동향을 무시하고서는 이루어질 수 없었다. 그리고 934년 발해의 대광현과 유민들이 내투하자

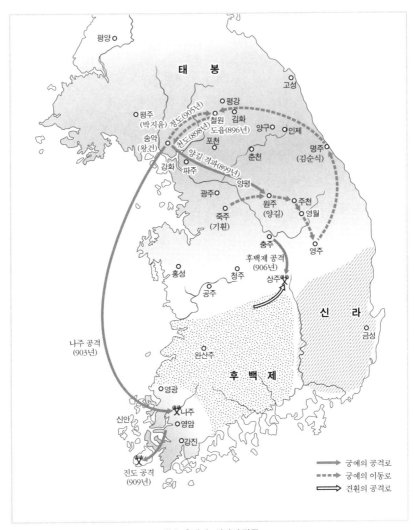

평양 ○

태 봉

고성 ○

평주 ○
(박지윤)    청도(905년)        평강 ○       고성 ○
송악 ○         철원 김화        양구 ○
(왕건)   청도(898년)   도읍(896년)    인제 ○
강화 ○       포천 ○              명주 ○
파주 ○    양길 격파(899년)  춘천 ○       (김순식)
광주 ○        양평
죽주 ○        원주 ○    주천 ○
(기훤)        (양길)   영월 ○
충주 ○                     영주 ○
홍성 ○        후백제 공격
청주 ○     (906년)
공주 ○    상주 ⚔

신 라

완산주 ○                    금성 ○

나주 공격
(903년)

후 백 제

영광 ○

신안 ○   나주 ⚔
영암 ○
강진 ○

진도 공격
(909년)

➜ 궁예의 공격로
➜ 궁예의 이동로
⇨ 견훤의 공격로

태봉 · 후백제 · 신라의 판도

왕건은 이들에게 왕씨 성을 주어 염주鹽州에 거주하게 하였다. 윤선과 발해 그리고 궁예와 왕건의 발해에 대한 외교정책의 차이를 살필 수 있는 근거의 하나가 될 수도 있을 것이다. 이러한 추정으로 볼 때 궁예정권의 북방경계는 골암성을 남방으로 하는 흑수말갈과의 인접 지역이었을 것이다.


이제까지 궁예정권의 영역변화를 몇 시기로 구분하여 살펴보았다. 그 내용을 정리하면 다음과 같다.

궁예는 신라왕실 출신이었으나 왕실세력과는 관련이 없었다. 출생과 함께 왕실에서 버림을 받았다. 그리하여 일찍부터 반신라적 정서에서 성장하였다. 장성한 뒤에도 정규적인 교육을 받거나 일정한 교양을 갖출 만한 기회를 얻지 못하였다. 따라서 그의 세력 형성에 그의 신분이나 출신이 기여한 바는 거의 없었다고 보아야 한다.

궁예가 그나마 당시의 문화적 환경에 접할 수 있었던 기회는 불교와의 관계였다. 비록 그는 경을 열심히 읽는 학승은 아니었지만 세달사에 투탁하여 승려 생활을 하였다. 그런데 여기서 그는 일정한 정치적 성향을 가지게 되었고 마침내 죽주의 호족 기훤에게 투탁하였다. 그러나 이곳에서 그다지 환영을 받지 못하자 기훤의 휘하에 있던 사람들과 작당하여 일정한 집단을 형성하지만 그다지 조직적이라고 할 수 있는 것은 아니었다.

궁예가 비로소 세력을 형성한 것은 양길의 휘하에서부터이다. 894년 그는 양길의 지원을 받아 명주에 들어 이곳에서 3,500명의 군사를 거느리는 장군이 되었고 점차 세력을 확대하였다.

그리하여 그의 세력은 점차 확대되어 강원도, 경기도, 충청남북도, 경상북도 그리고 전라남도 서남해안까지 이르게 되었다. 더 구체적으로 말해 북으로는 평양과 안변 이북 지역까지 진출하였다. 특히 흑수말갈이 거주하는 골암성 부근에서 발해와 경계를 이루었다. 남으로는 죽령 남쪽을 거쳐 한반도의 서남해 일대까지 진출하였다. 물론 그 과정에서 왕건의 공로가 컸던 것은 사실이다. 그러나 왕건은 궁예의 휘하 장수로서 정복사업을 하였던 것이므로 위 지역은 궁예정권의 판도였다. 이러한 궁예정권의 판도에 대하여 이제현은 그의 영토가 삼한의 3분의 2를 차지하였다고 하였고,『고려사』에는 태반이 궁예정권의 영역이라고 기록되어 있다. 이렇듯 궁예정권은 후삼국 가운데서 가장 넓은 지역을 영유하였던 국가였으나 왕건에 의하여 궁예가 축출됨으로써 새로운 고려의 무대로 바뀌었다.

# 5장

# 태봉의 대외관계

신 호 철

태봉(후고려와 마진 포함)[1]이 존립한 10세기 초(901~918년) 동아시아의 국제 정세는 매우 급변하였다. 우리나라에서는 후삼국이 정립하였고, 중국에서는 당唐 멸망 후 중원의 오대五代와 지방의 십국十國이, 그리고 북방에서는 거란 과 발해가 대치하는 상황이었다. 따라서 당시는 대외관계가 무엇보다도 중요 하였다. 후삼국 건국세력 또한 예외는 아니었다. 견훤과 왕건이 다투어 대외 교류를 통하여 자신의 지배권을 확립하고자 노력한 것도 이 때문이었다.

지금까지 후삼국 시기의 대외관계를 다룬 연구는 처음에는 주로 고려 초 의 대외관계, 특히 중국과의 외교관계에 집중되었지만 그 후 점차 후백제나 후고구려의 대외관계에 대해서도 활발하게 연구되었다. 한편 비슷한 시기에 자웅을 다투었던 견훤과 궁예 중 견훤(후백제)의 대외관계에 대한 연구가 집 중되었을 뿐 궁예(태봉)의 대외관계 연구는 거의 없는 실정이다.

태봉의 대외관계에 대해서는 후삼국 상호 간의 대외관계나 지배세력의 성 격을 다루면서 부수적으로 그것을 언급한 글을 포함한다고 하더라도 불과 몇 편의 논고가 있을 뿐이지만[2] 후백제에 대해서는 많은 연구가 진행되었고, 특히 최근에 대외관계 등을 주제로 한 학술회의가 두 차례에 걸쳐 개최되었 으며, 그 결과를 묶은 단행본이 간행되었다.[3]

이처럼 궁예정권의 대외관계를 다룬 연구가 적은 이유는 무엇일까? 궁예정권의 존속 기간이 20년이 채 되지 않는다는 것, 이 정권의 관련 기록이 부족하다는 것이 중요한 이유겠지만 무엇보다도 당시 궁예정권이 가지는 외교관계의 비중이 그만큼 적었던 데서 기인하였다고 생각된다.

이 장에서는 두 가지 주제를 중심으로 다루고자 한다. 하나는 태봉의 대외관계에 대한 실상을 정확하게 파악하는 것이고, 다른 하나는 태봉의 대외관계가 후삼국 시기의 다른 나라들과는 어떠한 차이가 있으며 그것이 궁예 및 그 지배집단의 대외정책이나 대외인식과 어떠한 관련이 있는지 살펴보는 것이다.

### 태봉 대외관계의 실상

태봉의 궁예왕은 신라를 지극히 증오하고 공공연히 복수할 것을 맹세하였다. 태봉과 신라는 적대관계였고, 신라에 대한 궁예의 대외정책은 한마디로 '반신라정책反新羅政策'으로 요약할 수 있다. 다음의 기록이 그것을 말해준다.

천복天福 원년元年 신유辛酉(901년) 선종善宗(궁예)이 왕을 자칭하고 사람들에게 이르기를 "옛날에 신라가 당에 군대를 청하여 고구려를 격파하였기 때문에 평양의 옛 서울이 황폐하여 풀만 무성하니 내가 그 원수를 갚으리라"고 하였다. 대개 그가 태어나면서 버림을 받았던 것을 원망하였던 까닭에 이러한 말을 한 것이다. 일찍이 남쪽으로 순행하여 흥주興州(영주) 부석사에 이르러 벽에 그려진 신라왕의 초상을 보고 검을 빼어 그것을 쳤는데, 그 칼날 자국이 아직도 남아 있다.(중략)

(궁예가) 나라 사람들로 하여금 신라를 멸도滅都라고 부르게 하고 무릇 신라에서 오는 사람들은 모두 주살誅殺하였다.

주량朱梁 건화乾化 원년 신미辛未(911년)에 성책聖册을 고쳐서 수덕만세水德 萬歲 원년이라고 하고 국호를 고쳐 태봉泰封이라고 하였다(『삼국사기』권50 열전 10 궁예).

궁예는 901년 후고구려를 건국하면서 사람들에게 고구려를 대신하여 신라에 '원수를 갚겠다'고 말하였다고 한다. 그는 실제 부석사에 있던 신라왕의 초상을 칼로 베고, 신라를 멸도滅都라고 부르게 하였으며 신라에서 오는 사람을 모두 죽였다고 한다. 신라에 대한 궁예의 인식을 단적으로 보여주는 기록이다.

그는 또 911년에 국호를 태봉泰封으로 고치고 연호年號 또한 성책聖册을 수덕만세水德萬歲라고 고쳤는데, 이것은 신라를 대신할 왕조가 태봉이라는 의미에서 수덕水德을 표방한 것이다.[4] 즉 오행상생설五行相生說에 의하면 금덕金德의 왕조에 이어 수덕의 왕조가 등장한다고 하는데, 신라왕실이 금덕을 표방하였기 때문에 궁예는 수덕을 표방하였다.[5]

궁예는 건국하면서부터 신라에 대한 적대적인 정책을 내세웠으며 멸망할 때까지 실제 그렇게 실행하였다. 궁예와 신라는 적대관계 속에서 대립과 전쟁이 지속되었으며 공적인 대외교류는 없었다. 궁예는 오로지 신라에 대한 복수만을 강조하였던 것이다.

물론 궁예가 "옛날에 신라가 당에 군대를 청하여 고구려를 격파하였기 때문에 (중략) 내가 그 원수를 갚으리라"고 한 말은 단순히 지역의 민심을 얻기 위한 상징적인 것일 뿐, 특별히 그의 신라인식을 대변하는 것은 아니라고 할지도 모르겠다. 왜냐하면 그보다 1년 전인 900년에 견훤도 이와 똑같이 연설하였다. 그는 "신라의 김유신이 황산을 거쳐 사비에 이르기까지 휩쓸어 당군과 합세하여 백제를 멸망시켰다. 지금 내가 완산에 도읍하여 어찌 의자왕의 숙분宿憤을 씻지 아니하랴"고 하였다. 즉 이러한 연설은 궁예나 견훤이 각각 후고구려와 후백제를 건국하면서 그 유민들의 호응을 얻기 위한 명분에 불과한 것이며 사실상 궁예나 견훤 모두 그 출신이 고구려와 백제와는 아무런 관련이 없는 인물이었다.

그렇지만 그 둘이 내세운 대신라정책對新羅政策이나 대신라인식對新羅認識이 꼭 같은 것이라고 할 수 없다. 견훤은 대내적으로는 백제의 계승 또는 백제 부흥을 내세워 옛 백제 유민 및 지방호족들과 결합하고자 노력하는 한편, 대외적으로는 '신라서면도통新羅西面都統'을 운운하며 신라의 지방관을 자칭하면서 신라왕실에 대하여 '존왕尊王의 의義'를 내세웠고 신라왕실과 자신이 군신君臣관계임을 스스로 강조하였다. 심지어 경주를 침공하여 경애왕景哀王을 제거하고 경순왕敬順王을 옹립한 것에 대해서도 "(신라)조정을 구원하고 국가의 위태로움을 붙들어 일으키기 위하여 한 일"이라고 강변하였다. 이러한 신라왕실에 대한 태도는 왕건도 마찬가지였다. 궁예가 신라를 멸도라 부르고 금덕의 신라왕조를 대신하여 자신의 수덕왕조를 세우겠다고 표방한 것과는 분명하게 다른 것이다. 궁예는 결코 신라왕실에 대하여 군신관계임을 자처한 적도 '존왕의 의'를 내세운 적도 없었다.[6]

또 『삼국사기』의 「신라본기」나 「궁예열전」 등을 비롯한 어떠한 기록에서도 궁예정권과 신라 사이에 사신의 파견이나 질자의 파견, 서신의 왕래 등 외교관계를 맺고 있었음을 보여주는 내용은 전혀 찾아볼 수 없다. 따라서 궁예정권과 신라 사이에 외교사절의 왕래가 있었고 외교적 협상이 성공하여 양국이 화평하였을 것이라는 주장은 설득력이 없다.

후백제에 대한 궁예의 대외정책은 '정복정책征服政策'이었다고 말할 수 있다. 양국 간에는 대결과 전투가 지속되었을 뿐 외교관계를 맺었을 것이라는 점을 추측하게 해주는 어떠한 기록도 찾아볼 수 없다. 태봉과 후백제 간에 있었던 전투에 대해서는 이미 자세한 언급이 있고,[7] 또 이 장의 논지와도 직접 관계가 없으므로 자세하게 언급할 필요가 없다. 다만 그 과정을 통하여 간접적이나마 궁예의 후백제 외교정책을 고찰하고자 한다.

태봉과 후백제는 크게 세 방면에서 대결하였다. 구체적 위치는 나주를 비롯한 서남해 일대와 상주尚州를 중심으로 한 경상북도 일대 그리고 웅주熊州·운주運州 등 중서부 내륙 지방이다.

우선 나주를 비롯한 서남해 일대는 견훤의 초기 세력 기반이 된 곳이었지만, 이곳 일대는 일찍이 견훤을 이반離叛하여 궁예에게 귀부하였다. 그리하여 견훤은 900년 광주光州에서 전주全州로 천도한 후 정권이 안정되자 나주로 출정하여 901년 8월에 나주 남쪽의 10여 개 주현州縣을 공략하였다. 견훤의 공격을 받은 후 궁예는 다시 903년 왕건으로 하여금 수군水軍을 거느리고 서해로부터 광주계光州界에 이르러 나주를 공략하게 하였고, 911년에는 금성錦城을 나주羅州로 고쳐 정식 행정구역으로 편입하였다.

나주 일대에 대한 태봉과 후백제의 공방은 단순히 이 일대를 차지하기 위한 것만이 아니다. 나주는 영산강을 끼고 서남해 연안을 비롯하여 그 하류에 산재한 다도해를 중심으로 하는 중국과의 해외무역 요항이자 군사적 요충지였다. 따라서 나주를 비롯한 이 일대에 군사적 기반을 마련한다는 것은 서해안의 제해권을 장악하는 것이며 나아가 후백제의 대중국對中國 항로를 차단하는 결과를 가져오는 것이라고 할 수 있다. 그렇기 때문에 궁예정권은 10여년 동안 총 여덟 차례에 걸쳐 전투를 벌이는 등 후백제와 첨예하게 대립하였던 것이다.

서남해에서 왕건은 충실하게 역할을 수행하였다. 그 덕에 궁예는 나주 관내의 목포를 비롯한 반남현潘南縣(지금의 나주시 반남면), 압해현壓海縣(지금의 신안군 압해면), 덕진포德津浦(지금의 영암군 덕진면), 갈초도葛草島(압해도 부근), 진도珍島, 고이도皐夷島(지금의 신안군 고이도) 등을 장악하였다. 그 공으로 말미암아 913년 궁예는 왕건을 최고의 관직인 파진찬겸시중波珍餐兼侍中에 임명하여 수도 철원으로 불러들이고 대신 부장副將인 김언金言을 해군장군海軍將軍에 임명하였다. 왕건이 시중이 되어 수도에 머무는 동안 견훤은 서남해 일대의 제해권을 회복하기 위하여 나주 일대의 공략에 나서 이 일대의 지배권을 어느 정도 회복하였다. 궁예는 왕건을 시중직에서 해임하고 해군장군에 임명하여 다시 나주로 내려 보냈다.

905년 궁예영역은 죽령을 넘었고[8] 이듬해인 906년 8월에는 상주尙州의 사화진沙火鎭에서 후백제 견훤군과 대결하였다. 이곳의 진출로 신라는 위협을 느꼈고, 신라 효공왕은 여러 성주에게 명하여 성을 굳게 지키고 출전하지 말 것을 명령하였다. 사화진은 견훤의 아버지인 아자개가 웅거하였던 사벌성沙伐城이다. 궁예정권이 이곳에 진출한 것은 신라와 후백제에게 동시에 압박을 가한 결과였다.

웅주熊州·운주運州 등 중서부 지역의 진출을 둘러싸고 여러 차례 공방이 벌어졌는데, 이곳에서는 주로 후백제와 대결하였다. 이곳에 먼저 진출한 것은 후백제였으나 904년 웅주의 호족인 홍기弘奇가 궁예에게 귀부함으로써 궁예가 지배하게 되었다. 이후 이 지역은 후백제의 영역이 되었다가 궁예 말년에 마군대장군馬軍大將軍 이흔암伊昕巖이 공격하여 다시 궁예정권의 영역이 되었다. 이흔암은 궁예의 측근인물이었으나 왕건 정변 후 반란죄 혐의로 처형되었다.[9]

한편 청주의 남쪽인 매곡현昧谷縣(지금의 보은군 회인면) 역시 양국의 접경지로서 매곡의 성주장군城主將軍 공직龔直은 본래 일찍부터 후백제에 귀부하여 견훤의 심복이 되었으나 후에 왕건에게 귀부하였다. 그는 양국에 동시에 자식을 인질로 보내 자신의 지배권을 유지하려고 노력하였다.[10]

이상과 같이 태봉은 후백제의 배후인 서남해 일대와 신라 왕경으로의 진출로인 죽령 이남 상주 일대 그리고 후백제와 내륙 접경지역인 중서부 일대에서 끊임없이 대립하였다. 한편 궁예는 후백제에 대하여 파견하거나 왕래하는 등의 적극적인 외교정책을 시도한 적은 단 한 차례도 찾아볼 수 없다. 이와 같은 후백제에 대한 궁예의 외교정책은 왕건의 그것과는 커다란 차이를 보인다. 주지하다시피 왕건은 견훤과 대립하였으면서도 한편으로는 후백제에 대한 외교관계는 지속하였다. 즉 사신의 파견, 질자의 교환, 서신의 왕래 등 적극적인 외교정책을 추구하였던 것이다. 상황에 따라 자신에게 유리하면 언제든지 화전양면정책和戰兩面政策을 혼합해서 사용하기도 하였다. 이에 비해 궁예의 대후백제정책은 오직 정복정책으로 일관되었다.

태봉이 존속하던 시기에 중국은 당唐이 멸망한(907년) 후 중원에서는 후량後梁·후당後唐·후진後晉·후한後漢·후주後周, 지방에서는 전촉前蜀·후촉後蜀·오吳·남당南唐·민閩·초楚·형남荊南·남한南漢·오월吳越·북한北漢 등 오대십국이 할거하였다. 북방에서는 거란과 발해가 대립하였다. 그중 시기적으로 태봉과 대외관계를 맺을 수 있었던 상대국은 중원의 후당과 후량(907~923년), 남방의 오월(893~978년) 그리고 북방의 거란과 발해였다. 우선 후당·후량 및 오월과의 관계를 살펴보기로 한다.

태봉과 중국과의 외교관계를 직접적으로 언급한 기록은 거의 찾아볼 수 없다. 다만 다음의 기록이 참조된다.

상인商人 왕창근王昌勤이라는 자가 당에서 와서 철원 시전市廛에 우거寓居하였는데 정명貞明 4년 무인戊寅에 이르러 저자 가운데서 한 사람을 보았다(『삼국사기』 권50 열전10 궁예).

개평開平 3년(909년)에 (왕건이) 배를 이끌고 광주光州 염해현鹽海縣에서 견훤이 오월吳越에 파견하는 배를 포획하여 돌아왔다(같은 책, 권50 열전10 견훤).

위의 기록을 보면, 왕창근이 누구이며 언제 궁예에게 왔는지 정확하게 알 수 없다. 그가 당에서 왔다고 한 것으로 보아 일단 당나라 사람이었을 것이며 당이 멸망한 907년 어간에 태봉에 오지 않았을까 추측한다. 물론 그가 당에서 태봉으로 들어와 활동하였더라도 그것이 곧 태봉과 중국 간에 공적인 외교관계를 맺었다고 단정하기는 어려울 것이다. 왕창근이 상인이었다는 것을 보면 양국 간에 사무역은 있었을 것으로 생각되며 이들을 통하여 당시 중국의 사정이 태봉에 알려졌을 것이라는 점은 추측하기 어렵지 않다.[11]

또 견훤이 오월에 보내는 배를 왕건이 나포하였다는 것으로 보아 태봉과 오월 간에는 외교관계를 맺지 않았을 것이다. 오히려 그 반대가 아니었을까 추측한다. 그것은 오월과 태봉 간에 사신 왕래 등 외교관계를 보여주는 기록이 전혀 없는 것으로 보아 아마도 양국 간에는 공식적인 외교관계가 없었던 것으로 생각된다.

반면 후백제가 일찍부터 오월과 교류하였음은 잘 알려진 사실이다. 견훤은 900년 오월왕에게 사신을 보내어 '전주천도全州遷都', '입도칭왕立都稱王', '설관분직設官分職' 등의 사실을 전하였다. 이에 대하여 오월왕은 보빙사報聘使를 백제에 파견하여 견훤에게 '검교대보檢校大保'의 직을 제수하였다. 견훤은 후백제 건국을 오월에서 공식적으로 인정받은 셈이다. 그 후에도 여러 차례 사신의 왕래가 있었다. 견훤은 918년 8월에도 오월에 사신을 보냈다. 왕건이 궁예를 몰아내고 고려를 건국한 사정을 오월에 알리고, 이를 계기로 하여 고려 왕건과의 대오월외교對吳越外交에서 주도권을 잡았다. 또 견훤이 경주를 침공하여 경애왕을 제거한 직후인 927년 12월에는 오월의 사신 반상서班尙書가 와서 견훤과 왕건에게 화해를 요구하는 서신을 각각 전달하였다.[12]

이처럼 견훤정권이 오월과 일찍부터 밀접하게 외교관계를 맺고 사신이 왕래하였다는 사실은 궁예로서는 매우 불안하고 불만족스러운 일이었을 것이다. 궁예가 왕건으로 하여금 오월에 파견하는 후백제의 배를 포획하게 한 것은 바로 궁예의 그러한 불만을 반영해주는 것으로 후백제와 오월과의 관계를 방해하기 위한 것으로 보인다.

그런데『자치통감』에는 마치 궁예가 오월에 사신을 보낸 것으로 기록되어 있다.

균왕 정명 5년(919년) 7월 천우天祐 초에 고려高麗 석굴사石窟寺의 묘승眇僧 궁예 躬乂가 무리를 모아 개주開州에 웅거하여 왕을 칭하고 국호를 대봉국大封國이라 고 하였다. 이때에 이르러 좌량위佐良位 김입기金立奇를 보내어 오吳에 들어가 조 공하였다(『자치통감』권270 후량기).

위 기록에 의하면, 궁예가 개주開州에서 대봉국大封國을 세운 후 사신을 오 吳[13]에 보내 조공하였다. 그러나 이 기사의 내용은 여러 가지 점에서 부정확 하고 당시의 역사적 사실과도 맞지 않는다. 우선 궁예가 개주에서 무리를 모 아 국호를 '대봉'이라고 칭하였다고 하는데, 여기에서 '개주開州'는 '송악松 嶽'을, '대봉大封'은 '태봉泰封'을 가리키는 것이다. 그런데 궁예가 국호를 태봉이라고 칭하기 시작한 것은 911년의 일로 당시 태봉의 서울은 개주가 아니라 철원이었다. 또 사신 좌량위佐良位 김입기金立奇가 오월에 조공하러 간 시기가 919년 7월로 되어 있는데, 이때는 이미 태봉이 멸망한 지 1년이나 지난 뒤의 일이다. 따라서 위의 사실은 태봉이 아닌 고려 태조 2년의 일로 오 월에 사신을 보낸 것은 궁예가 아니라 태조 왕건으로 보아야 한다.

다음으로 태봉과 거란과의 대외관계에 대하여 살펴보면,『삼국사기』등 국내의 기록에는 이에 관한 기록이 전혀 없지만『요사』에는 태봉과 거란 간 에 외교관계를 맺었음을 보여주는 기록이 있다.

태조 9년(915년) 10월 무신에 압록강에서 고기를 낚았다. 신라가 사신을 보내어 방물方物을 바쳤고 고려가 사신을 보내어 보검寶劍을 바쳤다(『요사』권1 본기1 태조 상).

태조황제 신책神册 연간(916~921년)에 고려가 사신을 보내어 보검寶劍을 바쳤다(같은 책, 권115 고려).

신책 3년(918년) 2월 계해에 진·오월·발해·고려·회골·조복·당항 및 유·진·정·위·노 등의 주에서 각기 사신을 보내어 조공하였다(같은 책, 권1 태조 상).

신책 3년 2월에 발해·고려·회골·조복·당항이 각각 사신을 보내어 조공하였다(같은 책, 권70 표8 속국표).

신책 3년 3월에 고려 및 서북제번이 모두 사신을 보내어 조공하였다(위와 같음).

위의 기록은 각각 같은 사실을 기록한 것이다. 이에 따르면, 태봉은 915년 10월에 거란에 사신을 보내어 보검을 바쳤고, 918년 2월과 3월에 연이어 거란에 사신을 보내어 조공하였다.

그런데 기왕의 연구에 의하면, 이 기록들은 신빙성에 문제가 많아 여러 가지 설이 대립되어 있다. 우선 거란 태조가 압록강에서 낚시하였다는 사실에 대하여 이때는 아직 거란의 영역이 여진이나 발해를 제압하거나 이곳까지 이르지 못하였다는 이유를 들어 이를 의심하거나[14] 여기에 보이는 압록강을 제2송화강에 있던 압자하鴨子河에 비정하기도 한다.[15] 한편 고려가 거란에 조공한 사실 자체를 허구로 돌려 부정하는 견해가 있는가 하면[16] 요동의 독자적인 세력으로 보거나[17] 혹은 후백제로 보는 견해가 있다.[18] 이에 대하여 궁예의 후고구려, 즉 태봉으로 보고자 하는 견해도 있어[19] 매우 복잡하다.[20]

이처럼 여러 가지 정황으로 보아 거란에 대한 궁예의 조공 사실에 대해서는 석연치 않은 점이 많이 있다. 비록 위의 기록을 받아들이더라도 태봉과 거란과의 교류가 후백제의 그것처럼 매우 적극적이었다든가[21] 거란과의 외교를 통하여 커다란 성과를 거두었다고 생각되지는 않는다. 더구나 918년 2월과 3월의 사신 파견은 왕건의 6월정변이 있던, 3~4개월 전에 있던 사실로 궁예에 의해 주도된 것인지도 크게 의심스럽다.

태봉과 발해 및 북방민족과 외교관계에 대해서는 국내외를 막론하고 어떠한 기록도 찾을 수 없다. 따라서 태봉과 발해가 활발하게 외교하였다고는 볼 수 없다. 다만 북방의 말갈족은 태봉의 존속 기간을 전후하여 신라와 고려와 빈번하게 관계 맺었음을 고려하면, 비록 직접적인 기록이 보이지 않지만 어느 정도 관계를 맺지 않았을까 짐작할 수는 있다. 즉 신라 헌강왕 12년(886년)에 보로국寶露國과 흑수국黑水國 사람이 신라와 화친하기 위하여 북진北鎭에 들어왔다고 한 것이라든가[22] 진성여왕의 양위표讓位表 내용 중에 흑수가 침범하여 독액을 내뿜었다고 한 것이라든가[23] 그리고 고려 태조 4년(921년) 2월에 흑수말갈의 추장 고자라高子羅가 170명을 거느리고 내투하였고 이어 달고적達姑狄 171명이 신라를 침범하던 중 등주登州에서 고려의 견권堅權장군에 의해 격퇴되었다는 사실[24] 등 9세기 말에서 10세기 초의 상황을 보면 태봉과 말갈족 등 북방민족 사이에 어떠한 형태로든 교류가 있었을 것이라는 점은 충분히 짐작할 수 있다. 그러나 구체적인 실상에 대해서는 기록이 없어 더 언급하기 어렵다.

이상 살펴본 바와 같이 궁예의 대외정책은 별다른 내용이 없다. 신라에 대해서는 복수심에 불타 오직 원수를 갚는 일에 전념하였다. 후백제와는 끊임없는 전투의 계속이었으며 대륙의 후당·후량·오월·발해 등과는 대외교류를 한 기록이 없고 예외적으로 거란에 세 차례 조공한 기록만 보일 뿐이다. 거란과의 교류도 국내의 기록에는 전혀 없고 『요사』의 기록이 전부이다. 그것도 사실 자체가 석연치 않거나 태봉 말년의 일로 궁예에 의해 주도된 것인지도 의심스럽다. 결국 궁예는 대외교류에 관심이 없거나 소극적인 태도로 일관한 것이 아닌가 생각된다. 이것은 궁예와 자웅을 겨루던 견훤이나 궁예의 휘하에 있던 왕건 등과는 확실하게 다른 것이다. 그들은 대외관계에 능동적으로 대처하였을 뿐 아니라 그 덕분에 성과 또한 컸다. 당시 동아시아의 정세에 비추어 생각하면 이와 같은 궁예의 대외정책이나 대외인식은 아무래도 이례적인 것이라고 할 수 있다. 따라서 이와 같은 태봉의 대외관계를 이해하기 위해서는 궁예의 대외인식을 검토할 필요가 있다.


### 태봉 대외관계의 성격과 평가

태봉 대외관계의 성격을 살펴보기에 앞서 우선 태봉의 대외관계에 대한 연구사적인 검토가 필요하다. 태봉의 대외관계에 대한 연구성과는 크게 세 가지로 대별할 수 있다. 첫째, 궁예는 아예 '외교관계를 맺을 만한 상태에 있지 않았다'고 하면서 대외교류 자체를 전면 부정하는 견해이다. 둘째, '통상적인 외교의 경로가 열려 있었고 이를 따라 사신행차가 끊이지 않았다'고 하여 태봉의 외교관계를 매우 높게 평가하는 견해이다. 셋째, 상대국에 따라 태봉의 대외관계를 서로 다르게 평가하는 견해이다.

이를 하나하나 좀더 구체적으로 검토해보면, 먼저 태봉의 전 시기에 걸쳐 대외교류가 아예 이루어지지 않았다는 주장은 김철준의 견해가 대표적이다. 그는 비록 태봉의 대외관계를 전면적으로 다룬 것은 아니지만 궁예와 견훤 그리고 왕건의 정치적 성격을 다루면서 대외관계에 대해서도 언급하였다. 그는 이들을 비교하면서 "견훤은 국제관계의 변동에 커다란 관심을 가져 기민하게 대처하였음"에 비해 "궁예는 외국과 외교관계를 맺을 만한 상태에 있지 않았음"으로 파악하였다. 특히 그는 "궁예나 견훤은 왕건이 대두할 수 있는 기반을 준비해준 인물에 불과하다"[25]고 평가하였다. 이와 같은 궁예에 대한 그의 평가는 마치 김부식이 『삼국사기』「궁예열전」말미에서 "태조를 위하여 백성을 몰아다준 것이었다"[26]고 한 것과 동일한 역사 인식이라고 할 수 있다.

이와는 반대로 태봉의 대외관계를 높게 평가하는 견해로는 황선영을 들 수 있다. 그는 후삼국 간의 대외관계를 다룬 글에서, 태봉과 신라의 외교관계는 "사신의 왕래와 설득이 계속되었을 것" 이라고 하고 나아가 양국 간에 외교사절과 같은 교류가 있었을 것이라고 하였다. 그는 또 태봉과 후백제의 외교관계에 대해서도 궁예가 왕으로 즉위할 때 견훤에게서 '하례賀禮'를 받았을 것이라고 하면서 서로 군사적 충돌이 없던 것은 외교적 교섭 때문이었을 것이라고 하였다.[27]

그런데 이와 같은 주장은 받아들이기 곤란하다. 우선 그가 태봉과 신라 그리고 태봉과 후백제 간에 사신의 왕래, 외교적 교섭과 협상, 즉위식의 하례사 파견 등 외교적 성과를 거두었을 것이라는 점은 추론에 불과할 뿐 그러한 사실을 뒷받침해줄 기록은 전혀 보이지 않는다. 반면 궁예가 신라를 적대시한 '흔적'은 찾아볼 수 없다고 하였으나 오히려 앞의 기록에 보이는 바대로 신라왕의 초상을 칼로 치고 신라를 '멸도'라 부르게 하고 신라에서 항복해오는 자들을 모두 죽이게 하는 등 궁예는 처음부터 몰락할 때까지 신라를 적대시하였던 것이다.

마지막으로 조인성과 이재범의 견해이다. 그들은 태봉과 신라를 적대관계로 이해하였다. 다만 신라에 대한 궁예의 적대적인 인식의 배경에 대해서는 서로 다르게 해석하였다. 즉 조인성은 "어려서 정쟁에 희생되었던 원한 때문이기도 하였지만 유력한 진골귀족 출신으로서 자신이 신라왕족과 대등하다는 인식에서 비롯되었다"[28]고 하였다. 이에 대하여 이재범은 "궁예의 반신라적 경향은 뒤에 내려올수록 더욱 강하게 나타나고 있다"고 하면서 "이러한 궁예의 일관된 반신라적 경향은 왕실에서 버림받았기 때문이라기보다는 현실적인 그의 사회적 지위에서 비롯된 것" 이라고 하였다.[29] "궁예는 하층민의 심정을 대변하였다"고 하는 이재범의 견해와 "궁예는 신정적인 전제군주였다"고 하는 조인성의 견해는 사뭇 차이가 있다.

한편 태봉과 후백제의 관계에 대해서도 대체로 적대관계를 지속하였다는데 동의하면서도, 조인성은 "금성 진출과 나주 경영을 전반적으로 기획하고 조정하였던 것은 궁예였으며 왕건은 그것을 성공적으로 수행한 장군에 불과하다"고 강조하였다. 즉 그는 왕건의 해상활동을 강조한 종래의 해석과는 달리 궁예의 역할을 중시하고 있다는 점이 특징이다. 이재범은 태봉과 후백제의 관계는 무력에 의한 전투로 일관되었다고 하면서 외교관계를 전면 부정하였다.

태봉과 대륙의 외교에 대해서는 둘 모두 거란과의 관계에 특히 주목하였다. 우선 이재범은 중국과 거란의 관계에 대하여 "궁예는 중국과 외교관계를 거의 맺지 않았다"고 보았다. 이에 대하여 조인성은 "궁예는 오월이나 후량·발해 등과는 견훤이나 왕건과는 달리 적극적인 태도를 보이지 않았으나 거란과는 밀접하게 외교관계를 맺었다"고 하고, 그 이유를 "실질적인 외교를 중시하였기 때문"이라고 하였다.

이처럼 태봉과 중국의 관계에 대한 이 둘의 견해 역시 약간의 차이는 있지만 대체로 비슷한 맥락이라고 할 수 있다. 그러나 궁예의 대외인식을 너무 긍정적으로 평가하지 않았느냐는 생각이 든다. 예를 들면 조인성이 태봉의 서남해 진출에 대하여 궁예의 역할을 강조하였으나 궁예보다는 왕건의 역할이 컸던 것이 사실이다. 또 궁예가 오월보다 거란과의 관계를 중시하였다고 하면서, 그 이유를 궁예가 상징적인 외교에 연연해 하지 않고 '실질적 외교를 중시'하였기 때문이라고 한 주장도 지나치게 궁예의 편을 들었다고 할 수 있다. 한편 이재범이 궁예의 반신라정책을 '하층민의 심정을 대변'한 것이라고 한 점, '중국과의 외교를 소홀히 한 것은 중국 중심의 세계 질서로부터 이탈하려는 노력'이라고 한 점, '중국과 대등한 입장에서 동아시아의 패자霸者로 군림'하려고 한 점 등은 모두 궁예의 대외인식을 너무 과장하여 평가한 것이다.

앞서 검토한 바와 같이 궁예는 견훤이나 왕건에 비해 대외관계에 어두웠거나 소극적이었다. 그 이유가 무엇일까? 그것은 아마도 궁예 및 태봉 지배집단의 대외인식과 밀접하게 관련되어 있을 것으로 생각한다.

먼저 궁예의 출신 배경에서 비롯되었을 것이라는 점이다. 견훤과 왕건은 호족 출신으로서 자신의 권위를 인정받기 위해서 신라왕실이라든가 중국의 권위나 공인을 받으려고 노력하였던 데 비해, 궁예는 왕자 출신으로서의 자신감으로 그러한 필요성을 느끼지 못하였을 것이다. 특히 신라와의 관계에 있어 견훤과 왕건이 '존왕의 의'를 강조하고 신라와 자신들의 관계가 '군신관계'임을 스스로 인정하였던 데 반해, 궁예는 신라왕실을 대신하여 수덕을 내세운 것에서 잘 나타난다고 하겠다.

그러나 무엇보다도 태봉 지배집단의 성격에서 기인하는 바가 크다고 여겨진다. 잘 알려진 바와 같이 궁예는 신정적 전제주의를 추구하였으며 자신을 신격화하면서 왕권강화를 꾀하였다.[30] 따라서 태봉의 지배집단 중에는 자연히 신정적 전제주의를 뒷받침하는 그의 측근인물들이 주류를 이루었을 것이다.[31] 반면 유학자라든가 학승과 같은 지식인 그룹은 많지 않았던 것으로 여겨진다. 예를 들면 성품이 질직質直하고 경사經史에 통달하였다고 한 유학자 박유朴儒, 궁예의 장주掌奏 출신으로 모반혐의를 받은 왕건을 구해주었다고 하는 최응崔凝, 당나라 상인 왕창근의 고경古鏡에 새겨진 글을 해석한 문인 송함홍宋含弘, 진표의 법제자로서 그의 가사袈裟와 간자簡子를 왕건에게 전해주었다는 석충釋沖과 동일 인물로 여겨지는 석총釋聰, 해동의 사무외대부四無畏大夫의 하나인 선승 형미逈微 등은 모두 궁예의 반대편에 섰거나 왕건에게 협조한 인물들이다. 또 궁예는 중국 유학을 마치고 돌아오는 당의 유학생이나 선종 승려들의 적극적인 포섭에도 별다른 노력을 기울이지 않았던 것으로 여겨진다. 결국 당시 급변하던 동아시아의 정세에는 그만큼 어두웠거나 관심이 적었고 자연히 소극적인 대외인식을 가지고 있을 수밖에 없었을 것이라고 생각된다. 이에 비해 후백제의 지배집단 중에는 일찍부터 중국과의 해상무역에 종사하였던 해상세력들, 중국에서 돌아온 유학자와 승려집단 그리고 신라의 관인 출신 등 대외 사정에 밝은 지식인이 많이 포함되어 있어 태봉의 지배집단과 비교된다.

다음으로 궁예의 불교에 대한 인식이나 태도 또한 태봉의 대외관계에 많은 영향을 미쳤을 것이라고 생각된다. 궁예는 어려서 승려가 되었기 때문에 불교에 대한 식견이 많았고, 그의 초기 세력 기반을 구축하는 데에도 사원세력에게 힘입은 바가 컸다.[32] 또 불만농민들을 끌어들이는 데 어느 정도 성공하기도 하였다. 그러나 그와 같은 것이 오히려 걸림돌이 되었을 것이다. 그는 계율에 구애되지 않고 스스로 미륵불을 자처하였으며 두 아들에게는 청광보살·신광보살이라 하였으며 스스로 많은 불경을 짓는 등 독단적인 행동으로 당시 불교계에서 비판을 받기도 하였다. 중국에서 오는 유학승 등 지식층에게도 호응을 얻지 못하였던 것으로 보인다.

이것은 견훤이나 왕건의 불교인식과는 대조적인 것이다. 견훤은 일찍부터 불교, 특히 당시 성행하던 선종 불교와 밀접한 관계를 맺었다.[33] 견훤은 동리산문桐裏山門의 도선道詵(827~898년)이나 광자대사廣慈大師 윤다允多(864~945년)와도 밀접한 관계를 맺었다. 견훤은 광주에 도읍한 후 실상산문과도 연결되었으며 전주 천도 이후에는 실상사에 경제적인 지원을 적극적으로 하였다. 도선의 제자인 통진대사洞眞大師 경보慶甫(869~947년)가 중국에서 귀국하자 견훤은 921년 제자의 예를 갖추면서 그를 포섭하려고 노력하였다. 그는 귀국하여 광양의 옥룡사를 거쳐 전주의 남복선원에 자리 잡았다. 이때 견훤이 그를 국사로 삼은 것이다.[34] 경보의 중국 유학 역시 견훤에 의해 이루어졌을 가능성도 있다고 한다.[35]

이러한 견훤의 불교인식이나 노력으로 중국에서 오는 승려들을 포섭할 수 있었으며 결과적으로 후백제의 지배집단 내에는 급변하던 중국에 대한 지식이나 견문이 많은 해외파가 많았던 것으로 추정된다. 왕건이 중국에서 들어오는 선승들을 회유하기 위하여 노력하였다는 사실은 이미 널리 알려져 있으므로 여기서는 상론을 피한다.

　끝으로 궁예의 정치적 이데올로기나 지배이념 등도 태봉의 대외관계에 영향을 미쳤을 것으로 생각된다. 궁예는 고구려의 원수를 갚겠다고 하면서 고구려 건국을 표방하였지만 고구려를 계승하겠다는 확고한 이념을 가지고 있지 않았다. 즉 고구려 계승의식을 하나의 지배이념으로 확립하지는 못하였다. 그가 곧 '후고구려'라는 국호를 버리고 마진·태봉으로 바꾸고 연호도 무태·성책·수덕만세·정개 등 네 차례나 고친 것만 보아도 알 수 있다.

　이에 비해 견훤은 '백제'라는 국호를 일관하였을 뿐 아니라 백제 계승의식을 하나의 지배이념으로 확립하였다. 견훤이 건국 초기 주민들의 호응을 얻기 위한 명분으로 의자왕의 숙분을 갚겠다고 하여 백제의 계승을 표방한 것은 궁예와 마찬가지였지만 그 후에 내세운 정치적 이데올로기는 상당한 차이가 있다. 견훤은 자신이 상주 출신이라는 태생적 한계를 극복하기 위하여 여러 가지로 노력하였다. 우선 백제 계승자로서의 정당성을 얻기 위하여 그의 출생이 멀리 마한 → 백제의 무왕 → 견훤이 서로 연결된다는 소위 '야래자설화夜來者說話(혹은 구인설화蚯蚓說話)'를 유포하였다. 그의 광주 출생설화 또한 그러한 노력의 산물이었다. 나아가 그는 진표의 백제 부흥운동을 이어받기 위하여 백제의 왕실사원이었던 미륵사나 금산사를 중시하였고 중국에서 입국하는 선승들과 밀접한 관계를 맺기 위하여 노력하였음은 이미 언급한 바다.

　견훤의 백제 계승의식의 확산은 결과적으로 그곳 주민 중, 특히 백제계 유민을 비롯한 지식층을 많이 포섭할 수 있었다. 후백제의 지배집단은 신라와의 외교에도 명분을 중시하였고 중국과의 외교를 통하여 자신들의 이러한 위치를 확고히 하고자 노력하였다. 이에 비해 궁예는 자신이 왕자 출신이라는 자신감에 전제군주로서의 권위 확보에 주력한 반면, 신라나 중국에 있어서 외교적 명분이나 관심에는 소극적이거나 외면하였던 것이다.

이제까지 태봉과 그 당시 주변국의 대외관계를 살펴보았다. 그 내용을 요약하고 결론을 내리면 다음과 같다. 궁예나 견훤은 불행하게도 자신의 역사 기록을 남기지 못하였다. 오늘날 전하는 태봉과 후백제에 관한 기록은 소략하고 많이 왜곡되어 있는 것도 사실이다. 비록 소략한 기록이지만 태봉의 관부나 관직 등에 대해서는 적지 않은 내용이 전해지는 데 비해 외교관계에 대한 기록은 전혀 없다. 반면 후백제의 경우는 관부나 관직에 대한 기록은 거의 찾아볼 수 없지만 외교관계에 대한 기록은 상당히 많이 남아 있는 편이다. 이러한 차이는 태봉과 후백제 간의 대외관계에 대한 성격을 가늠해볼 수 있는 중요한 단서가 될 수 있다.

태봉에는 수춘부壽春部나 봉빈부奉賓部 등과 같이 외교와 관련이 있을 것으로 생각되는 관부가 있다. 이와 같은 관부에 주목하여 궁예가 대외교섭에 적지 않은 관심을 가졌을 것이라는 견해가 있다. 일견 일리 있는 지적이지만 외교와 관련된 관부의 존재만 가지고 궁예가 적극적인 대외정책을 추구하였을 것이라는 추론은 성급한 결론이다. 왜냐하면 궁예에 비해 대외관계에 매우 적극적으로 대처하였고 그 성과 또한 성공적이었다고 생각되는 견훤정권에는 외교와 관련된 관부를 찾아볼 수 없기 때문이다. 오히려 관부의 명칭보다는 정권의 지배층이 가졌던 대외정책이나 대외인식이 더 중요한 것이다.

궁예는 견훤이나 왕건과는 달리 매우 소극적인 대외인식을 가지고 있었다. 그 결과 궁예는 외교에 있어서 별다른 성과를 거두지 못하였다. 이러한 태봉의 대외관계는 후삼국시대가 국내외적으로 급변하던 전환기 사회라는 점에서 매우 이례적이라고 할 수 있다. 견훤이나 왕건은 신라왕실에 대하여 '존왕의 의'를 내세우며 시종 '군신관계'임을 강조하였다. 나아가 후백제와 고려 사이에도 처음에는 사신의 파견, 질자의 교환, 서신의 왕래 등 적극적인 외교관계를 유지하였으며 심지어는 양국 간에 전투가 진행되는 중에도 서신과 질자의 왕래 등 교류가 유지되었음은 잘 알려진 사실이다. 때로는 평화적인 관계가 깨지고 서로 적대적인 관계로 변하는 등 화전양면정책이 혼합해서 나타났지만 기본적인 교류관계는 지속되었다. 오월이나 후당·거란·발해 등 대륙과의 외교관계에 있어서도 견훤과 왕건은 서로 경쟁적으로 유리한 지위를 차지하고자 경쟁하였으며 그 성과 또한 성공적이었다.

후삼국 시기 전국적으로 지방세력들이 난립하는 중에 이러한 대외관계의 성과는 견훤이나 왕건 모두 지방호족들에 대한 자신의 지위와 권위를 확립하는 데 기여한 바가 크다. 이에 비해 궁예의 대외정책은 부정적인 태도로 일관하였고 실제 신라와의 관계를 비롯하여 대륙과의 관계에 있어서도 이렇다 할 성과를 거두지 못하였다. 결과적으로 중국에서 들어오던 유학자나 승려 등 지식층의 지지를 받지도 못하였다. 궁예가 초기에는 일반 민중에게서 호응을 얻었는데도 말년에 이르러 왕건에 의해 하루아침에 몰락하게 된 배경을 이러한 궁예의 대외인식에 대한 한계에서 그 원인을 찾을 수 있다.

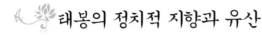

# 6장

# 태봉의 정치적 지향과 유산

채 웅 석

　신라 말 후삼국 시기는 지방세력들이 각축을 벌리면서 실력만이 생존과 발전을 보장해주던 난세였다. 궁예는 세력을 키우고 몰락하는 과정에서 난세의 패자답게 매우 극적인 삶을 살았다. 승려 생활을 하다가 뜻을 품고 지방세력에게 의탁하여 세력을 키우고 독립하여 마침내 한 국가를 세웠다. 그의 정치행태는 반골품제적 지향을 분명히 하였다. 그리고 정치적 안정보다는 변화를 택하여 재위하는 동안 국호를 고려高麗·마진摩震·태봉泰封으로 세 차례, 연호를 무태武泰·성책聖册·수덕만세水德萬歲·정개政開로 네 차례나 바꾸었다. 그 과정에서 급진적이고 비상한 방식으로 왕권을 강화하다가 부하들의 정변에 의해 축출당하였다.

　왕건은 신라 변방에서 떠오르는 신흥 지방세력 출신으로서 궁예에게 귀부하여 신임을 받으며 정치·군사적 실력을 키우다가 정변을 일으켜 궁예를 몰아내고 집권하였다. 그는 국호를 궁예가 처음에 칭한 고려로 정하고 궁예의 정치를 반면교사로 삼아 국가를 경영하였다. 그리고 마침내 후삼국을 통일하였다. 궁예와 왕건은 상보관계로 세력을 키웠지만 결국 상극이 되었다.

　현재 학계는 두 사람의 출신 배경과 정치행태를 볼 때 차이가 큰 것에 주목하고 있다. 궁예는 새로운 사회규범을 제시하지 못하고 구질서의 파괴에 그

쳤으며 왕건시대부터 새로운 질서가 건설되었다고 파악하는 견해가 많다. 그렇지만 과연 궁예가 행한 정치의 역사적 의미를 그렇게만 볼 수 있을까? 왕건은 궁예에게서 어떠한 정치적 유산을 물려받았으며, 그것을 어떻게 이용하였는가? 이 장에서는 이러한 점들을 검토하기 위하여 마진·태봉 시기 궁예의 정치운영과 고려 초기 왕건의 그것을 비교, 고찰하고자 한다.

## 마진·태봉 시기 궁예의 정치적 지향

궁예는 간지로 갑자甲子가 되는 904년에 국호를 마진, 연호를 무태라고 바꾸었다. 그리고 이듬해 수도를 송악에서 철원으로 옮기고 연호를 성책이라고 또 바꾸었다. 천도하기 위하여 그는 2년 전에 이미 철원과 부양斧壤(지금의 평강) 일대를 둘러보았으며 청주인靑州人 1,000호를 사민하였다. 그가 천도한 것은 참위설讖緯說을 믿은 탓도 있겠지만,[1] 천도를 계기로 정치적 변화를 도모하려고 한 것이었다. 갑자년을 골라 천도한 것이든 국호를 바꾼 것이든 연호를 처음으로 사용하기 시작한 것이든 모두 국가의 새로운 출발을 선언한 의미였다.

선행연구에 따르면 이러한 조치들은 궁예의 정치권력 발전과정과 관련하여 이해할 수 있다. 즉 그때까지 지방세력들과의 관계에서 '연합적' 성격의 정치를 해오던 것을 포기하고 청주인들을 지지 기반으로 삼아 왕권을 강화하려고 한 것이라고 해석된다.[2] 나아가 국가경영의 차원에서 본다면 옛 고구려 말기의 영역이 아닌 지역에서 거주하고 있는 사람들의 감정도 헤아리면서 국가의 자주성과 대제국 건설을 지향한 것이나[3] 국가의 위상을 천자국이라고 천명하고 신분제를 개혁하려는 의지까지 보인 것으로도 해석된다.[4]

통설로 받아들여지듯이 궁예가 처음에 국호를 고려라고 한 것은 옛 고구려의 부흥을 내세워 고구려계, 특히 패서浿西 지역의 지방세력들에게 호응을 얻기 위한 것이었다. 고구려의 부흥을 표방한 것을 정치상으로 복고적이라 거나 지역감정을 자극하는 수준에 머문 것이라고 파악하기보다 왕경 중심으로 운영된 신라의 골품체제에서 이탈한 지방세력이 새 왕조를 세우는 정당성을 그러한 방식으로 표현한 것이라고 보아야 한다. 궁예는 송악의 지방세력들이 자신에게 귀부한 후 왕을 칭하고 국호를 고려라고 하면서도 삼한일통의식三韓一統意識의 차원에서 국가 건설을 구상하였다.[5] 다시 말해 정치적 지향이 복고적인 지방정권으로 만족하는 것은 아니었으며 고려라는 국호 선택은 어느 지방세력을 권력 기반으로 포섭할 것인지에 관한 문제였다.

그렇기 때문에 그가 패서 지역을 경략한 후 특정 지방세력을 기반으로 삼는 차원을 벗어나 더욱 확대된 정치적 구상을 할 때, 지역적으로 한정된 의미를 지닌 국호와 수도의 위치에서 탈피할 필요가 있었다. 궁예가 서해안 방면으로 세력을 확장하고 양길세력을 격파하는 과정에서 패서의 지방세력들에게 도움을 많이 받았지만, 거기에만 의존해서는 정치적 운신에 제약을 받게 될 것이라는 점은 충분히 예상할 수 있는 일이었다. 새 국호인 마진은 마하진단摩訶震旦(Maha Cinisthana)의 약칭으로 만주를 포함한 해동대국海東大國이라는 확대된 정치적 이상을 담았다.[6]

새 수도 철원은 그가 송악으로 옮기기 전에 자리 잡았던 곳이다. 그곳으로 돌아옴으로써 자신의 중요 지지세력인 명주溟州(지금의 강릉)의 김순식金順式세력과도 지리적으로 다시 가깝게 되었다. 그리고 새 수도에 청주인들을 사민하였다.[7] 청주인 사민정책은 새로운 수도 건설과 이후의 정치운영에서 핵심적인 사항이었다. 청주는 궁예 자신의 초기 세력 기반이면서 동시에 고구려계와는 성격을 달리하는 지역으로서, 그 지역인을 수도에 사민하여 패서의 지방세력 출신들을 견제하려고 하였다는 해석을 수긍할 수 있다.[8] 더구나 청주는 신라 5경의 하나인 서원경西原京이었기 때문에 정치·문화적 역량을 가진 지역이기도 하였다. 이주 대상자들은 '양가자제良家子弟', 즉 사회·

경제적 능력(富壯)과 문화적 능력(有識)을 지닌 호부층豪富層적 성격을 고려하여 뽑았을 것이다.[9] 즉 새로 건설하는 수도에 이주하여 왕조의 복심이 될 수 있는 조건을 감안하였을 것이다. 이렇게 철원으로 천도하고 그곳에 청주인을 사민함으로써 궁예는 그때까지 세력을 키우는 과정에서 지지 기반이 되었던 세 지역을 보합하는 효과를 기대하였다.[10]

천도와 함께 관료정치를 지향하는 제도를 마련하였다. 중국식 성省·부部 제도를 도입하여 만든 이때의 관제는 신라의 것과 비교할 때 관부의 명칭이 크게 달라지고 새로운 관부들이 설치되었다. 문한기구가 독립하고 상대적으로 높은 서열을 차지하였으며 사정부司正府 대신 의형대義刑臺를 설치하여 형률을 담당하는 관서의 서열을 격상하였다.[11] 그리고 골품제에 대신하여 관료들의 공적 질서체계를 확립하기 위하여 9품으로 이루어진 관계官階를 마련하였다. 이러한 제도 정비를 통하여 골품제의 정치질서는 물론 지방세력들을 끌어 모은 한계를 넘어서서 왕권강화와 관료정치를 지향하였다.

지방제도와 관련하여 "(궁예가) 신라의 품계·관직·군읍郡邑 등의 이름이 모두 수준 낮고 거칠다고 하여 새로운 제도로 바꾸었는데, 시행한 지 여러 해가 지났는데도 백성들이 익히 알지 못하여 혼란스러워한다"고 사료에 기록되어 있다.[12] 여기서 군읍의 이름을 바꾼 조치는 지방지배정책과 관련이 있었다. 나말려초 시기 군현의 명칭 개정은 당시 지방세력과 자위조직들이 등장한 이후에 변화된 영역, 영속관계 등을 조정하는 작업과 관계된 것이라는 점은 선행연구들이 공통적으로 지적하고 있다.

궁예는 경략한 지역의 중심지에 주州를 설치하고 그곳을 거점으로 주변 지역을 편제하는 방식을 채택하였다. "나주羅州 관내의 여러 군郡"이라는 표현에서 볼 수 있는 것처럼 서남해 지역을 경략한 후 금성군錦城郡을 나주로 승격하여 거점지역으로 삼아 주변 지역을 관할하게 하였다. 그리고 경략로를 따라 주를 새로 설치한 경우가 많은데, 이것은 경략과정에서 협조한 지방세력의 근거지나 정치·군사적 요지를 고려한 것이었다.

905년에는 패서 지역에 13진鎭을 분정하였다. 진에는 중앙에서 진두鎭頭를 파견하였으며 그 진두들은 군사 업무와 함께 일반 행정도 맡았다.[13] 13진의 설치는 패서 지역에 대한 지배를 강화하고 지방세력을 제어하는 의미가 있었다. 전에 송악의 지방호족 왕륭王隆이 귀부하면서 궁예에게 송악에 성을 쌓고 자기 장자를 성주로 삼으면 삼한을 통일할 수 있을 것이라고 설득하였을 때 궁예가 그것을 들어주었던 것과는 다른 지배방식이었다.

이 무렵부터 궁예는 국력이 강성한 것을 자긍하여 신라를 병탄하려고 하면서 신라를 멸도滅都라고 부르고 신라에서 귀부해오는 자가 있으면 모두 죽였다.[14] 그런데 당시 귀부하는 지방세력은 주로 신라계였을 텐데, 그들을 받아들이지 않고 살해하는 정책을 시행한 것은 무엇을 의미하는가? 그것을 단순히 반신라정책으로만 이해할 수 있을까? 지방세력의 귀부를 받아들여 세력을 인정해주기보다 무력을 바탕으로 정벌하여 복속시키려는 의도가 깔려 있던 것은 아닐까? 이는 강성한 국력에 대한 궁예의 자부심이 표현된 동시에 지방세력을 대하는 태도가 달라진 것을 보여준다. 그 무렵 궁예는 죽령 북동 지역까지 진출하여 신라의 변경을 위협하고 후백제와 상주 사화진沙火鎭에서 전투를 벌였는데 이후 신라에 대한 공격은 소강상태로 들어가고 주로 후백제와 전투하였다. 이를 감안하면 결과론적인 해석이 되겠지만, 신라에서 귀부하는 지방세력을 살해한 것은 그들의 세력을 인정해주기보다 직접 지배하는 방식으로 정책을 전환한 것과 관련이 있다.

또 국가 재정을 확충하기 위하여 부세제도를 개혁하였다. 삼국통일 이후 신라의 부세수취방식은 호등戶等에 근거한 인호人戶 지배의 비중이 컸다. 비록 결부법과 양전제를 실시하였지만 조租와 조調를 호등제에 바탕을 두고 수취하였다.[15] 그렇지만 하대가 되면서 그러한 부세제도에 모순이 심화되었다. 귀족들의 녹읍祿邑이 부활되고 전장田莊이 확대되었다. 농민들의 계급분

화가 심화되는 한편 호부층이 성장하여 지방세력의 모태가 되었다. 호부층은 자신들의 기반이 중앙귀족들의 녹읍 지배나 고대적인 수취방식에 의해 제약됨을 자각하였다.[16] 궁예가 그들의 존재에 주목하고[17] 골품제와 다른 새로운 지배질서를 모색하면서 부세제도의 개혁을 시도하였을 가능성이 크다.

기록에 따르면, 궁예 때에 1경頃의 조세가 6석碩이었고 관역호管驛戶의 부사賦絲가 3속束이나 되어 상당히 과중하였다.[18] 이 기록은 전조田租와 호조戶調를 구분하여 토지 면적을 기준으로 전조를 거두는 제도를 시행한 것을 보여준다.[19] 이것은 호등제에 바탕을 두었던 전대의 부세제도와 비교하여 분명히 달라진 것이다. 그리고 전조의 경우 고려 말 토지개혁론자의 상소 내용에 따르면, 태조 왕건이 즉위 직후 시행한 1/10조법租法에서는 1부 3승, 즉 1결당 2석을 거두었다고 하였으니[20] 이것과 비교해보면 궁예 때에는 3/10조법을 시행한 셈이다. 그 시기에도 '천하통법天下通法'으로 표현된 1/10조법을 인식하였을 것이기 때문에 부세제도를 새로운 방식으로 개혁하면서도 천하통법보다 세 배나 더 거둔 것이라고 생각할 수 있다.

마진 시기에 시행한 이상과 같은 정책의 연장선 위에서 911년 국호를 태봉, 연호를 수덕만세라고 고쳤다. 그와 함께 궁예는 스스로 미륵불이라고 자처하여 '왕즉불王卽佛', 즉 세속군주인 자신의 통치행위를 부처의 행위로 성화시키고 왕권을 한층 강화하려고 하였다.[21] 궁예는 국왕일 뿐 아니라 종교적으로도 세상을 구원하기 위하여 하생한 미륵불로서 자처하였다.

태봉 시기에는 중앙관제에서 광평성廣評省의 지위를 격하하는 대신 내봉성內奉省을 격상하고 순군부徇軍部와 내군內軍을 설치하였다. 그러한 변화 역시 왕권강화정책과 연관이 있었다.[22]

그런데 태봉 시기에는 측근세력에 의존하는 정치적 파행성이 부각되었다. 궁예는 종간宗侃·은부狄鈇·아지태阿志泰·이흔암李昕巖 등 주로 정탐과 감찰을 담당한 측근의 도움을 받아[23] 자신의 절대적 지위 확립을 부정적으로 보는 세력을 용납하지 않고 자신이 지향하는 정책에 걸림돌이 되는 사람들에 대하여 숙청을 본격화하였다. 숙청의 대상은 대부분 분립적인 경향을 보이는 지방세력 출신들이었을 것이다. 염주鹽州의 지방세력 출신이었던 윤선尹瑄이 궁예에게서 화를 입을까 두려워하여 북쪽 변경지역으로 피하였던 것이 그 사례가 된다.[24] 그리고 사실 이러한 숙청은, 정도의 차이는 있겠지만 마진 시기부터 이미 시작되었다. 마진 시기 909년에 왕건은, 궁예가 무고한 사람들을 죽이는 반면 참소하거나 아부하는 자를 신임하여 "중앙에 있는 사람들은 스스로 몸을 보전하지 못하는 형편이니 차라리 밖에서 정벌에 종사하면서 왕실을 위하여 진력하고 몸을 보전하는 것이 더 낫다"고 심경을 토로하였다.[25]

궁예는 숙청과정에서 형벌을 남발하여 공포정치라 할 수 있는 정국을 만들었다. 태봉 시기에 그가 사용한 소위 미륵관심법彌勒觀心法은 "복종하지 않으면 위태롭다"고 하였듯이 무조건적인 복종을 요구하였다. 고발과 참소를 허용하고 미륵관심법을 이용하여 숙청하였다. 태봉 말에는 "모반죄를 얽어매어 날마다 100여 명씩 죽여서 장상으로 해를 당한 자가 열에 여덟, 아홉이었다", "지위가 높고 권세 있는 자들도 모두 학살당하여 얼마 남지 않았다"고 하였다.[26] 심지어 부인 강씨와 두 아들까지 살해하는 지경에 이르렀다.

궁예는 숙청 대상자들의 재산을 적몰하였다. 왕건에게 미륵관심법을 사용하려고 소환하였을 때 궁예가 "처형한 사람들에게서 적몰한 금은보화와 가재도구들을 점검하고 있었다"고 전하는데, 이는 그가 적몰한 재물에 대하여 관심을 기울였다는 사실을 말해준다. 전쟁 비용이 계속 들어가는 상황에서 수도를 새롭게 건설하고 국가체제를 정비하는 데 재정 수요가 컸을 것이고, 그 일부를 대는 데 적몰한 재산을 이용하였을 것이다.

궁예는 미륵불을 자처하여 스스로 경전을 짓고 설법하였으며 의장儀仗을 갖추었다. 또 미륵관심법 등의 형태로 정치행위에까지 이를 적용하자 정통

불교계와 유학자들이 반발하였다. 그 과정에서 법상종의 석총釋聰과 선종의 형미迥微는 살해되었고,[27] 궁예에게 출사하였던 송함홍宋含弘·박유朴儒 등 문사들은 마음이 돌아섰다.[28] 궁예가 '왕즉불'을 내세우고 미륵불로서 행세한 데에는 당시 분립적으로 각기 지방세력들과 연결되어 있던 불교계를 자신이 중심이 되어 통합하려는 목적도 있었다고 생각된다.[29]

이상에서 살펴본 것처럼 마진·태봉 시기 궁예의 정책들은 고구려의 계승을 표방하여 새 국가권력의 정당성을 내세우던 단계에서 벗어나 '해동대국', '불국佛國'이라는 국가 발전의 비전을 내세우면서 국왕 중심으로 집권력을 강화하는 단계로 전환하는 것을 의미하였다. 지방세력들을 억제하거나 숙청하고 국왕과 민이 지방세력을 통해서가 아니라 직접 연결되는 체제를 지향하였다.

그렇지만 후삼국 간에 쟁패전이 벌어지고 지방세력들의 동향이 큰 변수로 작용하던 시대 상황을 고려해볼 때, 그러한 정치는 매우 급진적인 것이었다. 그동안 지방세력이 지역사회에서 구축해온 권력과 유보해온 경제력을 중앙권력이 별다른 타협 없이 직접 장악하려 할 때 반발한 것은 당연히 예상되는 일이었다. 그리고 청주라는 특정 지역민들을 수도에 집단적으로 사민하고 중용한 것은 왕권을 강화하기 위한 방편이면서도 도리어 권력 기반의 축소를 초래하는 역효과를 가져왔다. 그러한 정치에 불만을 품고 반발하는 사람들이 생기는 것은 물론이고[30] 청주 출신의 관리들 내부에 분열이 생겨서 취약성이 커졌다.[31]

피지배층의 입장에서 볼 때는, 궁예가 하생한 미륵불이라고 자처하면서 구원을 약속하였지만 현실에서는 복종과 희생을 종교적·당위적으로 요구하는 것이기도 하였다. 신라 때 호등제에 입각하여 조租와 조調를 수취하던 방식에서 전조田租와 호조戶調를 분리하고 토지 면적을 기준으로 하여 전조를 수취하는 새로운 방식으로 부세제도를 개혁하였더라도 기존 지방세력의 기득권이 해소되지 않는 한 백성의 부담만 늘어난다는 문제가 생기게 된다.

여기에 새로운 수도 건설이나 집권체제 정비에 필요한 재정 확충을 위하여 3/10조법을 실시하는 등 부세를 많이 거둠으로써 소농민이나 호부층에게 질곡이 되었을 것이라고 생각된다. 전란기이기 때문에 중앙은 권농·진휼·교육 등 공적 기능을 충분히 제공하지 못하였다. 그런데도 중과세하는 것은 백성들이 보기에 수탈이었을 것이다.

### 왕건의 고려 건국과 궁예의 정치적 유산

왕건은 송악의 지방세력 출신으로서 궁예에게 귀부한 이래 양길·견훤군과의 전투에서 전공을 세웠고 시중侍中을 지내는 등 관력을 쌓았으며 마침내 정변을 일으켜 고려왕조를 세웠다.

그의 정치 기반과 관련하여 지방세력으로서의 성격에 주목하는 학자들은 그가 자신의 지방세력적 기반을 유지하고 궁예 치하에서 활동하는 동안 독립세력을 형성할 수 있었으며 그 바탕 위에서 정변을 일으켰다고 파악하였다. 반면 궁예의 '전제적' 왕권 추구를 강조하는 학자들은 궁예 치하에서 왕건도 독자적인 정치세력으로 성장하지 못하여 궁예의 후원에 의거한 기생적 성격의 세력에 불과하였고, 정변은 궁예 친위군 소속의 기장騎將들이 왕건을 추대한 친위적인 정변이었다고 파악하였다.[32]

그런데 전자에 따른다면, 강력하게 왕권강화를 추구한 궁예의 통치하에서 왕건이 신임을 받으면서 세력을 키울 수 있었던 상황을 설명하기 어렵다. 반면 후자에 따른다면, 왕건이 반궁예세력의 구심점이 될 수 있었던 기반이나 궁예의 신임을 받으면서도 독자적인 길을 모색하였던 정황을 말해주는 기록들을 제대로 이해하기 어렵다.

왕건 가문은 선대부터 송악에 자리 잡고 강력한 패서의 지방세력 중 하나로 성장하였다. 즉 궁예에게 귀부하기 전에 이미 호부豪富 경영과 해상무역을 토대로 '7개의 보물'로 표현된 4주 3현, 즉 개주開州·정주貞州·염주鹽州·백주白州·강화江華·교동喬桐·하음河陰 지역에 지배력을 미치고 있었다.[33] 그리고 왕륭이 궁예에게 귀부하면서 송악에 성을 쌓고 아들 왕건을 성주로 임명하기를 청한 것처럼 궁예세력에 의탁하여 자기 기반을 보장받으려 하였다. 왕륭이 귀부한 후 궁예는 서해안 방면으로 진출하여 국력을 더욱 크게 신장할 수 있었다. 그 귀부는 궁예와 왕건 양쪽에 도움이 되었다. 이후 궁예 밑에서 왕건은 지방세력이라기보다 무장과 관료로서 주로 활동하였고, 궁예가 패서 13진을 설치한 이후에는 지방세력으로서 왕건 가문의 지배력이 전보다는 약해졌겠지만 그의 세력 기반이 와해되거나 아주 미약해졌다는 증거는 보이지 않는다. 왕건이 궁예 치하에서 수군활동으로 두각을 나타낼 수 있었던 것은 전대 이래의 해상세력 기반에 힘입은 바가 컸을 것이다.

왕건은 서남해 지역 경략과 지금의 경기·충청도 지역 경략 등에서 전공을 세워 궁예의 신임을 받았다. 특히 수군활동의 경우 913년 궁예가 왕건을 시중으로 발탁하여 행정을 맡길 때에도 정벌에 관한 일은 모두 왕건의 지휘에 따르라고 지시하는 형편이었다. 이러한 군사활동을 통하여 수하 장졸들과의 관계가 형성되었다. 그리고 그는 시중으로서 재임하는 동안 궁예가 벌린 숙청에 깊숙이 간여하고 있던 아지태를 궁예의 뜻에 거슬리면서까지 제거함으로써 궁예의 공포정치로 불안에 떨던 군문의 장교, 종실, 원훈元勳, 지혜와 학식을 가진 무리들에게서 지지를 받게 되었다.[34] 그 때문에 궁예는 왕건을 견제하고 감시하게 되었지만[35] 왕건의 충성을 의심하지는 않았던 듯하다. 군사력과 정치력이 뛰어나고 지지 기반이 넓은 왕건을 자신의 지지세력으로 계속 잡아두려고 하였던 것이다. 적어도 수군작전과 서남해 지역 경략에서 왕건이 절대적인 역할을 해왔기 때문에 앞으로도 필요하다는 사실을 무시할 수 없었을 것이다.

궁예가 죄를 부정하는 왕건에게 미륵관심법을 사용하려고 입정에 들어간 것처럼 하였을 때 최응崔凝은 붓을 떨어뜨려 우연을 가장하고 왕건에게 다가가서 궁예의 심중을 알렸다. 이러한 최응의 행위는 궁예가 눈치 채지 못하였다기보다 궁예와 최응 간에 사전 교감이 있었기 때문에 가능하였을 것이다. 최응에게 암시를 받은 왕건이 자신의 죄를 인정하자 궁예가 곧바로 포상까지 하고 군대를 거느리고 나주로 가게 한 사실을 보더라도 그러한 상황 연출이 사전에 계획되었다는 것을 짐작할 수 있다. 당시 왕건은 이흔암과 같은 궁예의 심복들과도 관계를 잘 유지하였다.[36] 따라서 궁예가 왕건에게 미륵관심법을 사용하였을 때 그것은 왕건을 견제하고 충성의 약속을 계속 받아내는 정도에서 처리하려고 한 의도적 행위였다고 보는 견해가 옳은 듯하다.[37]

그렇지만 왕건은 겉으로 궁예에게 충성을 보이면서도 속내는 달랐다. 궁예가 송악에서 철원으로 천도하고 패서 지역에 13진을 설치하여 지배를 강화한 것은 왕건 가문의 이해관계와 상충되는 것이었다. "태조가 30세 때 꿈에 9층 금탑이 바다 가운데 있는 것을 보고 스스로 그 위에 올라갔다"고 하였다.[38] 이를 근거로 마진 시기인 906년 무렵에 이미 왕건이 천하를 도모할 생각을 가졌다고 보는 견해를 수긍할 수 있다.[39] 그리고 궁예가 정탐을 맡은 측근세력을 동원하여 권력을 강화하는 일련의 정책을 시행하자 왕건은 불안을 느꼈다. 909년 왕건은, 궁예가 날로 교만하여 포학해지는 것을 보고 다시 외방으로 나가고 싶어 하였다. 또 이듬해 부하 장수 김언金言 등이 궁예의 논공행상에 대한 불만을 자기에게 토로하자 궁예가 참소하고 아첨하는 사람들을 신임하고 무고한 사람을 많이 죽이는 학정을 자행하고 있기 때문에 일신을 보전하려면 충성을 다하는 길 뿐이라고 대답하였다. 이러한 사실들은 왕건이 외면적으로는 궁예에게 충성을 보여 의심을 피하면서도 독자적인 세력을 키웠다는 것을 보여준다.

왕건은 궁예의 정치에 불만을 품은 장상將相·왕실 인척·문사·승려 등과 지방세력의 지지를 받았다. 그리고 마침내 918년 홍유洪儒·배현경裵玄慶·

신숭겸申崇謙·복지겸卜智謙 등 네 기장의 도움을 받아 정변을 일으켜 정권을 장악하였다. 정변 3개월 전에 소위 고경참문古鏡讖文을 이용하여 도록부명圖籙符命으로 조작하여 민심을 끄는 분위기를 조성하였던 것이나 거사하였을 때 먼저 궁문에 가서 북을 치고 떠들면서 지도부를 기다리던 자들이 1만여 명에 달하였다고 한 사실 등을 고려하면 정변이 사전에 준비된 것이라고 파악한 견해가 타당하다.[40] 그리고 마군대장군 이흔암이 태봉 정예부대의 주력을 이끌고 웅주熊州 지방 경략에 나선 후 일시적으로 왕경의 수비가 약해진 틈을 타서 거사한 듯하다. 이흔암은 정탐 업무에 종사하면서 궁예의 신임을 받아 기장들의 수위에 있었다. 웅주 지방은 후백제와의 대결에서 매우 중요한 지역이었으며 뒤에 이흔암이 임지를 떠나자 곧바로 후백제에 붙은 것에서 볼 수 있는 것처럼 태봉의 영역에 안정적으로 편입된 것이 아닌 상태였다. 그 때문에 궁예는 자신이 신임하던 이흔암을 파견하여 경략, 수비하게 하였다.

사서에는 홍유 등이 정변을 모의하고 왕건을 찾아가서 추대의사를 밝히면서 거사하자고 청하였을 때 왕건은 충의의 논리를 들어 고사하였으며 부인이 강권하여 갑옷을 입히고 장수들이 옹위하여 나섰다고 기록되어 있다. 이를 근거로 왕건이 정변의 지도자가 되기를 거부한 것을 사실로 인정하는 견해도 있지만,[41] 그 기록은 왕건이 역성혁명을 일으켰다는 부담을 덜기 위하여 그의 도덕성을 강조하는 이야기 구성이라고 보는 것이 옳다.

왕건은 정권을 잡은 뒤 궁예의 정치를 반면교사로 삼아 정치하려고 하였다.[42] 정변의 정당성을 주장하고 지지를 끌어내기 위해서도 일단 태봉과의 차별성을 부각하여 그 정치에 대한 비판과 대응책을 제시할 필요가 있었다. 왕건은 즉위한 다음 날 내린 교서에서 전왕 궁예가 처음에는 올바르게 정치하였으나 후삼국의 통합이 끝나기도 전에 갑자기 폭군으로 변하였다고 비난하였다. 간사한 사람을 우대하고 위압과 모멸을 술책으로 사용하였으며, 궁궐을 크게 지으면서 부세를 지나치게 부과하여 원망과 비난을 샀고 참람하게 제왕의 칭호를 일컬으며 처자를 죽이기까지 하였다고 비판하였다. 따라서 자신은 그것을 교훈 삼아 군신관계가 물고기와 물의 관계처럼 서로 화합하고 나라가 편안하도록 정치하겠다고 선포하였다.[43] 측근세력을 육성하여 감시와 처벌을 수단으로 삼아 왕권강화에 전력을 기울이던 마진·태봉 시기 궁예의 정치를 폐기하겠다는 선언이었다.

그렇기 때문에 초기의 정책은 마진 이전에 궁예가 시행하였던 정책으로 돌아가는 모양새가 되었다. 즉위와 동시에 국호를 고려라고 환원시키고 연호를 천수天授라고 하였다. 그리고 이듬해에 수도를 다시 송악으로 옮겼다. 송악이 자신의 출신지이기도 하지만 철원을 버리고 그곳으로 돌아온 것이나 국호를 고려로 정한 것은 패서의 지방세력들에게 호응을 얻기 위한 의도가 있었다.

패서 지방세력들과의 연대감을 고취하는 것은 고구려의 고도 평양을 중시하는 정책으로도 나타났다. 송악으로 환도하기도 전에 평양에 대도호부를 설치하고 종실 왕식렴王式廉을 파견하여 평양을 중심으로 패서 지역을 진무하게 하였다. 이어 평양을 서경으로 승격하고, 박질영朴質榮·김행파金行波 등 패서 출신 고위관료들의 가족과 양가자제들을 사민하고 분사分司제도를 갖추었다. 그리고 왕건 자신이 자주 순행하여 머물면서 각별한 관심을 기울였다.[44] 이렇게 평양을 중시한 것은 그곳을 왕조의 복심으로 육성하고 북방민족의 침입도 대비하려는 것이기도 하였다.

이렇게 개경과 서경을 부각한 정책에 다른 지역 출신들이 불만을 품을 가능성이 있었다. 특히 철원 도읍 시기에 혜택을 입었던 청주 출신 인물들이 반발할 가능성이 컸기 때문에 회유하는 한편, 공신들을 시켜 군대를 이끌고 청주 부근에 주둔하게 하였다. 왕건 자신이 직접 순행하고 축성을 명령하는 등 대책에 부심하였다.[45] 그리고 개경과 서경에 대한 중시를 풍수도참적 해석에 의하여 정당화하는 한편, 각지의 지방세력들을 차별 없이 대하였다.

잘 알려졌듯이 즉위 초부터 지방세력들에게 강압적이지 않았으며 "선물을 많이 주고 겸손하게 말하는(重幣卑辭)" 자세로써 귀부를 유도하는 전략을 썼다. 군사적 요지에는 중앙에서 관리를 파견하였지만 귀부한 지방세력들의 지역지배를 인정해주었다.[46] 궁예 때에 바꾸었던 군읍의 이름이 백성에게 익숙하지 않고 혼란만 야기한다고 하여 일부 환원시킨 조치는[47] 지방지배정책상의 그러한 전환에 따른 것이다.

왕건은 신라에 공개적으로 적대감을 표시한 궁예와 달리 신라를 우군으로 삼아 후백제를 고립하는 전략을 썼다. 현실적으로 본다면 신라와 후백제 두 방향에 전선을 만드는 것은 불리하였다. 당시 후삼국 가운데 가장 약체이던 신라를 손아귀에 넣으려면 친신라계 지방세력의 입장을 고려하지 않을 수 없었다. 이러한 대지방세력정책과 친신라외교의 결과 경주 인근까지 포함하여 많은 지방세력이 귀부하였다.

왕건은 '왕즉불'을 표방한 궁예와는 달리 '왕즉보살王卽菩薩'의 관념을 표방하였다.[48] 그리고 승려와 문사들에 대해서 적극적인 포섭정책을 폈다. 각 지방에서 영향력이 큰 승려들을 초치하려고 노력하였다. 결과적으로 그들에게서 폭넓은 지지를 받아 후삼국 통일에 유리한 위치를 차지할 수 있었으며 통일 후에는 민심을 수습하는 데 도움을 받았다. 궁예를 비판하다가 살해당한 석총이 그전에 진표眞表의 간자簡子를 전해주면서 왕건을 인정한 것이나 친궁예세력이던 명주의 김순식을 내원內院에 있던 그의 아버지 허월許越을 통하여 귀부하도록 한 것이 좋은 예이다. 그리고 궁예에게서 핍박을 받아 은둔하거나 군대에 소속되었던 박유, 태평泰評 등의 문사들을 우대하여 협력을 이끌어냈다.

한편 국용의 절약과 검소를 강조하고 부세를 경감하는 등 대민시책을 통해서도 궁예와의 차별성을 내세웠다. 궁예가 부세를 지나치게 부과하고 궁궐을 크게 짓고 꾸미는 데 농민을 동원하여 생업을 방해하고 유망하게 만들었으며 물가가 등귀하여 백성들이 고통을 겪고 노비로까지 전락하게 만들었다고 비난하였다.[49] 그리하여 구체적인 정책으로 즉위 초에 심곡사審穀使를 임명하여 내장內莊과 동궁식읍東宮食邑에 축적된 곡식들을 조사하게 하고, 궁중에서 공역하는 노비의 일부를 줄여 교외로 내보내어 농사를 짓고 납세하게 하였다. 몰락하여 노비가 된 사람들을 조사하여 국고로 몸값을 물어주고 풀어주었다.[50] 또 흑창黑倉을 설치하여 궁핍한 백성에게 진대하였으며[51] 3년 동안 조租·역役을 면제하여 농사를 권장하고 유망민을 안집하게 하였다.[52] 일시적인 조세감면정책에 그치지 않고 궁예 때에 1경의 조租가 6석에 달하였던 부세제도, 즉 3/10조법을 썼던 것 대신에 '천하통법' 곧 1/10조법을 따르도록 하였다.[53] 호부층도 이 조법의 시행으로 혜택을 받았다.

현실적으로 본다면 중앙정부와 백성의 중간에서 이루어지는 지방세력의 지배를 인정하는 체제를 유지하였기 때문에 이러한 조치의 결과 백성에게 어느 정도 혜택이 돌아갔는지는 가늠하기 어렵다. 그렇지만 고려 초에 지방세력을 비롯한 지배층의 중간착취 문제에 대하여 경고를 보내었다. 일례로 즉위한 지 17년이 되는 해에 예산진禮山鎭에 행차하였다가 내린 조서에서 왕건 자신은 궁예 때 정치의 해독을 제거하고 백성을 보살피려고 노력하지만 현실적으로 왕의 친족이나 권세가들의 녹읍 지배 등을 통하여 횡포를 부리는 사례가 있다고 하면서 그에 대한 단속을 천명하였다.[54] 이러한 점을 고려해볼 때 궁예 때보다 부담이 줄었으리라고 추측하는 데 무리가 없다.

이상과 같이 왕건은 궁예 정치와의 차별성을 부각하여 집권의 정당성을 선전하고 왕조의 기반을 닦으려고 하였다. 그런데도 왕건은 궁예에게서 많은 정치적 유산을 계승하였다.

우선 궁예가 정변이 일어났다는 소식을 듣고 큰 저항 없이 피하였기 때문에 정변이 신속하게 마무리되어 큰 무리 없이 권력을 인수할 수 있었다. 이에 왕건은 태봉의 재정과 군사력을 대부분 인수하여 새 왕조의 기반으로 삼을 수 있었다.

정치질서의 측면에서 골품제를 대체하여 관료정치를 지향한 것을 계승하였다. 중앙정치제도에서 광평성·내봉성·순군부·병부 등을 중심으로 한 태봉의 관제를 그대로 채용하여 사용하였다. 관료도 궁예의 핵심측근을 비롯하여 반왕건 움직임을 보이다 제거된 사람들을 제외하고 정변에 공로가 있는 사람이나 행정능력을 이용할 만한 사람 등을 기준으로 그대로 등용한 경우가 많았다.[55] 그리고 후삼국을 통일한 이후 왕권강화정책을 점차적으로 추진하였는데, 그 정책에 장애가 되는 인물들을 궁예가 상당수 숙청하였던 것도 왕건이 정치하는 데 있어서 도움이 되었다.

지방제도의 측면에서 지방세력들을 흡수, 통합하는 틀을 계승하였다. 비록 마진·태봉 때와 달리 지방세력의 지배력을 인정해주고 포섭하는 성격의 것이었다고는 하지만 주州의 설치와 군현의 이름 개정은 지방 파악과 관련하여 이미 궁예 시기에 실시된 정책이었다. 그리고 요지에 외관이나 중앙군을 파견하여 직접 통치를 도모하는 방식도 궁예가 시도한 것이었다.

이처럼 정치운영상 관료정치와 지방통제책을 이어 받았으며 부세수취 문제도 토지 면적을 기준으로 하여 전조田租를 거두는 제도를 계승, 발전하였다. 비록 지방세력을 포섭하기 위하여 그들의 지배력을 인정해주었지만 녹읍의 과도한 수취를 제한하였다. 지역적 시차를 두고 호부층을 대상으로 직역職役과 토성土姓을 분정해주어 그들의 지역 내 위상을 보장해주면서 각 지역의 인구와 토지 소유 실태를 파악하였다. 그리고 1/10조법의 시행과 함께 태조 23년에 역분전役分田제도를 시행하여 집권국가의 경제적 지배의 틀을 마련하였다.

이상과 같은 집권화정책의 방향은 궁예가 마진 시기 이래 추진한 방향이었다. 비록 태조대에는 지방세력과 타협하여 완만하게 추진하였고 그것이

미진하게 이루어진 결과 태조 사후에 왕위계승을 둘러싸고 소위 왕규王規의 난 등 일시적인 정치적 혼란이 일어났지만 광종대에는 노비안검법과 과거제도의 시행, 시위군 증강 등의 제도적 조처와 강력한 탄압과 숙청을 통하여 왕권강화를 위한 개혁을 급진적으로 가속화하였다. 특히 광종대 정치에 대하여 최승로崔承老는 참소가 성행하였으며 공로가 큰 신하들과 장수들이 살육당하고 왕의 골육·인척들도 역시 모두 살해당하였다고 기록하였다. 광종대에 왕권강화를 목표로 시행한 이러한 정책들의 성격도 역시 마진 시기 이후에 궁예가 시행한 것과 통하는 것이었다.

이제까지 태봉의 정치적 지향과 유산에 대하여 살펴보았다. 그 대강을 요약하면 다음과 같다.

궁예가 신라의 왕자 신분으로 태어났기 때문에 권력을 다른 계층과 나누었다든지, 농민의 어려움을 이해하는 데는 적극적이지 못하였다든지, 골품제 사회의 규범이나 전통에 익숙하여 새로운 사회규범을 제시하는 데 한계가 있었다고 보는 견해가 있다.[56] 또는 신라왕실의 내분에 희생되었다는 원한 때문에 신라의 전통에 대하여 타격을 가하는 데 만족하고 새로운 질서의 건설로 나아가지 못하였다고 파악하는 견해도 있다.[57] 이렇게 출신의 성격이나 한계를 정치운영에 영향을 미친 요인으로 고려할 수도 있고, 실제로도 궁예가 출생 시에 버려졌다는 원한을 품고 부석사浮石寺에 있던 신라왕의 초상에 칼질을 하였다는 기록이 있다. 그렇지만 성장과정에서 겪은 다양한 경험과 인식의 확대를 별로 고려하지 않고 출신 배경을 그가 건국한 이후의 정치행위 방향에 영향을 미치는 중심적인 요인으로 파악하는 견해는 수긍하기 어렵다. 궁예가 어떠한 비전을 제시하고 어떻게 리더십을 발휘하여 정치세력들을 조정, 통제하면서 국가를 운영하였는가를 우선적으로 고찰하는 것이

더 바람직하다.

궁예는 기훤·양길의 세력에 투신한 이후 부하 사졸들과 고락苦樂을 같이 하면서 마음을 얻고 지방세력들을 포섭하였다. 고구려의 계승을 표방하여 새로운 국가권력의 정당성을 내세우던 단계만 해도 그러하였다. 그렇지만 지방세력을 끌어 모은 정권의 차원을 벗어나 마진 시기부터는 확대된 국가발전의 비전을 제시하고 국왕을 중심으로 한 집권력 강화를 추구하였다. 관료제도나 수취제도 등에서 신라의 것과는 다른 발전적 방향에서 지배질서를 마련하였다. 그리고 지방세력이나 장상들을 강하게 통제하고 국왕과 백성이 직접 연결되는 지배체제를 구축하였다. 스스로 미륵불을 자칭하면서 미륵관심법처럼 종교를 정치기술에까지 이용한 것도 그러한 의미가 있었다. 그렇지만 지방세력들의 동향이 큰 변수로 작용하던 시대 상황 속에서 지방세력과 장상들에 대한 비상하고도 과감한 숙청은 정치적 불안을 초래하였다. 새로운 수도 건설이나 체제 정비, 군비 조달 때문에 백성에 대한 수취가 줄기는커녕 늘어나서 백성에게도 호응을 얻지 못하였다.

왕건은 궁예에게 귀부한 후 군공을 세워 궁예의 신임을 얻으면서 세력을 키우다가 마진 시기 이후부터 독자적인 세력을 모색하였다. 마침내 정변을 일으켜 고려를 건국하였다. 그는 정변의 정당성을 마진 시기 이후의 궁예 정치에 대한 비판에서 찾았다. 국호 선정, 지방세력들에 대한 태도, 부세수취정책, 신라에 대한 태도 등에서 궁예와의 차별성을 부각하여 정치하였다. 그러면서도 왕건은 궁예의 정치적 유산을 상당히 계승하였다. 골품제를 탈피한 중앙정치제도, 주州의 설치와 군현명호 개정을 내용으로 하는 지방제도 개편, 토지 면적에 기준을 두고 조租를 수취하는 방식 등은 마진 시기 이래 궁예가 추진한 정책 방향을 이은 것이다. 왕권강화에 걸림돌이 되는 지방세력 출신과 공신들에 대한 강력한 억압과 숙청은 왕건대에는 유보되었고, 그 결과 그의 사후 정치적 갈등이 발생하였다. 그렇지만 광종대에 노비안검법을 비롯한 제도적 조처와 함께 참소를 허용한 강력한 숙청작업을 통하여 왕권강화를 실현하였다. 이는 마진 시기 이후 궁예의 정책과 통하는 것이었다.

2부

# 태봉의 자취를 찾아서
유물과 유적 그리고 전설

# 1장

# 철원 지역 성곽의 성격

이 재

철원 지역은 한반도의 중앙부에 해당된다. 동쪽으로는 강원도 화천군, 남쪽으로는 경기도 가평군과 포천군, 서쪽으로는 경기도 연천군, 북쪽으로는 휴전선 이북의 평강군과 접하고 있다. 철원군의 중앙부에는 한탄강이 북동-남서 방향으로 흘러가며, 그 주변으로는 넓은 충적평야가 발달하였다. 이러한 자연환경은 선사시대 이래로 인류가 삶을 영위하기에 좋은 조건을 갖추고 있기 때문에 철원 지역에서는 최근 많은 유적이 새로이 확인되고 있다.

철원은 사통팔달의 교통요지로서 삼국 시기 고구려와 신라, 백제의 요충지로서 그 역할을 수행해왔다. 또 이 지역은 삼국의 각축 속에서 많은 성곽이 축조되었으며, 특히 궁예가 태봉의 수도로 결정할 만큼 그 위상이 높았던 곳이다. 이후 고려와 조선시대에도 외침에 대항하기 위하여 전략적으로 성곽을 축조하고 경영하였을 것이다.

철원의 이러한 지리적 위치와 역사적 배경에서 알 수 있듯이 이 지역에는 많은 관방유적이 곳곳에 분포되어 있다. 이 장에서는 철원 지역 성곽의 개별적인 현황과 함께 이 지역 성곽의 성격을 살펴보고자 한다.

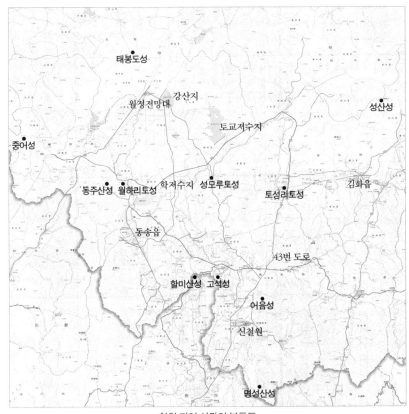

철원 지역 성곽의 분포도

### 철원 지역 성곽의 현황

태봉도성에 대하여 『고려사지리지』(동주조)와 『세종실록지리지』권48(철원 도호부조)에서 그 명칭과 위치를 밝히고 있고 『신증동국여지승람』은 성이 이중으로 쌓여져 있다는 점과 규모를 언급하고 있다. 그 후 조선시대 지리서 대부분은 이 내용을 그대로 옮겨 적어 놓았다.

태봉도성의 위치와 규모에 대해서는 필자가 수차례 비무장지대를 답사한 후 2001년 제2회 태봉 학술제 '태봉의 역사와 문화'에서 「태봉국도성의 구

조와 잔존실태」라는 제목으로 발표한 바 있다. 그 결과 일제시대의 한국지도
(1918년)와 현재의 군용지도 및 미군이 촬영한 항공사진(1952년)에서 태봉도
성의 위치는 비무장지대의 풍천원에 있음이 확인되었고 실제 현장에서 확인
이 가능하였다. 이는 역사상의 지리서에서 언급되었던 바이다. 규모에 있어
서도 두 지도와 항공사진이 일치하며 실제로 남아 있는 성벽도 이들과 일치
하였는데 외성은 12.7km, 내성은 7.7km 정도였다.

　그런데 성의 크기는 『신증동국여지승람』과 같은 지리서의 내용과는 상당
한 차이가 있었고 오히려 일제시대 때 실측한 것으로 보이는 「조선보물고적
조사자료」의 내용(외성 10.908km, 내성 7.27km)에 가까웠다. 그러나 실제 확
인 결과 외성과 내성 모두 절반 이상이 많이 붕괴되어 성벽이 없는 곳도 있
었으나 대개 1~2m 정도의 높이를 유지하고 있고 대부분이 토축이었다. 태
봉도성을 남북으로 관통하고 있는 경원선은 비록 철로는 없어졌으나 철도제
방은 원형에 가깝게 남아 있다.

　그간 남북 사이에 형성되고 있는 화해 분위기와 관련하여 이질성을 극복
하고 민족의 동질성을 확인하는 방법 중 중요한 것은 민족의 문화유산과 유
적을 공동으로 확인하고 찾아내는 일이다. 과거 수천 년 동안 방치되었을 뿐
아니라 최근 동족상잔의 상처인 비무장지대에 갇힌 태봉도성의 공동 조사야
말로 우리 민족이 함께 해야 할 과제이다.

　중어성은 철원읍 대마리 281m 고지에 있는 석성이라고 『철원군지』에만
기록되어 있으나 현재 비무장지대 안에 위치하고 있다. 성이 있다는 281m
고지는 육안으로 확인할 수 있으나 성터는 확인할 수 없었다. 이 성이 있는
곳은 태봉도성에서 서쪽으로 12km 떨어져 있고 평강과 김화로 가는 교통의
요지이며 고지 주위로 역곡천이 흐르고 있어 도로나 강을 통하여 접근하는
세력을 쉽게 차단할 수 있다.

　『철원군지』는 태봉도성으로 침입하는 세력을 막기 위하여 군사·지리적

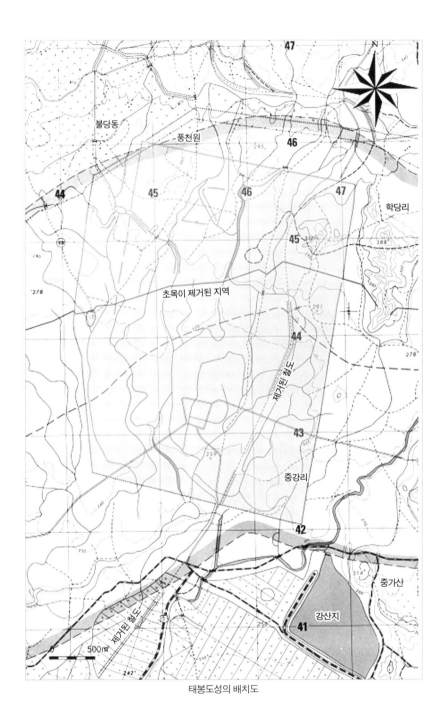

불당동

풍천원

44

45

46

47

46

47

학당리

45

초목이 제거된 지역

44

제거된 철도

43

중강리

42

41

강산지

중가산

500m

제거된 철도

태봉도성의 배치도

동주산성 서남벽

요충지에 외곽 성을 쌓았을 것이라고 설명하고 있다.

철원평야의 남쪽과 동쪽에서 침입하는 세력을 막기 위하여 성동리산성, 할미산성을 쌓았다면 서쪽에는 중어성이 그 기능을 수행하였다고 볼 수 있다. 비무장지대의 출입이 자유로워져 중어성을 조사할 수 있는 날이 빨리 오기를 기대한다.

동주는 왕건이 정변을 일으킨 후 송악으로 도읍을 옮기고 철원을 바꾸어 부른 명칭이다. 『철원군지』는 동주산성을 고려시대에 쌓은 성이라고 설명하고 있고 또 실제로 몽고군이 쳐 들어왔을 때 이곳이 함락되었다는 구전을 전하고 있다. 그러나 언제 이 산성이 쌓여졌는지를 정확하게 밝히고 있는 문헌은 하나도 없다. 895년 궁예는 화천과 김화를 점령하였고 이어서 철원을 무력으로 점령하였다. 『삼국사기』는 철원이 궁예와 싸웠음을 시사하고 있다.

현재 남아 있는 동주산성은 궁예가 철원을 공격할 때 철원 사람들이 피신하여 궁예와 싸운 곳으로 보아야 한다. 동주산성은 고려시대에 이름이 바뀐 것이므로 고려 때 성을 쌓았다는 설명은 문제가 있다. 896년 궁예는 철원을 점령하여 도읍으로 정하였으며, 898년 송악으로 천도하기 전까지 패서 지역,

월하리토성 남벽

임진강 유역, 한강 일대를 점령하였다. 궁예가 국가를 세우고 왕이라 칭한 것
은 송악에서였지만 군사·정치적 기반의 형성은 철원에서 이루어진 것이다.

동주산성에 대한 정확한 발굴조사가 시행되지는 못하였지만 2005년 육군
사관학교에서 정밀지표조사 한 바에 의하면 이 산성 안에서 삼국시대의 많
은 유물이 수습되었다. 이러한 점에서 볼 때 동주산성은 반드시 발굴을 거쳐
복원까지도 검토해야 할 귀중한 궁예 관련 유적이다.

월하리토성은 2004~2005년 강원대학교 박물관에서 실시한 구 철원향교
터 발굴조사 과정에서 확인된 토성으로, 향교 주변의 야산에 자리 잡고 있
다. 둘레는 약 600m이며 성벽의 잔존 높이는 1~3m 정도이다. 향교 뒤편
좌우에는 토성이 남아 있으나 향교 입구 부근은 이미 훼손되었다. 이 향교터
는 궁예가 왕건을 철원태수로 임명한 이래 왕건의 사저가 있었던 것으로 알
려져 왔다. 따라서 이 토성은 왕건의 사저를 지키는 성으로 볼 수도 있지만
898년 궁예가 송악으로 천도하기 전에는 궁예가 사용하였을 가능성도 있다.
궁예와 이 토성과의 관계는 이 일대에 대한 정밀조사와 발굴을 통해서 밝혀
야 한다.

할미산성 동벽

　할미산성은 철원군 동송읍 장흥 4리 구수동의 200m 야산 8부 능선에 있
는 테뫼식 산성이다. 둘레는 약 250m 정도로 추정되며 북쪽 부근에 약 25m
정도가 남아 있다. 원래 이 산은 봉수지로 알려져 있다. 이 봉수는 북으로는
소이산 봉수와 남으로는 적골산 봉수와 대응하는 제1봉수로의 직봉노선인
데 지금은 멸실되었다.

　경사가 60~70° 정도 되는 급경사에 쌓은 이 산성은 거의 붕괴되고 기단
석과 약간의 면석들이 남아 있다. 주로 산 위로 접근하기 쉬운 곳에 계단식
으로 여러 곳을 쌓은 흔적들이 보인다. 면석들은 잘 다듬어진 장방형 판석들
로 비교적 잘 엮여 있으나 심석深石은 매우 약하거나 없는 경우도 있다. 이것
은 이 지역의 경사가 심하고 또 바닥이 암반으로 되어 있기 때문인 것으로
보인다. 성 안에 샘물이나 평지가 없는 점으로 보아서는 산성의 입지 조건에
맞지 않는 듯하다. 따라서 장기적으로 피신하여 농성할 목적으로 쌓았다기
보다는 일시적인 피난성 역할을 하였을 것으로 보인다. 축성 시기는 종합적
으로 보아 삼국시대나 통일신라시대로 보인다.

　할미산성은 철원평야의 남쪽에 위치하고 있으며 이보다 더 남쪽에 성동리

성모루토성 북벽 단면

산성이 있다. 이 성 인근 지역에 마을이 없었다는 점은 피난성 역할을 하였다기보다는 전초적인 보루 역할을 한 것으로 보아 군사적 기능을 하였다고 볼 수 있다. 그렇다면 이 성은 철원평야로 침입하는 세력을 차단하려는 목적으로 쌓았을 가능성이 있다. 비록 할미산성에 대한 문헌상의 기록이나 구전이 없으므로 궁예와 관련성이 없어 보이지만 자세한 것은 이 성의 발굴조사를 거쳐야 확인할 수 있다.

성모루토성은 철원군 양지리 오목동 한탄강 북안에 자리 잡고 있다. 한탄강은 이 지점에 와서 남쪽으로 혀처럼 휘돌아 가는데 이 성은 휘돌아 가는 입구를 일자로 막은 형태이다. 이 잘록한 돌출부의 남북 길이는 1.2km, 폭은 0.6km 정도이고 주위는 수직의 절벽으로 되어 있다.

성벽의 길이는 190m, 하단 폭은 20m, 상단 폭은 7~8m이다. 높이는 4.5m이며 단면은 사다리꼴이고 토성이다. 단순히 성토한 것이 아니라 판축의 기법이 사용되었다. 개흙(뻘)으로 보이는 검은색 흙과 적갈색 진흙이 교

대로 판축된 모습이 붕괴된 단면에 여실히 드러나 있다.

마을 주민들은 성머리 또는 성모루토성이라고 부르는데 그 명칭의 뜻은 명확히 알 수 없다. 이 곳에 대하여 주민들은 궁예가 말을 길렀던 곳이라고 하기도 하고 임진왜란 때 말을 길렀던 곳이라고 말하기도 한다. 이 구전이 사실이더라도 궁예 때나 임진왜란 당시 이 성을 쌓았다고는 볼 수 없다. 단순히 말을 기르기 위해서 이렇게 큰 토성을 그것도 몇 차례의 판축법을 이용하여 쌓지는 않았을 것이기 때문이다.

이 성이 언제, 무슨 목적으로 쌓여졌는지에 대하여 언급한 문헌은 하나도 없다. 다만 이 지역의 지명과 관련된 성의 구조와 출토되는 유물 등을 근거로 추정해볼 수 있을 뿐이다. 임진강은 삼국시대에 칠중하 또는 호로하라고 불렸는데 모두 굴곡이 심하다는 뜻을 나타낸다. 이렇게 굴곡이 심한 곳에 입구를 가로막아 쌓은 성들은 연천과 철원 일대에서만 확인할 수 있다.

연천의 호로고루, 은대리토성, 당포성이 그 실례들이다. 그리고 이 성들은 모두 성모루토성과 함께 임진강과 한탄강 북안에 위치하고 있다.

최근 이 성들의 발굴조사 결과에 따르면 연천의 세 성들은 단순히 땅을 지키기 위하여 쌓은 성이 아닌 강남에서 북상하는 세력을 저지하기 위하여 쌓은 성이며 임진강이 국경 하천 역할을 하였던 삼국시대의 성들로 규명되었다. 그중 호로고루와 당포성은 석성이고 은대리성은 토성이다. 두 석성은 초기에 토성이었으나 후에 석성으로 개축한 것으로 보인다. 성모루토성이나 은대리토성을 석성으로 다시 쌓지 않은 점은 그럴 필요가 없었기 때문으로 보인다. 즉 두 토성에서는 전투가 별로 없었기 때문에 석성으로 쌓지 않은 것이다.

성 주위에서는 꽤 많은 토기편이 수습되었는데 일반적으로 적갈색 연질토기와 타날문이 시문된 것들로 원삼국시대의 것으로 보고 있다. 정확하게 이 유물을 사용하였던 집단이 이 성을 쌓았는지 아니면 뒤에 쌓았는지는 불분

고석성 남벽과 수구지

명하나 빠르면 원삼국시대, 늦으면 삼국시대 초기에 쌓았다고 보아야 한다. 성을 쌓은 목적은 은대리토성과 유사할 수 있다. 원삼국시대의 강안 거주성이거나 아니면 삼국시대 초기에 강남세력의 도하를 저지하기 위한 전초적 보루였을 것이다. 이후 철원 지역을 장악한 궁예가 이곳에 말을 기르고 훈련시켰을 가능성도 있을 수 있고, 임진왜란 때도 말을 기를 수 있었다. 그러나 성을 쌓은 시기는 훨씬 그 이전으로 보아야 한다.

고석성은 철원군 갈말읍 군탄리 한탄강변 동쪽에 위치하고 있다. 북에서 남으로 흐르는 한탄강은 이 지역에서 고석성을 감싸고 돌아나간다. 강북에는 고석정이 있고 서쪽 1.5km 지점에는 할미산성이 위치하고 있다. 이 성을 돌아나가는 북·서·남쪽은 모두 단애를 형성하고 있다. 나지막한 211.4m 고지의 능선을 따라 성이 쌓아져 있는데 계곡을 가운데로 하고 둥그렇게 에워싼 형태의 포곡식 산성이다. 둘레는 820m 정도이며 폭은 3m, 높이는 1～1.5m 정도이다. 성이 비교적 낮은 것은 성 주변이 대개 단애를 이루고 있기 때문으로 보인다.

문헌과 구전에 의한 궁예와 임꺽정에 관련된 이야기에서 이 성에 대하여

할미산성 동벽

　할미산성은 철원군 동송읍 장흥 4리 구수동의 200m 야산 8부 능선에 있는 테뫼식 산성이다. 둘레는 약 250m 정도로 추정되며 북쪽 부근에 약 25m 정도가 남아 있다. 원래 이 산은 봉수지로 알려져 있다. 이 봉수는 북으로는 소이산 봉수와 남으로는 적골산 봉수와 대응하는 제1봉수로의 직봉노선인데 지금은 멸실되었다.

　경사가 60~70° 정도 되는 급경사에 쌓은 이 산성은 거의 붕괴되고 기단석과 약간의 면석들이 남아 있다. 주로 산 위로 접근하기 쉬운 곳에 계단식으로 여러 곳을 쌓은 흔적들이 보인다. 면석들은 잘 다듬어진 장방형 판석들로 비교적 잘 엮여 있으나 심석深石은 매우 약하거나 없는 경우도 있다. 이것은 이 지역의 경사가 심하고 또 바닥이 암반으로 되어 있기 때문인 것으로 보인다. 성 안에 샘물이나 평지가 없는 점으로 보아서는 산성의 입지 조건에 맞지 않는 듯하다. 따라서 장기적으로 피신하여 농성할 목적으로 쌓았다기보다는 일시적인 피난성 역할을 하였을 것으로 보인다. 축성 시기는 종합적으로 보아 삼국시대나 통일신라시대로 보인다.

　할미산성은 철원평야의 남쪽에 위치하고 있으며 이보다 더 남쪽에 성동리

명성산성 북벽

으로 보인다. 성의 전체 길이는 약 2km 정도이고 높이는 2～3m이다. 단애 지역에는 성을 쌓지 않았으며 접근이 용이한 지역에 성을 쌓았다. 성 내부에는 대궐터라고 알려진 원형 대지가 있으며 이곳에서 기와들이 수습되었다.

이 산성에 대하여 언급한 문헌은 『동국여지지』와 성해응의 『연경재전집』이다. 『동국여지지』에는 "용화산에 옛 성이 있는데 이 성을 명성이라 부르기 때문에 산 이름을 명성산이라고도 부른다"라고 기록되어 있다. 요즈음 이 산성이나 산의 명칭인 명성에서 성은 '聲(소리 성)'으로 적고 있어 『동국여지지』의 명성과는 다르다. 하지만 이는 뒤에 와서 성이 성으로 쓰였기 때문이라고 볼 수 있는 것으로 의미상으로는 같다고 볼 수 있다. 19세기 실학자 성해응은 『연경재전집』에서 명성산성은 일찍이 궁예가 축조하였고 주변이 험준하여 짐승조차 오르기 어려우며 그 안에 궁궐터 등이 있다고 기록하였다.

명성산성을 궁예가 쌓았다는 기록은 성해응의 저술에서 처음 언급되지만 이 문헌도 1차 사료가 아니고 19세기에 구전되는 말을 기록으로 옮긴 것으로 보인다. 문헌 이외에 명성산성과 관계된 궁예 최후의 구전은 널리 알려져 있는데 그 내용의 골자는 다음과 같다.

어음성 동벽

　궁예의 폭정으로 왕건세력들이 정변을 일으키자 궁예는 밤에 추정세력들을 데리고 빠져나와 대마리의 중어성, 관인면의 보개산성을 거쳐 명성산에 들어와 이곳에 석축을 쌓고 대치하였다. 그러나 역부족으로 휘하 군사를 해산하자 군사들이 슬피 울었기 때문에 산 이름도 용화산에서 울음산이 되고 성 이름도 울음산성이 되었다. 그리고 이 산성에는 아직도 궁예의 바위와 성들이 남아 있다.

　이와 같이 궁예 관련 전설은 『삼국사기』나 『고려사』 등의 궁예 관련 기록과도 대개 일치한다. 즉 궁예가 험준한 암곡에 피하였다가 결국 평강 사람에게 살해되었다는 내용인데 구체적으로 험준한 암곡이 어딘지는 불투명하나 명성산이나 보개산, 운악산이 이에 해당한다. 그중 철원평야에 있는 명성산이 문헌이나 구전과 가장 관계있는 것으로 일단 보이나 산성은 일찍이 패주 이전에 쌓은 것으로 보아야 한다. 그러나 좀더 명확히 알기 위해서는 정밀한 학술조사뿐 아니라 대궐터, 문지 등의 발굴을 실시하여야 한다.

　어음성은 철원군 갈말읍 문혜리 삼성동 동쪽의 야산 361m 고지 8부 능선에 있는 테뫼식 석성이다. 둘레는 약 400m이고 대부분 붕괴되었으나 동벽

2.3m 정도에 일부 성벽이 남아 있다. 축조방식은 가로쌓기며 잘 다듬어진 장방형 석재가 사용되었다. 문헌에는 일체 언급이 없으며 유물로는 토기 외에 토마土馬, 철마鐵馬, 자기마瓷器馬 등 소형의 마형 유물이 다수 수습되었다. 이러한 마형 유물들은 철원 지역에 퍼져 있는 말전설이나 신앙과 관련된 것들로 보인다.

이 성의 기능을 알아보기 위해서는 성의 위치를 고찰해볼 필요가 있다. 산성 서쪽 아래에는 지포리에서 문혜리로 통하는 43번 국도와 평야지대가 있다. 43번 국도 건너 서쪽 3km 지점에는 고석성이 위치하고 있다. 어음성 역시 주위 마을 주민들이 유사시 피난하기 위하여 만든 전통적인 피난성으로 보이며 또 43번 국도와 평야지대를 장악하기 위하여 쌓은 것으로 보인다.

토성리토성은 철원군 갈말읍 토성리 273-3번지에 위치하고 있으며 방형 토성이다. 현재 남아 있는 부분은 서벽 150m, 남벽 34m 정도이며 그나마 서벽은 복원된 것이다. 성의 전체 둘레는 722m이다. 이 토성 역시 판축법에 의하여 축조된 것으로 보이며 현재 강원도 지방기념물 24호로 지정되어 있다. 이 성은 1976년 최초로 조사된 이래 많은 연구기관에 의하여 언급되었고 대개 삼한시대에 축조된 것으로 보고 있다. 일부에서는 이 성에서 출토된 청동기 유물을 근거로 하여 청동기시대의 토성으로 보기도 한다.

조선시대 지리서에는 기록이 없으나 「조선보물고적조사자료」를 보면, 높이는 1간 반, 폭은 6간, 둘레는 약 400간의 방형 고루라고 기록되어 있을 뿐이다.

한탄강과 임진강에는 이와 비슷한 토성이 있는데 연천의 초성리토성과 파주의 육계토성이다. 육계토성은 강을 끼고 쌓은 성으로, 방형이며 이중의 토성이고 규모가 훨씬 크다. 반면 초성리토성은 토성리토성과 같이 강에서 약간 떨어져 있으며 방형이고 규모는 570m로 토성리토성보다 작다.

토성리토성과 관련하여 구전되는 내용에는 궁예에 관련된 것은 없고 병자

호란에 관한 것이 있다. 병자호란(1636년) 때 청나라 장수 용골대龍骨大와 마부태馬夫太가 이곳에 성을 쌓고 그 안에 진을 쳤으며 김화의 성산성을 함락하였다.

성산성은 철원군 김화읍 내의 성재산(471m)에 있는 포곡식 석성으로 성의 둘레는 980m이다. 대부분 붕괴되었으나 남서벽 30m, 남벽과 동벽 등 5곳에 성벽이 남아 있다. 서벽은 협축이며 나머지 부분은 편축이다. 성 안에서 큰 규모의 건물지와 우물 2곳이 확인되었다. 원래는 남방한계선 북쪽의 비무장지대 안에 있었으나 군에서 남방한계선을 위로 올리면서 알려졌다.

이 성은 중부 지방의 많은 고성과 비교해볼 때 견고하고 높게 쌓은 전형적인 삼국시대의 산성이다. 특히 심석을 가장 과학적으로 쌓았기 때문에 면석이 오래 남을 수 있었던 것이다.

대부분의 조선시대 지리서는 이 성의 위치와 둘레에 대해서만 언급할 뿐 언제, 누구에 의해 쌓여졌는지에 대해서는 언급하지 않았다. 다만 『강원도지』에는 임진왜란 때 가등청정加藤淸正이 쌓았으며 따라서 가등산성이라고도 부르는데 사실인지 알 수 없다고 기록되어 있다. 또 조선시대 지리서에는

성산성 서벽

이 기록에 대한 언급이 없는 점으로 보아 1940년 당시 구전되던 것을 기록한 것으로 보이며 따라서 신빙성에 문제가 있다. 문헌뿐 아니라 철원 지역에서는 흔한 궁예 관련 구전에서도 이 산성과 궁예 또는 철원평야와의 관계에 관한 것을 찾아볼 수 없다.

한편 이 성은 거리상으로 볼 때 태봉도성과는 약 20km 정도 떨어져 있다. 그리고 성산성이 있는 성재산은 김화현의 진산이었으므로 이 산성은 김화 주민의 피난성 역할을 하였던 것으로 보아야 한다.

김화 주민 중에는 '이 산성도 궁예가 쌓았겠지'라는 식으로 말하는 사람이 없지는 않다. 그러나 더 자세히 물어보면 구체적인 내용이 전혀 없다는 것을 알 수 있다. 이러한 식의 이야기는 다른 산성들도 마찬가지이다. 일단 철원 부근의 산성들은 모두 궁예와 연결되고 있다. 이러한 현상은 산성뿐 아니라 웬만한 유적이나 유물도 마찬가지이다. 특히 불확실한 것들은 모두 궁예의 몫이 되고 있다. 성산성도 이러한 종류의 산성 중 하나로 볼 수밖에 없다.

성동리산성은 포천시 영중면 성동리 산 727번지의 181m 고지 8부 능선에 위치하고 있는 테뫼식 석성으로, 성의 둘레는 368m이고 높이는 7m 정도에 이른다. 성벽은 많이 붕괴되었으나 군데군데 석벽이 남아 있다. 판석들의 규격이 일정하여 단이 거의 수평을 이루고 있다.

성동리산성 외벽

이곳은 포천과 철원을 연결하는 남북 통로와 전곡과 장암을 연결하는 동서 통로가 교차되는 지점에 있어 교통과 군사적 요충지다. 그중에서도 포천에서 철원으로 가기 위해서는 이곳을 반드시 거쳐야 한다.

조선시대 지리서에는 이 산성이 고성으로 소개되어 있고 둘레 정도가 기록되어 있을 뿐 누가, 무슨 목적으로 쌓았는지는 알 수 없다. 그런데 문화재관리국에서 펴낸『전국유적목록』은 이 산성과 궁예의 관계를 보여준다. 궁예가 왕건에게 쫓길 때 이 산에서 하루저녁 숙영하기 위하여 이 성을 쌓았는데, 강북에서 일렬로 서서 돌을 전달하여 쌓았으며 높이는 2~4m, 둘레는 2km이고 석성 일부가 남아 있다는 내용이다.

포천에서는 이 성을 태봉산성이라고 부르고 수년 전까지 태봉산 성지라는 설명판을 도로에 세워두기도 하였다. 이 태봉산성의 표현이『전국유적목록』의 기술에 근거한 것인지 아닌지는 불확실하다. 최근『포천군지』는 태봉산성의 이름이 와전된 것으로 설명하였다. 즉 이 산성에 조선시대 순조의 세자 익종의 태를 묻었기 때문에 이 산의 이름을 태봉산으로 부르게 된 것인데 음이 같다 보니 태봉산성으로 불리게 되었다는 말이다. 결국 명칭은 태봉과 관계없음이 증명된 것이지만 궁예 관련 전설과의 관련성까지 없어진 것은 아니다. 궁예 관련 전설에서 확인할 수 있는 것은 궁예가 성동리산성에서 잠시

운악산성 남벽

하루 머문 시기는 왕건에 의해 쫓겨날 당시라는 점이다. 그러나 하룻밤을 자기 위하여 이 산성을 쌓았다는 설명은 어불성설이다. 따라서 이 산성은 궁예가 쫓겨나기 전부터 있었는데 궁예가 쫓길 무렵 이곳을 거쳐 갔다고는 설명할 수 있다. 궁예가 918년 정변 후 평강 지역에서 살해되었다는 기록을 보면 궁예가 남쪽에 있는 이 조그만 산성으로 피신하였다고 보기 어렵다.

결국 성동리산성에 관해서는 궁예가 패주 시 이곳을 지났다고 하는 설명보다는 이 산성이 포천과 철원을 연결하는 통로를 가로막는 산 위에 있다는 점 때문에 철원으로 침입하는 세력을 남쪽에서 막는 전초기지라고 보는 것이 더 합리적이다. 경기도박물관에서 이 산성을 조사하였으나 직접 궁예나 태봉과의 관계를 설명해줄 수 있는 유물은 확인하지 못하였다.

운악산성은 포천시 화현면 화현리 산 202번지에 있는 운악산 정상(936m)과 능선을 포함하여 서북쪽으로 뻗어 내려가는 능선을 따라 축조한 산성이다. 둘레는 총 3,000m에 해당되는데 실제로 성을 쌓은 부분은 절반 정도이고 나머지는 단애를 그대로 이용하였다.

석축 상태는 보개산성보다는 못하고 명성산성보다는 좀더 나은 편이다.

보개산성 서벽

이 산성 역시 험준한 정상과 계곡에 쌓였다는 점에서 명성산성이나 보개산성과 유사하다. 또 성 안에 똑같은 대궐터가 남아 있으며 구전 또한 궁예가 왕건에게 패하여 북쪽으로 도주한 것으로 되어 있다. 2000년 육군사관학교는 지표조사를 실시하여 통일신라시대와 고려시대의 토기, 동경 등의 유물을 수습하였다.

운악산성 역시 궁예와의 관계라든가 축조 시기 등을 확인하기 위해서는 정밀조사가 필요하다. 명성산성이나 보개산성과 비교하였을 때 철원평야에서 가장 멀리 떨어져 있는 것이 특징이다.

보개산성은 포천시 관인면 중리 산 251-1번지에 있는 보개산 관인봉(655m)의 능선과 능선 서쪽 경사면에 축조되어 있다. 성의 둘레는 4.2km로 명성산성보다 두 배나 크지만 쌓지 않아도 될 절벽 위에도 모두 쌓았다. 그리고 성의 높이나 폭에 있어서 인접한 명성산성이나 운악산성과는 비교가 안 될 만큼 웅장하고 세심하게 축조되었다. 특히 서쪽 계곡 하단부에는 이중, 삼중으로 쌓아서 쉽게 성을 침입할 수 없게 하였다.

포천군 향토유적 제36호로 지정되어 있는 이 성은 궁예와 관련된 많은 구전을 가지고 있다. 우선 성 이름도 '궁예왕대각대성지弓裔王大閣垈城址'라고 불리기도 하였고 성 안에 대궐터, 우물이 모두 궁예가 사용한 것으로 알려져 왔다. 그러나 보개산성이 궁예가 쌓은 것이라고 기록한 문헌은 하나도 없다. 궁예 관련 전설은 명성산성의 경우와 거의 같아서 왕건에게 쫓기어 이곳에서 싸운 것으로 전해오고 있다.

보개산성을 명성산성과 비교해보면 궁예는 명성산성으로 가지 않고 보개산성으로 왔어야 할 것으로 보인다. 우선 명성산성은 산성 규모가 보개산성의 반이며 석축도 낮고 그리 높지 않은데 비해 보개산성은 규모도 크며 이 계곡에 많은 군사력이 들어갈 수 있다. 따라서 보개산성은 많은 인원이 오랫동안 쌓았을 것임에 비해 명성산성은 약간 엉성하게 쌓은 듯하다.

결국 이와 같이 웅장한 산성을 쌓는 것은 적당한 지방세력으로는 어렵고 전제적인 권한을 행사할 수 있는 힘을 가진 세력이어야 하는데 당시로는 궁예 이외에 이러한 대공사를 할 인물이 있어 보이지 않는다. 이렇게 험준한 계곡에 전례 없이 웅장한 산성을 쌓는 것은 단순히 진산에 성을 쌓는 개념을 넘어 유사시 국가나 왕, 관료들이 이 속으로 피신하여 버틸 수 있을 만큼 험하고 넓어야 했기 때문으로 보인다. 따라서 이 성은 전략적·정치적 용도의 산성으로 보아야 한다.

또 명성산성에서 언급한 궁예 관련 사서의 기록들도 보개산성의 경우에 더 잘 들어맞을 뿐 아니라 이곳 대궐터의 유물 또한 통일신라시대에 해당된다는 점 등으로 보아 이곳에서 궁예가 왕건과 대결하였을 가능성이 크다. 다만 산 전체로는 보개산보다 명성산이 더 높고 험하며 규모도 크다고 볼 수 있다. 명성산과 함께 이 보개산성 역시 정밀조사를 거쳐야 이 산성과 궁예와의 관계가 좀더 드러날 것이다.

표 1-1 철원 지역 성곽의 현황

| 번호 | 명칭 | 특징 | 둘레 | 위치 |
|---|---|---|---|---|
| 1 | 태봉도성 | 토성(평지성) | 외성 : 12.5km<br>내성 : 7.7km | 철원군 철원읍 홍원리 북방 비무장지대 |
| 2 | 중어성 | 평지성 | ? | 철원군 철원읍 대마리 |
| 3 | 동주산성 | 석성(테뫼식) | 800m | 철원군 철원읍 중리 산 2번지 |
| 4 | 월하리토성 | 토성(산성) | 600m | 철원군 철원읍 월하리 67번지 |
| 5 | 할미산성 | 석성(테뫼식) | 250m | 철원군 동송읍 장흥 4리 구수동 |
| 6 | 성모루토성 | 토성(평지성) | 150m | 철원군 동송읍 양지리 오목동 |
| 7 | 고석성 | 석성(포곡식) | 820m | 철원군 갈말읍 군탄리 |
| 8 | 명성산성 | 석성(복합식) | 2,000m | 철원군 갈말읍 신철원리 명성산 |
| 9 | 어음성 | 석성(테뫼식) | 400m | 철원군 갈말읍 문혜리 삼성동 |
| 10 | 토성리토성 | 토성(평지성) | 600m | 철원군 갈말읍 토성리 273-3번지 |
| 11 | 성산성 | 석성(복합식) | 980m | 철원군 김화읍 읍내리 성재산 |
| 12 | 성동리산성 | 석성(테뫼식) | 368m | 포천시 영중면 성동리 산 727번지 |
| 13 | 운악산성 | 석성(복합식) | 3,000m | 포천시 화현면 하현리 산 202번지 |
| 14 | 보개산성 | 석성(복합식) | 4,200m | 포천시 관인면 중리 산 251-1번지 |

## 궁예와 철원 일대의 성곽

앞서 언급한 철원 일대의 성곽을 참고로 하여 이들 성곽들이 궁예와 어떠한 관련이 있는지 검토하기로 한다. 궁예는 철원 지역에서 16년 정도 군림하였다. 그중에서 895년부터 898년까지 3년 동안은 구 철원(동송 북방)을 중심으로 활동하였고 나머지 13년(905년~918년) 동안은 구 철원에서 30리 북방에 위치한 풍천원 벌판에 도읍을 정하고 군림하였다. 궁예는 895년 화천과 김화를 거쳐 철원을 점령한 후 이듬해 이곳을 도읍으로 정하였다. 그러나 도읍을 정하였다고 해서 국가를 건설한 것은 아니었다. 하지만 궁예는 이 시기에 철원을 도읍으로 삼고 패서 지역과 임진강 일대, 한강 지역으로 진출하여 세력을 넓힘으로써 군사집단에서 정치세력으로 성장하였다고 보아야 한다.

한반도를 통합하려는 야심을 가졌던 궁예는 풍천원을 도읍으로 하는 전제국가를 건설하기 위하여 궁궐과 관아를 새롭게 건설하고 그 주위에 대규모의 도성을 쌓는 등 대토목 공사를 벌였다.

철원 일대의 14개 성곽 중에는 궁예가 쌓았다거나(또는 궁예대에 쌓였다는) 궁예와 관련이 있다는 문헌상의 기록이 있는 성곽이 4개 있다. 그것은 태봉도성, 동주산성, 고석성, 명성산성이다.

태봉도성은 이미 조선시대 지리서에서 누차 언급되었고 지도 분석과 현지답사를 통하여 문헌상의 기록이 실제와 일치함이 증명되었다.

동주산성은 고려시대에 쌓은 것으로 전해지고 있다. 그러나 895년 궁예가 철원성을 공격하였다는 기록이 있고 유물도 삼국시대로 거슬러 올라가는 만큼 궁예가 점령하기 전에 있었던 성이며 궁예가 철원 침공 시 이곳에서 전투가 있었다고 보아야 한다. 898년 송악으로 천도하기 전까지 궁예는 이 산성을 장악하였다고 보아야 한다.

고석성은 「조선보물고적조사자료」를 보면, 궁예대에 쌓은 것으로 기록되어 있으나 이는 1차 사료가 아닌 구전을 기록한 것으로밖에 볼 수 없다.

명성산성은 19세기 실학자 성해응이 『연경재전집』에 일찍이 궁예가 쌓은 것으로 기록하였으나 이 역시 구전되는 바를 적은 듯하다. 그러나 이 산성의 명칭이나 이곳에 깃들인 궁예왕 패주전설敗走傳說과 연계해볼 때 성해응의 기록은 신빙성이 크다.

이제 구전과 관계있는 성들에 대하여 알아보기도 한다. 이와 관련하여 제일 먼저 언급되는 산성은 보개산성, 명성산성, 운악산성이다. 이 세 산성은 모두 궁예가 왕건에게 패주하였다는 궁예왕 패주전설을 가지고 있다. 이뿐 아니라 대부분 700m 이상의 높고 웅장한 악산의 험준한 봉우리, 단애, 계곡을 포함하여 쌓은 포곡식 산성이다. 매우 험준하여 짐승들조차 오를 수 없는 곳에 쌓았던 것이다.

그리고 이 산성들은 다른 산성들보다 규모가 크다. 보개산성이 4.2km, 명성산성이 2km, 운악산성이 3km이다. 성의 둘레가 이렇게 크지만 실제로 성 내부는 경사가 급하여 건물을 지을 수 있는 평지가 아주 적은 편이어서 많은 사람이 장기적으로 성에 주둔하기는 어려운 편이다. 다만 건물터가 모두 한 곳씩 확인되었는데 이 건물의 명칭은 모두 '대궐터'이고 궁예가 머물던 곳으로 전해져 왔다.

세 산성의 이러한 공통점을 살펴보면 이 산성들은 단순히 마을의 조그만 진산에 쌓은 많은 삼국시대의 소규모 피난성이 아닌 침입세력이 쉽게 접근할 수 없게 하려는 의도에서 전략적으로 축조되었다는 것이다. 그렇다고 해서 궁예가 이 세 산성을 모두 쌓았다고는 볼 수 없다. 문헌이나 구전에서는 명성산성이 궁예와 가장 관계가 깊지만 축성술이나 성벽의 구조 등을 봐서는 오히려 보개산성이 궁예에게 더 필요한 대규모의 산성이 아니었을까 생각한다.

보개산성은 포천시 관인면 보개산에 축조되었는데 산성의 입지 조건은 명성산성과 거의 같다. 명성산성이 명성산 정상을 피하여 사람의 접근이 어려운 823m 고지와 그 고지에서 서쪽으로 뻗어가는 준험한 능선을 따라 축조되었고 서쪽 아래로는 계곡을 포함하는 산정식과 포곡식의 복합산성으로 축조된 것처럼 보개산성 역시 보개산의 정상 지장봉(877m)이 아닌 750m 고지와 이로부터 남쪽으로 뻗어 내려오는 능선을 포함하면서 서쪽 능선을 따라 내려와 계곡부를 포함하는 산성의 구조를 가지고 있다. 산 정상과 계곡을 포함한다는 형식은 계곡 부분의 성벽에 있다. 명성산성은 그 위치가 높고 가파른 곳인 반면 보개산성은 산 하단부 계곡 일대까지 성벽이 내려와 있다.

따라서 명성산성은 계곡부 문지門址 일대 역시 높고 험준하여 접근이 어려운 만큼 성을 크고 높게 쌓지 않은 반면 보개산성은 산 하단부 계곡으로 접근이 용이한 점을 차단하기 위하여 계곡 부분에 웅장하고 높은 석성을 쌓았을 뿐 아니라 성 내부로 접근이 용이한 남서 계곡부의 상류부 서벽에서 남벽으로 연결하여 내성을 쌓아 이중으로 침입을 저지하고 있다. 성벽은 일반적으로 서벽이 높고 두텁지만 절벽으로 연결된 동벽이나 남벽 역시 비교적 견고하고 치밀하다. 서벽 계곡 부근 능선에는 문지도 정연히 남아 있는 상태이며 건물지가 2곳으로 역시 대궐터라 불리며 고려시대의 기와편들이 수습되었다.

이와 같이 보개산성은 험준한 산과 능선, 계곡을 포함하는 둘레 4.2km의 대규모 산성이면서도 축성술 또한 뛰어나 우리나라에서는 드문 중세식 산성이다. 산성의 기능은 역시 명성산성처럼 강력한 정치·군사집단의 일시적 피난처와 이민족 침입의 대피처 역할을 한 것으로 보이며 이곳 일대의 구전과 문헌으로 봐서 궁예에 의해 축조된 산성으로 보인다.

이 성이 궁예가 쌓았을 것이라는 점은 여러 가지 면에서 신빙성이 있다. 그 이유는 첫째, 이 산성은 예로부터 '궁예성' 또는 '궁예왕대각대성지'라고도 불리워 궁예가 축조한 성으로 알려져 왔다. 둘째, 산성의 규모로 봐서는 인원 수만 명이 장기간에 걸쳐서야 축조가 가능한 것으로 보이는데 이 일대에서 강력한 왕이나 유사한 실력자가 아니면 이 성을 축조할 수 없었을 것이다. 철원평야 일대의 궁예 이외에 이러한 성을 쌓을 수 있었던 세력은 없었다고 보아야 한다. 셋째, 『삼국사기』나 『고려사』를 보면 왕건군사가 궁문으로 밀려 들어오자 궁예가 산림이나 암곡으로 피하였다는 기록이 있다. 이것은 산이 험준하다는 점에서 명성산에만 해당되는 것이 아니라 명성산성보다 가까우면서 견고하게 축조된 보개산성으로 먼저 피신하였을 것으로 볼 수 있다. 넷째, 이 산성은 마을 주민들이 일시적으로 피난해서 항전하기 위하여 우물이나 건물지, 평지 등을 갖춘 마을 근처의 조그만 산성이 아니다. 이 산성은 위치부터가 접근이 어려운 험준한 계곡과 정상에 쌓았으며 여러 사람이 사용할 평지나 큰 건물지도 없다. 따라서 이곳은 이 일대에서 가장 강력하였던 정치세력인 궁예가 유사시 일시적으로 병력과 함께 피신하기 위하여 쌓은 것으로 볼 수 있다. 그 외에도 이 일대에 전해오는 구전 또한 이 산성이 궁예가 축조한 것을 뒷받침하고 있다.

다음으로 보개산성에서 궁예가 왕건과 처음으로 전투하였다는 전설이다. 왕건 일파에 의해 정변을 당한 후 궁예는 바로 보개산성으로 피신하였지만 곧 왕건군사가 쫓아와 궁예가 있는 것을 확인하고 공격하였다. 결국 궁예는 역부족이어서 명성산으로 패주하였다. 이 구전은 철원 일대에서는 대개 통용되는 것이어서 『철원군지』에도 기록되어 있다. 그 외 보개산 남쪽 중리에 있는 '막터골'은 궁예가 진을 쳤던 곳이며 인근의 '느라떼기'는 궁예군사가 훈련받던 곳으로 알려져 왔다.

918년 정변 시 최초의 전투가 이 산성에서 있었다는 점을 고려하면 명성산성보다 보개산성이 오히려 궁예를 이해하는 데 더욱 중요하다고 볼 수 있다. 그러한 점에서 오늘날 점차 훼손되는 보개산성은 산성의 규모나 축성술 면에서 뿐 아니라 역사적 의의 면에서도 매우 중요한 의미를 가지는 만큼 당연히 국가 사적으로 지정하여 보존되어야 한다.

철원 일대의 성곽들은 거의 궁예가 쌓았거나 궁예대에 쌓은 것으로 전해지고 있다. 특히 유물이나 축성술 등으로 보아 삼국시대에 축조된 것으로 보이는 고성들도 단편적이든 복잡하든 간에 궁예와 관련된 전설을 간직하고 있다. 그러나 이 성들은 궁예가 쌓았다기보다 삼국시대에 축조한 성들을 일부 궁예가 활용하였다고 보는 것이 타당하다.

또 실제로는 궁예가 쌓지도 않았고 활용하지도 않았지만 정치세력이 강력한 궁예가 쌓았을 것으로 믿어버렸을 가능성도 배제할 수 없다. 즉 나쁘면 나쁜 대로, 좋으면 좋은 대로 이 지역 주민의 바람과 원망이 궁예에게 집중된 것으로 볼 수 있으며 산성들의 궁예 관련 구전도 그가 강력하게 전제왕권을 통치하였기 때문에 나온 것으로 보아야 한다. 그렇더라도 보개산성, 명성산성, 운악산성, 동주산성은 궁예와 관련이 매우 깊으므로 발굴조사가 가능한 빠른 시일 내에 실시되어야 한다. 또 이 산성들의 보존 대책에 대해서도 계획이 수립되어야 한다.

이러한 사업들은 철원군 혼자서는 감당하기가 쉽지 않다. 문화재청과 강원도 그리고 철원군이 상호 유기적인 노력으로 발굴·보존사업의 프로그램을 마련하고 그 프로그램에 맞추어 조사가 진행되어야 한다.


이제까지 철원 지역 성곽의 성격과 현황에 대하여 살펴보았다. 철원 일대에 있는 14개 성곽을 몇 가지 유형으로 구분하면 다음과 같다.

첫째, 전략적인 거점산성으로는 명성산성, 보개산성, 운악산성이 있다. 이 세 산성은 여러 가지 면에서 매우 비슷하다. 이 산성들이 위치하고 있는 곳은 매우 높고 험준하고 가파르다. 이 세 산성의 규모는 매우 크고 웅장하다. 즉 마을 뒤 진산에 축조된 삼국시대 산성이 아니라는 점이다. 대개 이러한 대규모의 산성 유형은 고려시대에 많이 보인다. 이민족의 침입이나 반란 등에 대비하여 깊은 산에 대규모로 쌓은 성으로 이 산성들은 통일신라시대와 그 이후에 축조된 것으로 볼 수 있다. 지형이 험준하여 평지가 거의 없는 만큼 건물을 지을 수 없기 때문에 장기적인 주둔과 농성은 어렵고 단기적으로 많은 인원이 일시해 피하였던 성으로 보인다. 반드시 산 정상을 포함한 것은 아니며 사람의 접근이 불가능한 절벽과 계곡을 포함하였다. 이러한 전략적인 거점 역할을 하였다는 점에서 궁예와 연결되며 이 세 산성이 궁예가 쌓은 것으로 전해져 왔고 궁예가 이곳에서 최후 결전을 한 것으로 볼 수 있다.

둘째, 평지성으로는 토성리토성과 성모루토성이 있다. 돌이 아닌 흙으로 쌓았으며 평지에 쌓은 성이다. 토성리토성은 방형이고 성모루토성은 일자형이다. 수습되는 유물로 보아 이 토성들은 삼국시대 이전에 쌓은 것으로 보인다. 토성리토성은 그 일대 지배세력의 근거지로 보이며 성모루토성은 들어

가는 입구를 막고 성 안을 통제한 것으로 보인다.

셋째, 삼국시대 피난성으로는 성산성, 동주산성, 어음성이 있다. 삼국시대 산성은 마을 뒤 진산에 쌓은 피난성이 일반적이다. 유사시 성으로 빨리 피하기 위하여 마을과 가까운 곳에 쌓았다. 성산성은 김화의 피난성으로, 동주산성은 철원의 피난성으로 보인다. 실제 유물들도 삼국시대의 것이 다수 수습되었다. 특히 성산성은 삼국시대 이후 조선시대까지 수차에 걸쳐서 중수하여 사용되었던 것으로 보인다.

넷째, 도성都城은 태봉도성이다. 도성은 국가의 도읍 주위에 쌓은 것으로 도읍성을 말한다. 태봉도성은 궁궐 주위의 왕궁성, 내성과 외성으로 구분되어 있다. 철원평야는 한반도의 중앙부에 해당되며 사통팔달의 교통 중심지이다. 궁예는 처음 철원평야로 진출하였을 때 구 철원을 도읍으로 정하고 3년 동안 통치하였다. 898년 송악으로 천도한 후 다시 904년 대동방제국의 꿈을 실현하기 위하여 구 철원이 아닌 이곳 풍천원에 새 도읍을 건설하였다. 내성과 외성은 같이 축조하였다고 보기 어렵고 내성을 먼저 축조한 후 외성을 쌓은 것으로 보인다. 내성 7.7km, 외성 12.7km의 규모는 당대에서는 보기 드문 대규모 성이나 당나라와 발해의 도읍을 참고하여 도성을 건설한 것으로 보인다. 도성의 정면은 금학산을 정면으로 바라보고 있어 자북으로부터 9.5° 동쪽으로 치우쳐 있다.

다섯째, 철원평야 외곽의 전초기지 산성으로는 성동리산성, 할미산성, 중어성이 있다. 이 성들은 철원평야로 들어가는 길목의 야산에 자리 잡고 있다. 산성의 규모나 둘레가 400m도 안 되는 조그만 산성이다. 산성의 규모가 작고 그 위치가 철원평야 진입로에 있다는 점에서 수십 명에서 수백 명 정도가 이곳에 주둔하며 진입하는 세력을 저지하였던 전초기지로 보인다. 이 성들은 축성법이나 유물 등으로 보아 삼국시대에서 통일신라시대까지 쌓은 것으로 추정되며 궁예가 철원 도읍지를 방비하기 위하여 쌓았을 가능성이 있다.

여섯째, 고석성은 한탄강의 절벽이 이 성의 서·남·북쪽을 휘돌아 가는 곳에 쌓은 포곡식 산성이다. 이미 『신증동국여지승람』에 언급된 고성이지만 축조술이 다소 조잡하고 또 축조하다가 그만둔 것으로 보이고 유물도 없는 점 등으로 보아 특정세력이 이 성을 활동의 근거지로 삼으려고 하였던 것이 아닌가 짐작된다.

끝으로 월하리토성은 철원 일대의 성곽 가운데 유례없는 성으로 궁예나 왕건의 사저를 보호하기 위하여 주위에 쌓은 것으로 보인다.

# 2장

# 철원 월하리 유적의 조사 결과와 성격 검토

유 재 춘

태봉은 후삼국의 한 나라로 고려의 전신이라고 할 수 있을 만큼 고려왕조의 성립과 매우 밀접한 관계를 가진 나라이다. 특히 삼국시대 이후 역대 왕조 가운데 유일하게 지금의 행정구역상 강원도 지역 내에 도읍하였던 나라이다. 고려왕조 성립의 역사적 의미를 상기할 때, 태봉의 역사적 의미 또한 과소평가할 수 없음에도 근자에 이르기까지 그 역사와 문화에 대한 조사와 연구는 크게 진전하지 못하였다. 그러나 최근 여러 연구성과의 축적과 사극 史劇〈태조 왕건〉의 방영 그리고 철원군의 역사 정립을 위한 노력에 힘입어 일반인의 인식도 크게 제고되었다.

그러나 그동안 관련 유적에 대한 조사와 정비는 큰 진전이 없었다. 이는 태봉의 도성都城이 비무장지대 안에 위치함으로써 남북 어느 쪽에서도 제대로 조사할 수 없었기 때문이다. 이러한 현실을 안타까워하기보다는 주변에 방치되거나 찾지 못한 유적이 있는가를 먼저 살펴보고, 이에 대한 조사와 정리를 해야 하지 않을까 생각한다.

이 유적과 관련하여 필자는 이미 「철원의 고려 태조 왕건 구택지설舊宅址 說에 대한 검토」라는 논문을 통하여 이 유적이 고려 태조 왕건의 사저私邸터였다는 조선시대 기록의 신빙성 문제에 대하여 살펴보았다.[1]

이 장에서는 철원 월하리 유적[2]의 조사 결과에 대해서 상세히 소개하고, 과연 이 유적이 태봉과 어떠한 연관이 있고 어떠한 가치가 있는지를 다각적으로 살펴보고자 한다.

## 월하리 유적의 위치와 주변 현황

유적의 행정적인 위치는 강원도 철원군 철원읍 월하리 67번지 일대이다. 동송읍에서 북쪽의 월정리 방향으로 가다가 도피안사를 지나 노동당사에 이르기 전에 왼편으로 마을이 있다. 이 일대가 월하리이며 월하리 북쪽의 산기슭에 위치한 월하분교(지금은 폐교)터가 바로 유적이 위치하고 있는 곳이다.

월하분교터는 본래는 조선시대부터 한국전쟁기까지 철원향교가 있던 곳 (주로 운동장의 동쪽 지대)으로, 한국전쟁 후 이 일대가 민통선 구역이 되면서 철원향교는 더 남쪽에 위치한 화지리에 건립되었다.

월하분교터는 입지상 매우 중요한 장점을 가지고 있다. 우선 사방의 군사 활동을 고려할 때 전략적으로 매우 유리하다. 북쪽으로는 평강, 남쪽으로는 영평과 포천, 서쪽으로는 연천과 삭녕, 동쪽으로는 김화를 거쳐 화천 또는 회양과 금성으로 연결된다. 또 주변 지형의 형태가 매우 특이하다. 주변이 모두 가파른 능선으로 둘러싸여 있고, 특히 전방의 좌우 능선이 건물지터를 감싸며 도드라져 있어서 군사적 활용에 아주 적합하다. 이 터를 활용한 집단은 분명 이곳 지형의 이러한 점을 간파하고 토성을 구축한 것이 분명하며, 이곳에 토성을 건설한 것은 결코 우연한 일이 아닌 것이다.

이 일대가 철원 지역에서 중요한 요충지라는 것은 적어도 조선시대 이후 관아지가 이 근처에 자리 잡았다는 것에서도 분명히 알 수 있다. 조선시대 철원의 관아지가 있던 곳은 향교 북쪽의 야산 기슭으로 월하리 유적지 북쪽 토성 벽에 올라가 보면 바로 앞에 보이는 곳이다. 또 월하리 유적지 북서쪽에는 동주산성이 자리 잡고 있다. 동주산성은 삼국시대에 이미 축조되어 적어도 고려시대까지는 철원의 입보산성으로 사용되던 곳이다.[3] 특히 고려시대 몽고 침입 당시에는 이 산성에서 치열한 전투가 전개되었다.[4]

한편 북쪽으로 펼쳐진 철원평야 북방에는 태봉 당시의 도성이 자리 잡고 있다. 따라서 이곳은 태봉 도성의 전면을 지키는 요충지이다. 그리고 이곳에서 북방으로 위치한 사요리四要里의 소이산所伊山(362m) 정상에 봉수지가 있는데, 이 봉수는 북쪽으로는 평강의 토빙산吐氷山 봉수대와 동남쪽으로는 할미산 봉수대(지금은 포천시 관인면)와 대응하고 있다.[5]


## 월하리 유적의 조사 내용

월하리 유적이 있는 곳은 조선시대에 철원향교가 자리 잡던 곳이다. 철원향교의 설치 연혁은 명확하지 않으나 조선왕조 초기에 이미 창건되었다가 임진왜란 당시 모두 소실되었다. 이후 1604년 중건된 이래 여러 차례 중·개수를 거쳤다. 또 일제강점 시기인 1915년 대성전과 동·서재, 명륜당을 증수增修하였고 해방 이후 북한 지역으로 편입되면서 건물은 고아원으로 사용되다가 한국전쟁 당시 완전히 소실되었다.

이 유적에 대한 시·발굴조사는 1960년대에 철원읍 화지리에 지은 철원향교를 원래 위치인 월하리로 복원·이전하기 위한 사업을 추진하는 과정에서 시행되었다. 2004년 강원대학교 중앙박물관에서 시행한 시굴조사에서 향교 건물지 유구가 지표하에 남아 있는 것으로 확인되었지만 조선시대 철원향교와 관련이 없는 유구와 유물이 다수 출토됨에 따라 향교 복원사업은 보류되었고 2005년 재차 발굴조사가 시행되었다.[6] 그에 대한 내용을 소개하면 다음과 같다.

2004년 월하리 구舊 철원향교터에 대한 시굴조사 결과 본래의 향교 건물

**철원향교터 건물지 유구**
맨 위쪽의 장대석은 철원향교 대성전 북쪽 기단석이며, 그 전면 트렌치 조사부의 적심 유구는 하부 건물지임.

지 아래 충위에 다른 건물지가 있는 것으로 조사되었으며 토기편, 청자편, 기와편, 초석礎石 등 고려시대 또는 그 이전의 다양한 유물이 출토되었다. 특히 기와편 가운데는 '寺' 명銘 인각문 기와편과 '…寺瓦' 명銘 와편이 출토되었으며 통일신라시대에 조성된 것으로 추정되는 팔각복련석등하대석 1기가 발견되었다.[7]

2005년 발굴조사는 두 가지 측면에서 시행되었다. 첫째는 향교 건물지 자체에 대한 조사이고, 둘째는 향교 건물지 서편 공간에 대한 시굴 트렌치 조사였다.

구 철원향교터에 대한 주 건물지 발굴조사는 전년도 기단석렬이 드러나면서 위치가 확인된 대성전터부터 시작하여 대성전 계단, 대성전 마당, 동무터, 동쪽의 담장터와 배수시설, 내삼문, 명륜당, 동·서재 구역으로 확장하면서 시행하였다.

조사 결과 대성전은 북쪽의 기단석렬이 양호한 상태로 남아 있는 것으로 확인되었다. 특히 동서 양쪽의 기단석은 남쪽을 향해 90°로 꺾어지고 있어 대성전 후면의 기단석렬임이 분명하였으며, 서쪽에서는 기단석 하나가 온전하게 이어지고 있음이 밝혀졌다. 대성전 위치에 남아 있는 주초석은 없었으나 노출된 기단석렬을 고려할 때, 대성전의 규모는 9칸 안팎이었다는 것으로 추정되었다. 그러나 발굴을 시행한 대성전터는 향교 폐기 후 군 시설물, 농경, 학교 시설 등의 조성으로 원래의 모습이 상당히 파괴된 상태였다. 노출된 적심을 기단석렬 및 토층과 연관하여 판단해볼 때, 향교 대성전과 직접 관련된 유구가 아닐 가능성이 높은 것으로 드러났다. 또 이 지역에서는 분청사기편, 백자편도 다수 출토가 되었으나 청자 및 조선시대 이전의 와편들이 상당수 출토되어 대성전 일대에는 이전 시기의 건물지가 존재하였을 가능성이 매우 크다.

남쪽으로 대성전이 끝나는 지점에서는 대성전 마당과 이어지는 계단의 일부 석재가 확인되었다. 이 주변은 석재들이 바닥에 깔려 있기도 하였다. 그러나 이 부석들이 대성전 마당에서 대성전으로 올라가는 계단 및 대성전 기단과 관련된 기초시설인지, 계단 좌우에 특별히 통로시설을 위한 시설물인지, 낙수 때문에 만든 시설인지, 아니면 그 이전의 유구인지는 좀더 살펴보아야 할 부분이다. 계단 석렬이 확인된 서쪽 편은 80cm 정도의 띠가 확인되는데 레벨로 보아 대성전 전면 기단석렬의 하부로 추정되고 있다(물론 기단석과 기초시설은 남아 있지 않다).

계단 남쪽은 대성전 마당에 해당되는 곳으로 현 지표에서 80cm 정도 아래에 해당된다. 이곳에는 한국전쟁 전후의 흔적인 탄피, 포탄의 잔흔들이 널려 있으며 석재도 이리저리 흩어져 있다. 이곳 중앙은 전년도 시굴조사 당시 시굴구덩이를 설정한 곳이기도 한데, 단면에서는 마당 바로 아래 층위에 석재

철원향교터 대성전 마당 지하 적심 유구

가 정형적으로 깔려 있는 것이 관찰되었다. 참고로 이 구덩이의 지표 아래 170cm 정도 되는 지점에서는 향교 이전의 시설인 적심과 석렬이 노출되었다. 초석을 설치한 자리로 보이는 적심은 대성전터 전면의 약간 동쪽 지점 지하에 위치하고 있으며 이곳에서 정남향 앞쪽에는 동서로 연결되는 기단석렬이 나타나고 있다. 지표 아래를 모두 조사하지 않고 향교 건물지 유구 지하의 일부 구역만 트렌치 조사를 하였기 때문에 전반적인 상황은 명확하지 않으나 향교 대성전터 바로 아래에도 적심 유구가 나타나고 있는 점으로 보아[8] 향교 시설이 있기 전에도 경사지에 기단층위를 조성하고 건물을 조성한 것으로 추정된다.

대성전 마당 조사 후에 서무터는 기존 시굴조사 내용과 동무터 조사를 통하여 대칭시키기로 하고, 대성전 및 마당의 동쪽 지대를 집중 조사하였다.

조사 결과 동무터와 관련된 석재들이 어느 정도 윤곽을 잡고 나타났으나 교란으로 말미암아 명확한 구조는 밝혀지지 않았다. 하지만 동무터 동쪽 밖은 담장시설이 있던 곳으로 확인되었다. 이 지역의 북쪽 부분은 시굴조사 시 '寺'자명의 명문 기와를 비롯하여 고려시대 이전의 와편들이 집중적으로 출토된 곳이다. 이곳도 대성전처럼 유구의 훼손이 많이 진행되었으나 더욱 정확한 것은 하부를 좀더 조사하여야 할 것으로 보인다.

내삼문이 위치하였던 곳은 석재가 어지럽게 흩어져 있고, 완만한 경사면으로 훼손된 상태였지만 명륜당에서 내삼문으로 진입하는 경사지에서 계단석 하나가 원위치 그대로 발견되었다. 좌우로는 기단을 만들기 위한 석렬들이 동서 방향으로 열을 맞추어 노출되었고 계단 위쪽으로는 계단석을 놓기 위한 기초시설들이 노출되었다. 내삼문 동쪽의 동무 건물지 남쪽 밖으로는 계단 형태로 조성된 유구가 노출되었는데 향교의 건물배치 구조를 고려할 때 유구의 용도를 판단하기 어렵다. 아마 향교 건축 이전에 사용된 건물의 유구일 가능성이 크다. 내삼문의 경우 주춧돌이 남아 있지 않고, 그 훼손이 심하여 정확한 규모는 파악이 불가능하지만 주초석의 적심이 2~3군데 남아 있다. 제자리에서 이탈된 주초석 3개가 남아 있어 대체적인 윤곽은 파악된다. 단, 내삼문 위치에 시기를 달리하는 유물들이 복합되어 있고, 내삼문의 구조와는 별개로 보이는 적심시설이 관찰되어 이전의 시설과 중복되고 있는 것이 아닌가 생각된다. 혹은 이전의 시설을 활용하였을 가능성도 생각해볼 수 있다. 내삼문 동쪽 끝에서는 동무터에서 확인된 것처럼 담장시설이 발견되었다.

내삼문 아래는 2m 남짓의 공간을 둔 다음에 명륜당 기단석렬과 이어졌다. 명륜당의 기단석렬은 후면과 서쪽 부분이 양호하게 남아 있는 것으로 확인되었다. 주춧돌 5개는 후면에서 동서 방향 일렬로 온전하게 남아 있으며(1개 멸실), 그 아래 열은 6개가 관찰되었다. 전면의 주춧돌 열은 현재 나타나지 않고 있다. 명륜당은 기단과 주춧돌 간격을 고려하면 10칸 규모일 것으로 추정되는데, 명륜당의 동서 양쪽은 구들시설을 위한 방고래가 정연하게 나타나고 있다.

명륜당의 후면 기단석은 일정한 모양이 아닌데, 기단석렬 중앙은 직경 30cm 정도의 석재로 이어 붙였고(이 길이는 내삼문 계단 좌우 길이와 비슷하다), 그 좌우는 화강암으로 길게 다듬은 장대석을 사용하였다. 또 명륜당 후면 기단에서 계단으로 이어지는 부분의 양쪽은 기와를 여러 개 연결시켜 계단의 양쪽 끝과 맞추었는데, 이는 명륜당에서 내삼문으로 올라가는 통로를 특별히 조성한 것으로 보인다. 명륜당의 주춧돌을 살펴보면 가장 후면의 가운데 2개는 둥글게 잘 다듬은 화강암을 배치하였다. 그 옆의 2개는 다듬지 않은 판판하고 큰 자연석재를, 가장 양쪽은 역시 다듬지 않고 바로 옆의 주촛돌보다 작은 것을 사용하였다.

명륜당의 전면 쪽 중심에서는 통일신라 시기의 직경 1.2m 정도 되는 팔각
복련석등하대석이 발견되었는데, 이 석등하대석은 현재의 위치 상태로 보아
향교가 있었을 당시에는 근처 다른 지점에 있다가 학교 부지 조성이나 운동
장 조성과정에서 이곳으로 밀려나온 것으로 보인다. 이 석등하대석의 본래
위치를 규명하는 일은 이곳에 남아 있는 향교 이전 시기 건물지의 성격이나
위치 등을 파악하는 데 매우 중요한 문제이다. 이곳에서는 석등 부재의 추가
적인 출토 가능성도 높기 때문이다.

명륜당터는 대성전보다 지대가 많이 낮아 삭토削土로 인한 훼손이 그나마
적어 대성전에 비해 건물지가 비교적 양호한 상태로 남아 있다. 그러나 동재
터의 경우는 1960년대 민가가 위치하였던 이유로 많이 훼손된 상태이다. 이
역시 정확한 것은 하부를 좀더 조사해야 한다.

명륜당 전면(남쪽)의 기단석렬은 할석으로 쌓은 것이 일부분 남아 있다. 중
앙은 명륜당 마당에서 명륜당으로 올라오는 계단이 있던 곳으로 계단석 밑
의 기초시설물이 남아 있고, 마당과 같은 레벨에서는 원형의 계단석이 노출
되었다. 계단 아래쪽은 명륜당 마당인데, 마당 남쪽으로는 현재 큰 은행나무

석등하대석
철원향교터에서 출토

가 있고 민가가 있어서 이에 대한 조치가 있기 전에는 조사 구역을 확장할 수 없는 상황이다. 이 일대는 이 건물지 유적에서 가장 낮은 지대이기 때문에 학교 부지나 운동장 조성과정에서 지표상에 노출된 각종 석재들이 매몰되었을 가능성이 크다.

명륜당 서쪽에서는 서재터 기단석렬도 일부분 노출되었는데, 장대석이 아닌 할석으로 조성되었다. 여기에서 서쪽으로 2m 정도의 공간(마당과 통하는 공간)을 둔 다음, 명륜당보다 약간 높은 위치에 할석으로 만든 기단석렬이 확인되는데 그 내부로는 주초석도 확인된다. 이곳 역시 향후 추가적인 조사가 필요하다.

한편 향교 건물지 서편(월하분교 운동장 서편)에 대해서는 시굴구덩이 5개를 8m×2m 크기로 남북 혹은 동서 방향으로 교차시켜 조사하였다. 그 결과 동쪽 방향에 위치한 시굴구덩이 2개 이외에서는 운동장을 만들기 위하여 다진 흙 바로 아래에서 기반암층이 부식된 지층이 확인되어 유적의 범위와는 차이가 있었다.

유구가 확인된 시굴구덩이 2개 중 첫 번째의 경우는 지표 아래 1.5m까지 조사하였다. 그 결과 정형성을 잃은 석재가 혼재된 것이 확인되었으며 백자와 청자류, 와편 등의 유물이 다수 출토되었다. 두 번째 시굴구덩이의 경우 층위는 첫 번째와 비슷하게 나타났고 구덩이 가운데 부분에서 직경 10cm 정도의 작은 돌들이 집중된 면이 나타났다. 이와 함께 조선시대 이전의 유물이 다수 출토되었다. 이 집중된 돌들의 성격을 구명究明하기 위하여 구덩이를 북쪽으로 5m 확장한바, 고려시대 이전의 질그릇과 와편들이 상당수 출토되었다. 더불어 흙은 다져진 것이어서 바닥 자체가 오래전에 사용된 것으로 추정된다. 노출된 돌들의 성격을 현재로서는 밝히지 못하였지만 시기가 오래된 인공적인 것임은 틀림없으며, 확장구덩이 동벽 쪽에서는 정형성을 보이는 석재들이 2군데에서 노출되었다. 한편 동벽 중간 지점에서는 조선시대와 고려시대 와편과 백자편 등의 유물이 집중되어 또 다른 면을 보여주었는데, 이 시굴구덩이에서 나타난 유구들의 성격에 대해서는 좀더 조사해야 한다.

2005년 발굴조사에서는 향교에 사용되었거나 그 이전 시기의 건물지에 사용하였던 것으로 보이는 다량의 석재가 수습되었다. 반치석한 초석이 3개 수습되었다. 이 중 가장 큰 것은 상부 지름 65cm, 하부 길이 92cm, 높이 57cm에 이르는 초대형 초석이다. 그리고 전체를 치석한 초석은 모두 8개가 수습되었는데 크기는 대다수가 상부 지름 51cm 전후이다. 자연석을 그대로 사용한 초석은 수십 개에 이른다. 이 가운데 비교적 대형에 속하는 것들은 11개이다. 그 가운데 가장 큰 것은 87cm×65cm에 이른다. 기타 장대석 6개 (자연석 4개, 화강암 치석 2개)와 수백여 개의 크고 작은 석재가 수습되었다.

발굴과정에서 많은 토기와 도자기편이 수습되었다. 토기와 도기는 삼국시대의 것으로 보이지만 대부분은 통일신라시대 이후의 것으로 추정된다. 자기는 청자(녹청자 포함), 분청사기와 백자가 주를 이루고 있다. 청자는 초기 형태의 모습을 볼 수 있는 것들이 나타났으나 양적으로는 많지 않았다.[9] 기타 동물 모양을 만들어 붙인 이형의 분청사기와 백자편도 다수 출토되었는데 대부분이 제기祭器의 용도로 추정된다. 이외에도 중국 자기편과 용도를 알 수 없는 대롱(토제土製 및 자기), 많은 분량의 분청사기, 백자편, 질그릇편, 옹기편 등과 일제강점기 및 한국전쟁 직후에 쓰인 것으로 보이는 자기도 상당수 수습되었다. 주로 조선시대 이후의 도자기편이 출토된 것은 본 발굴 목적의 성격상 향교 건물지 층위를 중심으로 발굴 작업이 이루어졌기 때문이라고 할 수 있다.

이번 발굴조사 과정에서 가장 많이 수습된 유물은 기와편인데, 통일신라시대 것으로 추정되는 선문 기와부터 고려와 조선시대의 것까지 다양하였다. 현재 수습된 기와의 문양과 형식은 수십 가지이며, 수막새 기와도 1점 출토되었다. 특히 앞서 언급한 것처럼 일부 기와에는 '寺' 인각문과 '寺瓦'·

명문 기와
철원향교터에서 출토

'王'·'天' 등의 명문이 새겨 있다.

기타 유물로 가장 주목되는 것은 팔각복련석등하대석이다. 이 석등하대석은 복련을 양각하고 측면에는 안상을 새겼다. 당초에 귀꽃이 조각되었으나 훼손되어 모두 떨어져 나갔다. 현재 남아 있는 석등하대석 가운데 규모가 매우 크므로 이것이 사찰에 설치된 것이든지 아니면 사택에 설치된 것이든지 여부에 상관없이 그곳의 격格을 짐작하게 하는 유물이라고 볼 수 있다. 이외에 목재나 문고리, 못, 칼, 돌저귀, 비녀 등의 다양한 철제유물이 출토되었다. 그리고 향교터를 둘러싸고 있는 토성에 대한 지표조사에서 갑옷쇠비늘 1점이 수습되었다.[10]

구 철원향교터가 위치한 곳은 동주산성 북쪽 방향에서 내려온 지맥이 좌우로 갈라지면서 생긴 오목한 지대여서 풍수지리적으로도 매우 우수한 지점이라는 것을 쉽게 알 수 있다.[11]

구 철원향교터 주변에서는 다양한 시기의 기와편과 도자기편 등이 다량 수습되었다. 향교터 앞의 월하리 마을 일대에서는 정교하게 치석한 초석을 비롯하여 장대석 및 일반 치석된 석재, 돌절구, 확돌 등이 다수 남아 있는 것을 확인되었다. 특히 초석의 경우는 일반 자연석을 간단히 반치석한 초석부

갑옷쇠비늘
월하리토성 동벽에서 출토

터 정교하게 등비사다리꼴로 치석한 초석 등 다양한 형태의 것이 남아 있다. 물론 이 석재 가운데는 다른 곳에서 반입된 것도 있으나 대체로 이미 오래전부터 이 주변에 흩어져 있던 것들이다. 즉 객관적으로 보아 향교에 쓰인 석재라고 보기에는 양적으로 매우 많은 석재가 흩어져 있고, 초석이나 장대석 같은 경우도 여러 가지 형태를 하고 있어서 이러한 석재들이 모두 향교와 동일한 시기에 사용된 것이라고 보기에는 어렵다.

특히 향교터 주변을 토성이 둘러싸고 있다는 사실이 2005년 강원대학교 중앙박물관에서 이곳에 대한 발굴조사를 진행하는 과정에서 처음으로 밝혀졌다.[12] 2005년 향교를 감싸고 있는 주변 봉우리와 능선을 조사한 결과 산정상에 커다란 냇돌이나 와편, 도기편들이 산재되어 있었고 향교터 일대를 감싸고 있는 능선을 따라 토성(전체 길이 약 700m 추정)이 축조되어 있는 사실이 새롭게 확인되었다. 향교터 뒤편의 능선은 군사시설물 조성으로 많이 파괴되었으나 동쪽의 봉우리와 남서쪽의 능선에는 명확히 토성의 흔적이 남아 있다. 특히 남서쪽 능선에는 능선 양편을 가파르게 삭평하여 조성한 토성 유구가 명확히 남아 있으며, 북벽에는 능선을 절개하고 조성한 성문터가 남아 있다. 또 동쪽 끝 회절지점에 있는 봉우리 위에는 장대나 망루와 같은 어떠

월하리토성 서벽

한 시설물이 있었다. 토성의 구조로 보아 현재 향교터로 진입하는 도로 어느 지점에 성문터가 있었을 것으로 추정되며, 이 일대는 토성에서 가장 낮은 지점이기 때문에 높게 석축으로 시공하였을 가능성이 있다.

또 대성전 뒤쪽의 산기슭에는 경사가 완만한 지대가 있는데, 콘크리트 옹벽을 시공하기 전에는 이 완만한 경사지대가 더 넓었을 것으로 추정되며 이곳에도 건물지가 있었을 가능성이 크다.

이상의 조사 내용을 종합해보면 몇 가지 사항으로 정리할 수 있다.

첫째, 월하리 유적지에는 철원향교 건물지인 대성전과 동서 양무兩廡를 비롯하여 내삼문, 명륜당, 동·서재 등의 향교 건물 유구가 부분적으로 훼손되었지만 대체로 전체 건물배치 상황을 파악할 수 있을 정도로 남아 있다는 사실이 확인되었다.

둘째, 대성전 마당 부분의 하부층위와 건물지 서편의 시굴 트렌치 조사에서 명백히 철원향교를 건축하기 이전 시대의 다른 건물지가 있는 것으로 확인되었다. 이것은 대성전터, 내삼문터 등에서도 부분적으로 나타났다. 특히

월하리토성 북벽

대성전 마당에 설정한 구덩이에서는 향교 이전의 적심시설, 석렬 등이 확인
되었다. 명륜당터에 위치한 통일신라 시기의 팔각복련석등하대석, 조선시대
이전의 와편과 청자 등의 유물은 이러한 향교 건축 이전의 건물지 존재를 뒷
받침한다. 다만 사찰 건물지와 별개의 건물지인지 아니면 그 일부인지는 아
직 명확하지 않다. 그러한 점에서 석등하대석의 본래 위치가 어느 지점이냐
는 것도 매우 중요한 문제이다. 석등하대석은 향교 명륜당터 전면부前面部에
서 발견되었는데, 이에 대한 기존의 기록이나 신빙성이 있을 만한 구전口傳
은 남아 있지 않다.[13] 이 석등하대석은 향교가 존치되었을 당시에는 명륜당
터가 아닌 다른 지점에 있다가 이곳으로 이동된 것이다. 즉 근처 어딘가에
있다가 학교 부지나 운동장 조성과정에서 이곳으로 떠밀려온 것이다. 현재
로서는 이것이 학교 건물터를 삭토하는 과정에서 밀려온 것인지 아니면 학
교 운동장 조성과정에서 산기슭을 깎아내리면서 밀려온 것인지는 알 수 없
다. 그러나 향교 건물이 존치하였을 시기인 한국전쟁 이전 시기에 지표에 노
출되지 않았을 가능성이 높다. 아마 이 석등하대석이 지표상에 노출되었다

면 기존의 유적조사 기록이나 기타 구전에 전혀 나타나지 않을 수가 없다.

셋째, 이곳에 사찰이 위치하였을 가능성이 높다는 것을 말해주는 유물들의 출토이다. 기와편 가운데는 고려시대 이전의 것으로 '寺' 銘銘 인각문 기와편과 '…寺瓦' 銘銘 와편 등 사찰과 관련된 유물이 출토되었다. 특히 통일신라의 것으로 추정되는 팔각복련석등하대석 1기가 명륜당터에서 발견되었다. 이는 그 명확한 연대는 알 수 없지만 이 터가 통일신라시대의 불교사원과 관련된 어떠한 건물이었을 것이라는 가능성을 말해준다. 물론 '寺' 銘銘 기와가 반드시 사찰에만 쓰였다고는 할 수 없고, 석등하대석 역시 사찰과의 연계성만을 이야기할 수는 없다. 그러나 일단 상식적으로 추정한다면 이곳은 고려가 성립하기 이전 시대에 불교사원이 있었던 것으로 보는 것이 타당하다. 다만 이곳에 사찰이 있었다고 할 때 왕건 사택터였다고 하는 것과는 어떻게 상호 연결시켜 설명할 수 있을 것인지, 또 궁예와는 전혀 관련이 없는 곳인지 하는 것에 대한 검토가 필요하다. 특히 세달사에서 성장하여 중부지역에서 봉기한 기훤·양길에게 가담한 궁예를 불교세력의 일부로 본다면[14] 궁예가 왕건보다 먼저 월하리 유적지를 찾았을 가능성도 있다. 그리고 발굴조사에서 이곳에 사찰이 있었던 것이 확인된 만큼 앞으로 태봉 당시의 '왕창근 거울 사건'과 관련되어 있는 '발삽사教颯寺'와의 관련 가능성도 살펴볼 필요가 있다.[15]

넷째, '王'·'天' 등의 명문 와편과 고급 청자편의 출토이다. 명문 와는 향후 이 유적을 해석하는 데 여러 가지 중요한 단서가 될 수 있다. 또 고급 청자편의 출토는 이 일대에 고려시대 상류층과 관계된 어떠한 시설이 있었던 것이라고 추정할 수 있다. 이곳이 고려 태조 왕건의 사택터라는 가정하에서 이러한 유물에 대한 해석은 비교적 명료할 수 있지만 아직은 충분한 발굴조사가 시행되지 못한 상태라서 단정적인 판단은 무리이다.

다섯째, 향교터 주변에 대한 지표조사에서 나타난 성과이다. 발굴조사 과

정에서 주변에 대한 지표조사 결과 토기, 도자기, 기와편, 주초석, 장대석, 돌
절구 등 다양한 유물이 월하리 마을 일대에 광범위하게 산재해 있다는 사실
이 확인되었다. 특히 지금의 향교터를 감싸고 있는 능선을 따라 토성이 구축
된 사실이 발굴조사 과정에서 새롭게 확인되었다. 토성의 존재는 이곳 건물
지 유적의 성격과 매우 밀접한 관련이 있는 것으로 볼 수 있다. 그러한 점에
서 이곳 월하리 유적지가 고려 태조의 구택지라고 하는 조선시대의 기록은
의미하는 바가 크다. 만약 왕건이 이곳에 거주하였다고 한다면 그 당시 정황
으로 보아 상당수의 사병을 거느렸을 것은 분명하다. 따라서 거주하는 사저
주변에 어떠한 방어시설을 구축하였을 것이라는 점은 쉽게 납득할 수 있다.
이는 궁예가 철원으로 천도하기 전에 왕건을 철원태수로 임명하였다는 것과
도 연계해서 보아야 한다. 당시의 상황으로 보면 호족으로서 왕건이 이곳에
단출하게 식솔만 데리고 왔을 리가 없다. 이러한 사실이 아직 그간에 전해온
'태조왕건구택지설太祖王建舊宅址說'을 충분히 입증할 만한 것은 아니지만
향교터 주변에 있는 토성의 존재는 그러한 가능성에 한걸음 더 다가갈 수 있
는 근거가 될 수 있다. 또 『삼국사기』를 살펴보면, 왕건이 홍유·배현경·복
지겸·신숭겸 등에 의해 사저에서 왕으로 추대될 당시 그는 태봉도성 가까
이에 살고 있었던 것이 분명하기 때문에 이미 수백 년 전부터 전해오는 향교
터가 고려 태조 왕건의 구택지라고 하는 설은 사실일 개연성이 높다.[16]


## 월하리 유적지 관련 문헌기록의 검토

철원군 철원읍 월하리의 구 철원향교터에 대해서는 매우 흥미 있는 기록
이 이미 오래전부터 있었다. 그 내용인즉 이곳은 고려 태조 왕건이 태봉에서
관직을 지낼 당시의 사저터라는 것이다. 그러한 기록은 조선 중종대에 편찬
된 『신증동국여지승람』에 이미 나타나 있으며,[17] 1657년 철원향교를 중건할

당시 백헌 이경석이 작성한 「철원부향교중신기鐵原府鄕校重新記」[18]에서도 "향교는 고려 태조의 용잠시유기龍潛時遺基이다"[19]라고 하여 향교터가 태조 왕건이 국왕이 되기 전에 살던 곳이라는 사실을 기록하고 있다.

물론 『신증동국여지승람』의 편찬이나 이경석이 기문을 작성한 시기가 태조 왕건의 생존 시기와는 시간적 격차가 크지만, 왕건이 거주한 곳이었다면 고려왕조 내내 어떠한 방식으로든지 그 터가 보존되어 왔을 가능성이 크기 때문에 그 내용이 줄곧 민간에 전해왔거나 아니면 다른 기록을 통하여 그 내용이 전해지다가 조선시대의 지리지나 기타 기록에 나타난 것이라고 볼 수 있다.

기록 내용은 차이가 없지만 이러한 내용은 후대의 지리지에서도 계속 기록되어 『여지도서輿地圖書』에서는 향교터에 대하여 "本高麗太祖仕弓裔時舊宅墻垣遺址尙存(본래 고려 태조가 궁예에게서 벼슬할 때의 구택인데 담장과 그 유지가 아직도 남아 있다)"라고 하여 『신증동국여지승람』의 내용을 그대로 기록하고 있다.[20] 이러한 기록 내용은 그 후에 발간된 여러 지리지에도 계속 이어지고 있다.[21]

특히 일제강점 초기에 철원공립보통학교장 대삼정길大森政吉이 작성한 향토 사료집의 「원군」편을 보면, 기존의 기록에 한 가지 더 보태어 조선시대에 와서 이 터에 남이장군이 살았다고 적혀 있다.[22]

이러한 여러 기록을 검토해보면 두 가지 점에서 시사하는 바가 크다.

첫째, 백헌 이경석이 작성한 「철원부향교중신기」에서, 향교터가 태조 왕건이 왕이 되기 전에 살았던 터라고 하는 부분에 있어서 어떠한 추정이나 전문傳聞의 내용이 아니고 매우 단정적으로 기록하고 있다는 점이다. 이는 당시 이경석이 그럴만한 어떠한 근거가 있었던 것이 아닌가 생각된다. 즉 통상 불확실한 전승 내용을 기록할 때 쓰는 '속전俗傳' 등의 어투를 사용하지 않았다는 것이다. 이는 『여지도서』의 기록에서 "그 유지(집터)가 아직 남아 있다"라고 한 대목과 연계해보면 왜 이경석이 "이곳이 태조 왕건의 용잠시유기"라고 하였는지 짐작된다.

둘째, 『여지도서』에 "장원유지상존墻垣遺址尚存"이라고 기록되어 있다는 점이다. 즉 왕건 구택터의 담장과 유지가 아직도 남아 있다는 것이다. 이는 옛터에 향교를 창건하였으면서도 왕건이 살았다고 하는 집터 유적이 상당 부분 그대로 보존되었다는 것을 의미한다고 볼 수 있다. 이 때문에 당시까지만 하더라도 향교 주변에 그 구택터가 어느 정도는 그대로 있었던 것이 아닌가 생각된다.[23] 즉 "장원유지상존"이라는 부분은 당시 그곳의 현황을 매우 간략하게 설명하고 있는 대목이라고 할 수 있다. 그렇다면 이 기록은 도대체 어떠한 상황을 묘사하였던 것일까?

우선 '장원墻垣'에 대하여 검토해보면, 장원은 간단히 말해 담장을 뜻하는 것이지만 삼간초옥三間草屋의 돌담을 뜻하는 말은 아니다. 즉 매우 장대한 담을 뜻하는 데 쓰이는 말이다. 특히 경우에 따라서 '원垣'은 성벽을 뜻하기도 하는데, 아마 장원은 주변을 넓게 둘러친 담장과 같은 어떠한 유구를 가리키는 말이었을 것으로 생각된다. 그러한 점에서 향교터 주변을 둘러싸고 있는 토성을 주목할 필요가 있다. 지금은 많이 파괴되고 인멸되었지만 향교터를 둘러싸고 있는 능선을 따라 토성이 명백히 남아 있으며, 지금은 그러한 내용이 기록된 시기로부터 300년 가까이 지났다는 것을 감안하면 당시에 남아 있었다고 하는 장원은 토성을 가리키는 것일 가능성이 매우 크다. 향교터 뒤편에 능선을 절개하고 만든 문터나 능선을 따라 여러 곳에서 발견되는 기와편 등을 보면 당시에는 상당한 정도로 토성이 남아 있었을 것이고 충분히 이를 '장원'이라고 인식할 수 있다.

다음으로 '유지'가 남아 있다고 하였는데, 이것이 무엇을 뜻하는 것인지 살펴볼 필요가 있다. 2004년 향교터에 대한 시굴조사와 2005년 발굴조사를 통하여 조선시대 철원향교 건물지 하부에 이전 시대의 건물지가 있다는 사실은 명백히 밝혀졌다.[24] 그러나 당시는 이 자리에 이미 향교가 들어섰던 시기이기 때문에 이러한 하부 건물지를 가지고 '유지'라고 하지는 않았을 것이다. 이는 향교 주변에 '유지'라고 여길 만한 어떠한 뚜렷한 형적이 있었기 때문에 그렇게 기록하였을 것이다. 그렇다면 뚜렷하게 남아 있던 형적은 도대체 무엇이었을까?

이 문제는 간단하지 않다. 그러나 두 가지 점에 대해서 해석할 수 있다.

첫째, 현재 향교터 앞의 월하리 마을 일대를 조사한 결과 정교하게 치석한 초석을 비롯하여 장대석과 일반 치석된 석재, 돌절구, 확돌 등이 다량으로 남아 있다는 사실이다. 물론 이 석재들 중에는 다른 곳에서 반입된 것도 있으나 대체로 알 수 없는 시기부터 이 주변에 흩어져 있던 것들이다. 객관적으로 보아 향교에 쓰인 석재라고 보기에는 양적으로 매우 많은 석재가 흩어져 있다는 점이다. 즉 이러한 석재는 18세기 전반 '유지'라고 여겨졌던 지표상의 유구가 파괴되어 흩어진 결과일 가능성이 크다.

둘째, 발굴과정에서 명륜당터 위에서 발견된 석등하대석의 본래 위치 문제이다. 석등하대석이 명륜당터 상부에 놓여 있었다는 것은 향교가 소실된 후 복토과정에서 석등하대석이 이곳으로 밀려오게 되었다는 것을 뜻한다. 1960년대 말 이 일대에 초등학교가 들어서면서 향교터 서편에는 학교 건물이, 향교터 일대에는 운동장이 조성되었다. 이 과정에서 지대가 높은 대성전터 일대는 삭토되었고 그 외의 내삼문 일대와 명륜당터 일대는 모두 복토되었다. 이 석등하대석이 다른 곳에서 반입되었을 가능성은 매우 희박하고 향교가 온전할 당시 이 일대에 있었던 것은 틀림없다. 다만 그것이 지표상에 드러났는지 아니면 지표하에 매장되었는지는 명확하지 않다. 그러나 유지라고 여겨졌던 그 뚜렷한 형적에 이 석등하대석이 포함되었을 가능성은 있다고 생각한다.

그렇다면 『삼국사기』에는 왕건의 사저와 관련된 기록이 없는 것일까? 『삼국사기』에는 왕건의 사저와 관련된 직접적인 기록은 없다. 물론 왕건이 본래 개성 사람이기에 그곳에 그의 저택이 있었을 것은 분명하지만 궁예에게 귀순한 이후로는 사정이 달라진다. 즉 왕건은 철원태수에 임명되었을 뿐 아니라[25] 그 후 계속 궁예정권하에서 승진하여 시중侍中까지 지낸 인물이므로 왕건의 사저가 태봉도성 근처에 있었을 것은 분명한 것이다. 게다가 왕건은 부장들에 의해 국왕으로 추대될 당시 분명 '사제私第'에 있었다.[26] 또 왕건이 추대를 수락하고 그의 여러 장수가 그를 호위하고 문밖으로 나와 '왕공王公이 이미 의기義旗를 들었다'고 외치게 하니 전후로 달려와 따르는 자가 얼마인지 알 수 없을 정도였으며, 또 먼저 궁성문으로 가서 떠들썩하게 떠들며 기다리는 자 역시 1만여 명이었다고 한다. 이 대목을 통하여 왕건의 국왕 추대가 그의 부장들에 의해 매우 주도면밀하게 이루어졌음을 알 수 있지만, 왕건 사저에 많은 사람이 몰려왔고 또 다른 사람들은 이미 궁성문에 도착하였다는 것을 보면[27] 왕건의 사저가 태봉도성에서 그다지 멀지 않은 곳에 위치하였다는 것을 짐작할 수 있다.

그렇다면 왕건은 사저터를 언제쯤 정한 것이었을까? 이와 관련해서는 왕건이 궁예에게 귀순한 직후에 철원태수에 임명되었다는 것을 주목할 필요가 있다. 군사적 긴장이 한껏 고조된 시기에 철원태수로 임명된 왕건은 일반적인 주택에 거주하지는 않았을 것이다. 그는 일개 관리로 태수에 임명된 것이 아니기 때문에 상당수의 직속 부하를 거느렸을 것이라는 점은 쉽게 짐작할 수 있다. 또 당시 왕건의 거주지는 철원을 다스리는 관아 기능을 동시에 가졌을 가능성도 충분히 있다. 이러한 점을 고려할 때, 그가 거주지에 대한 방비를 소홀히 하였을 리가 없다. 왕건의 구택지라고 알려진 철원향교터 주변에 토성이 존재하는 것은 그러한 점에서 시사하는 바가 크다.

이제까지 철원군 월하리 일대의 유적에 관한 조사 내용을 살펴보았다. 이 유적은 두 차례의 발굴조사를 통하여 다양한 유물과 유구가 확인되었지만 그 성격에 대하여 명확히 판단하기는 아직 이르다.

그러나 이미 조사된 유물이나 유적, 문헌기록 등을 종합해보면, 이곳에는 적어도 통일신라시대와 고려시대의 건물지가 있었던 것은 명백한 사실이다. 향교 이전의 건물지가 당대에 과연 어떠한 시설이었는지는 아직 분명하지 않지만 한때는 사찰이 있었던 것으로 보인다.

또 유물이나 주변 토성 등의 현황을 살펴보면, 태봉 당시 왕건이 거주하였다고 하는 조선시대의 기록이 사실일 가능성도 매우 높다.

문헌기록을 검토해보면, 부장들에 의해 국왕으로 추대될 당시 왕건은 태봉도성에서 그렇게 멀지 않은 곳, 즉 철원에 거주하였고 이곳은 왕건이 건녕乾寧 연간(894~897년)에 궁예에게 귀순한 직후 철원태수에 임명되면서 철원에 와서 자리 잡은 곳일 가능성이 크다. 또 당시 왕건의 거주지는 철원을 다스리는 역할을 하였을 가능성도 충분히 있다. 이러한 점을 고려하면 왕건은 거주지에 대한 방비에 소홀하지 않았을 것이며, 그의 '구택지'라고 알려진 철원향교터 주변에 토성이 존재하는 것은 그러한 점에서 매우 의미 있고 중요한 유적이다.

또 이곳은 궁예가 처음으로 철원에 입성한 이후 인연을 맺은 곳일 가능성도 있다. 더구나 이곳에 사찰이 있었다는 점과 궁예가 사찰에서 성장하였다는 것을 고려하면 더욱 그러하다. 궁예가 철원을 세력의 근거지로 정한 시기는 정확하지는 않지만 『삼국유사』 기록에 의하면 896년이다.[28] 이후 송악으로 옮겼다가 다시 905년 철원에 도읍을 건설하고 다시 옮겨왔다. 지금 비무장지대에 남아 있는 태봉도성은 905년 철원에 도읍을 옮겨오면서 건설한 것이라고 여겨진다. 그렇다면 그 이전에 궁예정권이 철원에 세력 근거지를 가지고 있을 당시 근거지는 어느 곳이었냐는 것을 생각해볼 필요가 있다.

월하리 유적지는 그 유력한 후보지 가운데 하나이다. 그러한 점에서 월하리 유적은 매우 중요한 곳이며, 향후 면밀한 조사와 연구가 필요하다.

또 왕건이 국왕으로 추대될 당시 거주하였던 사저는 궁예정권이 몰락하고 고려왕조가 시작된 곳이라고 하는 역사적 의미가 매우 깊은 장소이다. 더구나 태봉과 고려는 상호 별개의 나라가 아니라 상호 계승관계에 있다는 점에서도 의미가 매우 크다. 따라서 이곳은 태봉의 많은 역사·문화 유적 가운데 가장 의미 있는 곳 중의 하나이며, 향후 순차적인 조사와 연구를 통하여 정비할 필요가 있다.

# 3장

# 태봉 지역 불교미술에 대한 시고試考

최 성 은

오늘날 경기도와 강원도 일원의 중부 지역에 산재한 석불과 마애불 가운데는 나말려초에 조성되었다고 추정되는 불상들이 적지 않다. 이 불상들은 한반도 불교문화의 중심이 신라의 수도 경주 일대에서 고려의 지배지역으로 이동한 나말려초에 사찰경영과 조상활동이 활발하였음을 알려준다. 그런데 나말려초 혹은 후삼국시대라고 불리는 이 시기에 중부 지역의 지배권이 신라에서 태봉 그리고 고려로 넘어갔다는 점을 상기하면 이곳에 현존하는 석불과 마애불의 일부는 고려에 앞서서 20년간 지속되었던 태봉과도 관련이 있을 것이라는 생각이 든다. 다만 태봉은 그 존속 기간이 매우 짧았고 왕건의 즉위 후에는 별다른 자취를 남기지 못하고 역사 속으로 급속히 사라졌기 때문에 태봉의 불교미술을 추적한다는 것이 거의 불가능한 상황이다.

그러나 태봉은 10세기 초에 후삼국 가운데 가장 넓은 영토를 차지하였고, 그 기간 궁예 자신의 종교적인 성향 때문에 적지 않은 불사佛事가 이루어졌을 것으로 생각된다. 문제는 지금까지 명문銘文을 통하여 태봉[1]시대에 조성된 것으로 확인된 불교미술품이 아직 1점도 조사된 것이 없고 구체적인 내용을 알려주는 문헌기록도 전하지 않는다는 점이다. 그러므로 지금으로는 단편적인 문헌기록에 나타나는 불교 관계 기사를 기초로 당시의 불교미술의

일면을 유추해보고, 중부 지역에 현존하는 나말려초 불교조각 가운데 양식
적으로 10세기 초 무렵으로 편년될 수 있는 작품들을 중심으로 태봉의 불교
미술을 살펴보는 데 그칠 수밖에 없다.[2]


## 태봉시대 불교미술의 성격

태봉시대의 미술문화에 관한 문헌자료는 전하는 것이 거의 없으나 『삼국
사기』와 『고려사』에 실린 '고경문古鏡文 사건'에 대한 기록은 당시의 불교와
불교미술의 성격을 알려주는 자료로서 주목된다.

태봉泰封 정개政開 5년(918년)에 왕창근이라는 당唐의 상인이 사발(磁椀)과 거울
(古鏡)을 들고 옛날 의관衣冠을 입은 어느 노인에게서 거울을 샀는데 거기에는 왕
건의 등극登極과 삼국통일을 예언하는 시詩가 쓰여 있었다. 왕창근은 이것을 궁
예에게 알렸는데 조정의 문인들이 화가 미칠까 두려워 그 글의 내용을 제대로 해
석하지 않고 적당히 꾸며서 고하였다. 궁예가 유사有司에게 명하여 창근과 함께
거울의 주인을 찾게 하였으나 찾을 수 없었고 오직 철원(東州) 발삽사勃颯寺 불당
佛堂의 치성광여래熾盛光如來 불상 앞에 진성소상鎭星塑像이 그 사람의 형상과
같고 그 좌우 손에는 역시 도마와 거울을 들고 있었다고 한다(『고려사』권1 세가1
태조1).[3]

이 기록은 태봉에서 조성된 치성광여래와 그 권속眷屬인 오성五星 혹은 구
요九曜·이십팔수二十八宿 등의 소조상군塑造像群이 철원(東州) 발삽사에 봉
안되었음을 알려준다. 치성광여래(Vikīrṇoṣṇīṣa)는 석가모니불의 교령윤신
教令輪身[4]으로 모공毛孔에서 활활 타는 듯한 엄청난(熾盛) 불꽃(光焰)이 흘러
나와 이처럼 불리는데, 일월성수日月星宿 등 빛을 발하는 제천諸天을 거느리

치성광불과 오성도
당 건녕 4년, 돈황 출토,
대영박물관

고 정법을 따르게 하기 때문에 그들의 본존이다. 국가에 역병이 돌거나 귀신鬼神이 난동을 부리거나 다른 나라의 적군이 쳐들어올 때 왕이 날마다 스스로 경건하게 발심發心하여 가호加護를 빌면 반드시 승리를 얻고 악적惡賊을 소멸하게 된다고 한다.[5] 이처럼 국가진호의 의미를 지닌 치성광여래와 오성, 구요에 대한 신앙이 태봉에 소개된 것을 알려주는 앞의 기록은 당시 불교의 성격을 이해할 수 있는 중요한 자료이다.[6] 뒷날 태조 왕건이 924년 개경에 구요당九曜堂을 창건하고,[7] 개태사 낙성을 기념하여 직접 지은 「개태사화엄법회소開泰寺華嚴法會疏」에 일월성수에 대한 언급이 있는 것[8] 또한 별에 대한 의식이 중요시되고 있었음을 알려준다.[9]

현재 제천요수諸天曜宿를 거느린 치성광여래가 표현된 이 시기의 조상彫像

예例가 전하지 않으므로[10] 중국 당말오대唐末五代의 치성광여래도를 보면[11] 대영박물관 소장의 건녕乾寧 4년(897) 명銘 〈치성광불熾盛光佛과 오성도五星圖〉와 거의 같은 시기의 작품이라고 생각되는 프랑스국립도서관 소장의 〈치성광여래도〉 등이 당 말 치성광불과 오성의 일반적인 도상圖像을 보여주는데,[12] 같은 형식의 조상이 발삽사에 소조조각으로 만들어져 봉안되었다고 생각된다. 특히 '고경문 사건' 이야기에 등장하는 왕창근처럼 당시 태봉에는 각지에서 온 당 상인들이 드나들었고 이러한 경로를 통하여 중국에서 유행하던 밀교적인 치성광불의 신앙이[13] 태봉에 유입될 수 있었다는 사실에서 태봉불교와 불교미술의 국제성뿐 아니라 태봉불교가 밀교적·신비주의적 경향을 띠고 있었음을 알 수 있다.

밀교적인 불교신앙과 함께 태봉에 유입되었던 새로운 불교존상들은 태봉의 불교조각에 영향을 주어 발삽사와 같은 태봉 중앙지역 사찰의 조상彫像들을 제작한 조각가들에게 조각양식의 새로운 방향(즉 후삼국이라는 새로운 시대의 미술 패러다임)을 제시하는 역할을 하였을 것으로 짐작된다. 그렇다면 당시 태봉의 조각가들이 지향하였던 불상조각의 양식은 어떠하였을까?

앞의 '고경문' 기록에서 고경古鏡을 판 노인이 발삽사의 진성소상과 모습이 같았다고 하였다. 이 말은 발삽사 소상이 사실적이어서 노인의 모습(혹은 크기까지)과 거의 흡사하였다는 이야기인데, 이것은 태봉의 수도인 철원에서 상당히 사실적인 조각들이 제작되었다는 것을 알려준다. 이는 9세기 후반의 만당晚唐조각의 경향과 상통하는 것으로 당 말에는 마치 현실에서 살아 있는 사람처럼 보이는 매우 사실적인 조각들이 만들어졌다.[14] 발삽사 치성광불상의 재료는 무엇이었는지 확실하지 않으나 진성상은 소조상이었음이 분명하다. 흙은 사실적인 조각이 가장 용이한 재료이므로 오성의 소상塑像은 당 말이나 나말려초의 조각처럼 섬세하고 사실적이며 다소 세속화된 조각이었을 것이다.[15] 이를 뒷받침할 만한 이 시기의 소조조각은 현재 전하지 않지만 발삽사 소상에 대한 기록을 통해서 태봉조각의 일면을 추측할 수 있다.


### 태봉 지역의 불교조각

앞서 살펴본 '고경문 사건'에 대한 기록을 통해서 태봉의 불교조각이 당말의 조각에서 영향 받은 세속화된 사실적인 경향을 보였을 것이라고 추정하였는데, 이외에도 태봉미술의 또 다른 특징을 보여주는 작품이 태봉 최중앙지역의 유일한 조형물로 일제시대까지 전해오던 풍천원 석등이다.

풍천원 석등은 화사석을 받치고 있는 간주석이 둥글게 돌출한 고복형鼓腹型이다. 희미하게 전하는 사진을 보면, 간주석竿柱石에 화문花紋을 새기고 옥개석에 귀꽃을 표현하고 화사석火舍石과 연화상대석 사이에는 문양이 새겨진 화사석 받침을 괴고 간주석의 위아래에 받침을 고였으며 지대석의 하대

**풍천원 석등**
태봉 905~918년, 강원 철원

**개선사지 석등**
통일신라 891년, 전남 담양

연화석에 화려한 귀꽃과 하대 하석에 안상眼象을 새긴 장식적이고 세련된 석등이다.

진성여왕 4년(891년) 명銘 담양 개선사지開仙寺址 석등이나 역시 진성여왕대에 조성되었다고 추정되는 해인사 원당암願堂庵 석등, 9세기 4분의 3분기 작인 선림원지禪林院址 석등과 비교해보면, 풍천원 석등은 귀꽃으로 장식된 옥개석의 곡선과 전체적인 형태에서 선림원지 석등과 상당히 유사하다. 다만 간주석의 형태가 서로 다르고 풍천원 석등이 선림원지 석등에 비하여 더 화려하고 장식적인 면이 두드러지는 점이 눈에 뜨이는데, 이를 통해서 화려하고 장식적이며 섬세한 태봉시대 궁정미술의 특징을 알 수 있다. 이것은 궁궐과 누대를 지을 때 극히 사치스러웠다는 궁예에 대한 기록과도 상통한다. 이러한 특징을 토대로 이 장에서는 궁예의 활동 근거지였던 오늘날의 경기도와 강원도 일대에서 전해오는 나말려초의 불상들을 지역별로 살펴보고자 한다.

태봉의 중앙지역이었던 철원과 개성 일대, 이 두 지역의 가운데 위치하여 역시 태봉시대에 중요한 지역이었을 것으로 생각되는 포천 일대의 불상 가운데 조성 시기가 나말려초로 편년되는 불상은 매우 드물다. 양식적인 면에서 보면 개성 서운사지 출토 철불좌상과 철원 이평리 마애불입상, 포천 이동면 백운동 출토 철불좌상 정도가 있다.

일제시대에 포천군 이동면 백운동 계곡에서 국립중앙박물관으로 옮겨온 철불좌상은 통일신라 9세기 조각의 양식적 특징을 보이면서도 고려 초기 철불들의 조각적 요소도 보이고 있어 9세기 말과 10세기 초 사이로 편년될 수 있다.[16] 철불좌상은 크기가 132.3cm로 항마촉지인을 결結하였을 것으로 생각되는 두 손과 광배, 대좌를 잃었다. 전체 크기에 비해 어깨는 좁은 반면 허리가 길고 무릎 폭이 넓은 장신형長身形이다. 불안佛顔을 살펴보면, 부푼 듯 뺨이 둥글고 눈은 수평으로 반개하였다. 이러한 이목구비 표현은 실제로 수

철불좌상
나말려초, 포천 이동면 백운동 출토, 국립중앙박물관

도피안사 철조비로자나불좌상
통일신라 865년, 강원 철원

행하는 승려의 모습처럼 사실적이다.

포천 백운동 철불좌상은 신라 하대 9세기 말 불상의 특징을 볼 수 있는데 신라 하대 865년에 조성된 철원 도피안사到彼岸寺 철조비로자나불좌상과 비교해보면, 두 상像은 9세기 말 조각처럼 '불상의 크기에 비해 불두佛頭를 작게' 표현한 것이 공통적이고[17] 육계가 그다지 우뚝하지 않으며 불신佛身도 평평하고 오른쪽 무릎 아래에서 세 가닥의 옷 주름이 올라오는 점도 일치한다. 그러나 포천 철불좌상은 도피안사 철조비로자나불좌상보다 얼굴이 더 사실적이고 허리가 더 길다. 이처럼 허리가 길고 좌폭坐幅이 넓은 장신형의 불신 표현은 불국사佛國寺 금동비로자나불좌상과 금동아미타여래좌상, 중심사 철조비로자나불좌상 같은 9세기 말의 불상양식이 반영된 것이라고 이해된다. 한편 어깨가 좁고 양감量感이 없는 빈약한 체형은 고려 초 920~930년 대에 조성되었다고 생각되는 국립중앙박물관의 하남(廣州) 하사창동 철불좌

증심사 철조비로자나불좌상
나말려초, 광주 무등산

철불좌상
하남 하사창동 출토, 국립중앙박물관

상에서 보이는 장대함과는 거리가 있으므로 포천 철불좌상을 신라 말에서
고려 초 사이의 불상이라고 추정하여도 크게 무리가 없을 듯하다.[18]

　포천 철불좌상이 발견된 이동면 백운동은 명성산鳴聲山(울음산) 자락에 위
치하고 있다. 이 산의 원래 이름은 용화산龍華山이었는데 궁예를 따르던 군
졸들이 최후에 해산하면서 슬피 울었다고 하여 명성산으로 이름이 바뀌었다
고 한다.

　『동국여지지』(1656년) 철원 산천조에는 "龍華山 …… 有古城名鳴城 故又
稱 鳴城山"이라고 기록되어 있어 구전되는 것처럼 명성산이 용화산이었음
을 알 수 있다.[19] 이 용화산에는 궁궐터가 조사되었을 뿐 아니라 용화동龍華
洞이라는 지명이 전해오고 그곳에 용화사지龍華寺址[20]와 용화저수지가 있다.
용화산과 용화동, 용담(저수지) 등의 명칭은 이 지역이 미륵신앙처彌勒信仰處
라는 것을 시사하고 있으므로 미륵신앙이 성행하였던 태봉불교계에서 중시

이평리사지 마애불입상
철원 동송읍

골굴암 마애불입상
통일신라, 경북 월성

되던 곳이 아니었을까 추측된다.[21] 특히 왕건에게 쫓기던 궁예가 최후에 이곳에서 저항하였다면, 일찍부터 이 일대가 궁예에게 각별한 곳이었다고 생각되기 때문이다.

태봉시대에 미륵신앙이 크게 융성한 것은 잘 알려진 사실이나 실제로 철원, 개성, 포천 일대에 전해오는 불상 가운데 미륵사상이 반영된 나말려초 불상은 거의 없다. 다만 철원 동송읍 이평리 금학산金鶴山 중턱에 있는 이평리사지二平里寺址 마애불입상은 바위 면에 불신을 새기고 그 위에 별석別石으로 두부頭部를 조성하여 올린 마애불상으로 전체 크기가 약 576cm에 달하는 웅대한 규모에, 그 위치가 지면보다 높게 우뚝 솟아 있어서 마치 천계天界에서 하강하는 여래의 모습을 연상하게 한다.[22]

이평리사지 마애불입상은 현재 두부가 뒤로 젖혀져 햇빛 때문에 얼굴 부분의 풍화가 많이 진행되었으나 갸름한 불안의 상호相好는 원래 원만하였을 것이다. 가사는 통견식通肩式으로 입었고 안쪽의 내의內衣(승각기)를 묶은 띠 매듭(紳)이 두 가닥으로 표현되었다. 가사와 군의裙衣 위에 새겨진 넓은 띠 모양의 옷 주름은 9세기 후반부터 고려 초까지 유행한 것이다. 수인手印은 오른손을 아래로 내려서 중지中指와 무명지無名指를 가볍게 안으로 접고, 왼 손은 올려서 엄지와 검지를 살짝 맞대고 중지와 무명지는 안으로 구부리고 있다. 이러한 수인手印은 통일신라나 당대의 불상에서 비교적 흔히 보이는 일반적인 것으로 미륵불의 수인이라고 추정된다. 수인을 포함하여 마애불로 서 전체적인 조형감을 보면, 이 마애불은 합천 치인리 마애불입상이나 골굴 암 마애불입상과 같은 9세기 마애불들과 유사하다.

이평리사지 마애불입상이 있는 금학산은 자연의 성곽을 이루는 규모의 산 으로 남북으로 뻗어 서쪽에서 철원을 감싸 안고 내려다보는 형세를 취하고 있는데, 궁예가 수도를 철원으로 옮기면서 진산鎭山으로 삼을 것을 고려할 만큼 풍수적으로 중요한 산이었다고 알려져 있다. 또 동쪽에는 이 지역의 주 성主城이었던 동주산성東州山城과 궁예시대에 축성되었다고 전해오는 고석 성孤石城[23]이 가까이 자리 잡고 있으며 용담·용담동·용화동 등 미륵신앙과 연결되는 지명들이 이 일대 도처에 흩어져 있어 중요한 미륵신앙처였음을 짐작할 수 있다. 이와 같은 입지 조건을 종합해보면, 이평리사지 마애불은 미륵사상과 연관지을 수 있는 불상이 아닐까 생각된다.

한편 당시의 불상은 현존하지 않지만 철원(지금의 강원도 연천군) 보개산寶 蓋山 일대가 지장보살의 도량으로 널리 알려져 있는데, 민지閔漬의 「보개산 석대암사적비」(1320년)나 이색李穡의 「보개산석대암지장전기」(『동문선』권 75) 등을 통해서 이 일대 지장신앙의 전통을 엿볼 수 있다.[24] 지장은 미륵과 함께 진표계 법상종의 예배상이었으므로 이 일대 지장신앙과 법상종의 관련 성을 시사한다. 그런데 보개산의 위치가 태봉의 중앙지역과 근접한 점을 생

마애불입상
나말려초, 여주 흥천면 계신리

석불좌상
나말려초, 여주 금사면 포초골

각하면, 고려 때 이 일대에 퍼져 있던 지장신앙의 연원이 미륵과 지장을 예배하는 통일신라 법상종 신앙의 전통을 이어받은 태봉시대까지 거슬러 올라갈 가능성도 생각해볼 수 있다.

남한강은 태봉시대에 중부 지역을 관통하는 중요한 수운로水運路였을 것인데, 남한강에 전해오는 여주 흥천면 계신리 마애불입상, 금사면 포초골 석불좌상, 금사면 도곡리 석불좌상 등은 나말려초 수운의 길목에 세워진 사찰들에 봉안된 불상들이었다고 생각된다.

그중 여주 계신리桂信里 마애불입상은 남한강변이 내려다보이는 절벽에 새겨져 있다. 머리는 소발素髮로 육계肉髻가 크고 얼굴은 온화하고 여성적이며 착의는 섬세하게 표현되었다. 가사의 치레(金見) 장식이 왼편 가슴 아래로 늘어져 세모꼴과 지그재그 주름을 만드는 정치한 표현은 나말려초의 다른 지역 조각에 비하여 사실적이고 섬세하다. 이러한 형태의 가사 장식은 포초골 석불좌상과 도곡리 석불좌상에서도 볼 수 있는데, 이 일대 불상들의 공통적인 특징이다.

계신리 마애불입상은 오른손을 들어 삼계인을 결하고 왼손은 내려서 손가락 넷을 접었는데, 유사한 수인이 나말려초의 다른 마애불입상들에서도 보이지만 계신리 마애불입상의 정치함을 따르지 못한다. 중부 지역에서 경주 일원 조각보다 섬세하고 완성도가 높은 석불이 조성될 수 있었던 것은 대단한 세력의 지원 없이는 불가능하였을 것이다.

여주 포초골의 석불좌상은 거대한 규모로 지금은 머리 위에 방형의 보개를 쓰고 있으나 이것은 후보後補한 것으로 보인다. 이 불상은 양감이 매우 풍부하고 왼편 가슴에는 역시 세모꼴의 가사 장식이 새겨 있으며 불상의 규모가 커지면서 전체적인 비례감은 완벽하지 않으나 대좌 중대석의 팔면에 섬세하게 새겨진 보살천부상菩薩天部像의 부조를 보면, 조성 시기가 나말려초보다 늦지 않을 것으로 생각된다. 포초골에서 멀지 않은 도곡리 석불좌상 역시 동글동글한 얼굴에 양감의 표현이 훌륭하고 가사 장식이 표현되어 있어 같은 유형의 불상이라고 판단된다.

원주는 통일신라시대 북원경으로 일찍부터 선·교종 사찰들이 세워졌던 것으로 추측된다. 또 궁예가 일찍이 양길의 휘하로 들어가 의탁한 곳이며 중부 지역을 지배한 태봉영토의 가운데 위치하고 있어 정치·경제·문화면에서 중요한 지역이었을 것으로 추정된다.[25] 이러한 점은 원주 지역에 나말려초의 불교조각이 집중적으로 전해오는 사실에서도 알 수 있다.

원주 일대의 불상 중에는 양식적인 면뿐 아니라 이전에는 볼 수 없었던 새로운 도상을 보여주는 것들이 있는데, 당시 새롭게 유입된 도상이 반영된 것으로 이해된다. 그 예로 원주 학성동 출토의 국립춘천박물관 철조약사불좌상과 봉산동 출토의 원주시립박물관 석조약사불좌상을 꼽을 수 있다.

철조약사불좌상
나말려초, 원주 학성동 출토, 국립춘천박물관

석조약사불좌상
나말려초, 원주 봉산동 출토, 원주시립박물관

　학성동 철불은 손에 약발藥鉢을 들었고 지물 부분이 훼손되었는데, 봉산동
석불도 같은 형태의 약발을 들었을 것으로 추정되어 두 상 모두 약사불로 생
각된다. 지물의 형태가 잘 보이는 학성동 철불은 곡식을 담은 약발을 들고
있는데, 이와 같은 표현은 『약사여래본원경』에서 설說해진 약사여래藥師如
來의 열두 대원大願 가운데 열한 번째 서원誓願인 '포식안락飽食安樂'과 관련
있다고 생각된다.[26]

　이 두 상에서 발견되는 지나치게 세밀한 옷 주름과 가사의 술 장식과 세속
화·현실화된 인간적인 불안은 통일신라시대 조각에서 보기 어려운 표현들
이다. 이와 같은 요소들은 당말오대의 불화에서 보이는 특징과 상통하는 것
으로 만당기의 불교도상이 도상집圖像集이나 불화佛畵의 형태로 당시 중부
지역에 유입되었을 가능성을 시사한다.

약사여래변상도
오대, 감숙성 돈황 천불동 146굴 북벽

철조아미타불좌상
나말려초, 원주 우산동 출토, 국립중앙박물관

　원주 지역의 나말려초 조각으로 편년할 수 있는 또 다른 불상은 원주 우산
동 부근에서 국립중앙박물관으로 옮겨온 철조아미타불좌상이다. 이 상은 다
리 위를 덮은 넓은 띠 모양의 사선 방향으로 흘러내린 옷 주름이 있는데, 나
말려초 불상들에서 볼 수 있는 일반적인 특징이다. 좁은 이마, 길고 수평한
눈, 폭이 좁은 콧날, 뺨에 살이 많은 얼굴은 마치 세속의 인물초상처럼 사실
적이다. 또 삼도가 새겨진 목, 특히 둥글게 처진 듯 위축된 어깨의 실루엣은
국립춘천박물관 철조약사불좌상과도 유사하다.
　국립중앙박물관 철조아미타불좌상은 양손을 배꼽 앞에 포개어 놓고 검지
를 구부려 그 끝을 엄지의 끝과 맞대고 있는 수인을 결하고 있는데, 이 수인
은 왼손 위에 오른손을 포개 놓아 엄지손가락 끝을 맞댄 일반적인 선정인禪
定印(法界定印)과는 다르다. 후자는 여러 불상에서 사용할 수 있는 통인이지

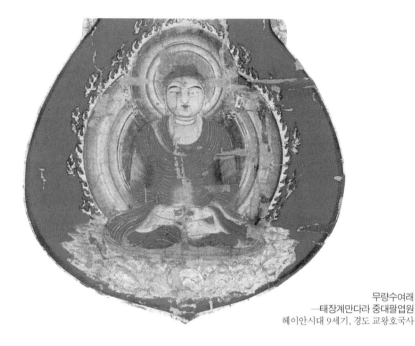

무량수여래
—태장계만다라 중대팔엽원
헤이안시대 9세기, 경도 교왕호국사

만 전자는 아미타불에 한정된 수인이므로 아미타정인阿彌陀定印 혹은 묘관
찰지인妙觀察智印이라고 한다.

　이 수인은 금강정경계金剛頂經系의 의궤儀軌에 나오는 밀교계 도상으로,
양계만다라의 아미타불에서 보이며 당 말에 크게 유행하여 아미타불의 도상
으로 많은 작례를 남겼으나 나말려초의 현존 예는 이 상 이외에 9세기 후반
작으로 추정되는 풍기 비로사와 분황사 석조아미타불좌상에 불과하다.[27] 이
시기의 아미타불상이 거의 설법인을 결하고 있는데 반해 경주 지역에서도
드물게 보이는 밀교적 도상인 아미타정인의 아미타불이 원주 지역에서 조성
된 점이 흥미롭다.

　원주 지역에서 전해오는 불교조각 가운데 나말려초의 미륵신앙과 연관지
어 생각해볼 수 있는 석조보살입상들이 있어 주목된다.

석조보살입상
나말려초, 원주 매지리 거북섬

석조보살입상
나말려초, 원주 봉산동 신선암 입구

연세대학교 원주캠퍼스의 거북섬에 있는 매지리 석조보살입상은 머리 위에 보계가 높게 솟아 있고 뺨이 통통하고 온화한 얼굴의 여성적인 모습으로 몸에는 불상의 대의와 같은 형태의 옷을 입고 있다. 같은 유형의 석조보살입상이 봉산동 신선암 입구에도 전해오는데, 두 상의 머리 부분은 여래상의 육계에 가깝게 표현되었으나 머리카락이나 표정에 있어서 보살로서의 분위기가 느껴진다. 신선암 석조보살입상은 머리 앞부분과 보계 사이에 턱이 있어 보계 위에 금속제 보관을 덧씌웠을 것으로 추정된다.

이처럼 보살상이 대의를 입은 표현은 인도에서는 아잔타석굴의 과거칠불과 함께 있는 굽타시대의 미륵보살상 부조에서 보이고, 중국에서는 초당기부터 〈미륵변상도〉 상단에 있는 도솔천상兜率天上의 미륵보살이 가사를 걸

대해사 석조미륵보살입상
당 820년경, 하남성박물관

치고 있는 예가 보인다.

조각으로는 하남성 형양 대해사大海寺 출토의 석조미륵보살입상이 주목된다.[28] 그러므로 매지리 보살입상과 신선암 보살입상도 이와 같은 배경에서 제작된 미륵보살상일 가능성이 있을 듯하다.

궁예의 불교에 관해서 생각할 때 그가 건국하기 전에 상당한 군사력을 얻었던 강릉(명주) 지역을 빼놓을 수 없다. 강릉 지역의 불교조각 가운데 한 송사지에서 출토한 두 석조보살좌상은 각각 국립춘천박물관과 강릉시립박물관에 소장되어 있다.[29]

국립춘천박물관 보살좌상은 머리에 높은 원통형의 고관高冠을 쓰고 이마에는 동글동글한 앞머리와 커다란 백호공이 있으며 눈초리가 길게 위로 올라갔고 콧날은 약간 휘었으며 입은 작고 턱에는 살이 많다. 목에는 삼도三道가 굵게 새겨졌고 목걸이와 팔찌로 장식하였으며 상체에 걸친 천의天衣의 옷 주름은 넓은 띠 모양이다. 오른손에는 연화를 들었고 양손의 검지를 곧게 폈다. 이처럼 양손의 검지를 곧게 뻗은 수인은 밀교의 수인 가운데 기극인期剋印(Tarjanimudra) 혹은 침인針印(금강침인, Sucimudra)으로 일체의 악귀를 막고 항복시키는 수인이라고 알려져 있는데 존상에 표현된 예는 상당히 드물다.[30]

강릉시립박물관 보살좌상은 두부와 오른팔을 잃었고 왼손에는 둥근 보주를 들고 있다. 두 상은 다리를 편안하게 놓은 서상舒相의 자세로 앉아 있는

석조보살좌상
고려, 강릉 한송사지 출토, 국립춘천박물관

석조보살좌상
고려, 강릉 한송사지 출토, 강릉시립박물관

데, 국립춘천박물관 보살좌상은 오른 다리를 안으로 하는 좌서상이고 강릉
시립박물관 보살좌상은 오른 다리를 밖으로 하는 우서상이어서 이 두 상이
삼존불의 좌우협시이었음을 알 수 있다. 이 상들은 매우 화려하고 섬세한 세
부 표현이 돋보이며 밀교적인 도상을 보이는데, 뺨에 살이 많은 온화한 얼굴
은 앞에서 살펴본 태봉시대로 추정되는 다른 불상들과 상통한다.


### 중부 지역 불교조각의 새로운 요소와 그 의의

이상에서 살펴본 나말려초 중부 지역의 불교조각들은 정확한 조성 연대를
알 수 없으나 대체로 태봉시대에 조성되었거나 혹은 그 전후 무렵에 제작되

어 태봉의 불교미술에 영향을 미쳤거나 혹은 태봉의 미술에서 영향을 받은 불상들이라고 생각된다.

이 불상들을 통해서 살펴본 것처럼 당시의 중부 지역 불교조각의 특징은 매우 섬세하고 장식적이며 사실적이었다. 물론 이러한 양식적 특징을 그 시기의 시대양식이라고 이해할 수도 있으나 다른 지역에서는 나타나지 않는 점도 많이 볼 수 있다. 불상의 얼굴에서 보이는 온화하고 여성적이고 인간적인 분위기며 옷 주름이나 장식, 문양 등에서 나타나는 화려하고 정치한 표현은 신라 하대의 조각들과는 분명하게 다른 양식적인 차이를 드러낸다. 그리고 이와 같은 특징을 보이는 나말려초의 조각들이 한반도의 중부 지역에 횡적으로 분포되어 있는 점도 여러 가지로 시사하는 바가 크다.

다음으로 도상적인 면에서 밀교적인 요소가 나타나는 점도 주목된다. 국립중앙박물관 철조아미타불좌상의 아미타정인을 결한 표현과 국립춘천박물관 석조보살좌상의 수인 등은 밀교적 요소를 보이는 것으로, 특히 후자는 우리나라 불상에서 유례 없는 새롭게 전래된 요소라고 생각된다.

원주 보살상 가운데 매지리 석조보살입상과 신선암 석조보살입상은 보살옷인 천의天衣 대신에 여래의 대의를 착의하고 있다. 당시 이와 같은 표현이 나타나게 된 것은 당말오대에 민간에서 유행한 미륵참의彌勒懺儀와 관련이 있지 않을까 생각된다.

중국에서는 당말오대에 상생회上生會와 같은 미륵을 예배하는 신앙결사가 활발하였고 그들은 『미륵상생경』을 비롯한 여러 경전에서 발췌한 문구에 밀교적인 진언眞言을 결합시킨 일종의 참의懺儀라고 할 수 있는 「상생례上生禮」를 함께 암송하면서 미륵보살을 찬탄하고 참회를 통하여 도솔천궁에 태어나기를 염원하였다. 이 예참문 가운데 보이는 "南無兜率天宮慈氏如來應正等覺나무도솔천궁자씨여래응정등각"이라는 문구는 도솔천에 있는 미륵보살이 여래如來와 대등하게 인식되었음을 알려준다. 이와 같은 미륵보살에 대한 새로운 인식이 태봉을 비롯한 나말려초 미륵보살상 조성에 반영되었던 것이 아닐까 생각된다. 특히 궁예는 미륵신앙에 남다른 관심을 가졌으므로 당말오대 중국에 널리 퍼져 있던 「상생례」와 같은 예참문이 태봉에까지 알려졌을 가능성은 매우 크다고 생각된다. '고경문 사건'에 대한 기록에, 철원의 '시전市廛'에서 왕창근과 같은 중국 상인들이 우거하였다는 사실에서 당시 태봉에 시전이 형성되어 중국 상인들이 그곳에서 머물며 교역하였다는 것을 알 수 있다. 태봉의 대對 대륙교류는 중국 오대뿐 아니라 거란에까지 미쳤고,[31] 태봉에 유입된 당말오대와 거란의 문물 가운데는 새로운 신앙적 성격을 지닌 불교전적류도 포함되었을 것으로 추측된다.

또 여기서 살펴본 불상들을 통하여 중부 지역에 태봉이 존립한 나말려초의 불교를 다소 엿볼 수 있다. 당시 불교계에서는 미륵은 물론이고 지장보살, 치성광불·일월성수에 대한 신앙과 아미타불, 약사신앙 등 다양한 존상이 신앙되었다. 특히 기존의 법상 및 화엄불교와 함께 밀교적인 신앙도 일정한 위치를 차지하였다고 생각된다. 다시 말해 당시 태봉의 불교신앙은 밀교적인 요소가 강하고 신비주의적이고 주술적인 성격을 띤 당말오대 불교의 영향을 받았을 것으로 짐작된다. 이러한 신앙 경향은 정통적인 신라불교의 성격과는 달랐을 것이고 당시의 보수적인 승려들이나 불교계는 긍정적으로 받아들이기 어려웠을 것이다. 그러므로 태봉불교를 바르게 이해하기 위해서는 당시의 신앙 양태에 대한 다각적인 검토와 이해가 선행되어야 한다.


## 태봉 이후의 불교조각, 궁예미륵

태봉이 멸망한 후 태봉의 불교미술이 고려의 미술로 점차 자리 잡을 때 일부 지역에서는 궁예를 신으로 숭배하는 민간적인 신앙 전통이 시작되었다. 바로 오늘날까지 통칭 '궁예미륵'이라고 구전되는 포천 구읍리 석불입상과 포천 용화사 석조미륵보살입상, 안성 국사암의 석조삼불입상 등이 그 예인데, 궁예가 죽은 직후인 10세기 초에 만들어졌다고 보기에는 무리가 있는 후대의 상들이다.

재위 말기에 스스로 미륵불을 자처한 궁예에 대한 신앙은 그의 사후 철원 일대를 중심으로 오랫동안 이어져 내려왔다. 일제시대까지 철원에 궁예릉이 있었고, 그 앞에는 '태봉전우泰封殿宇'와 '존경각尊敬閣'이라는 현판이 걸린 묘각墓閣이 있었으며, 그 안에 금관金冠을 쓰고 홍포紅袍를 입은 궁예의 화상이 봉안되어 있었다. 지역신으로서 궁예신은 고래로부터 상당히 영험하여 주민의 존숭이 대단하였다. 봄가을로 제사를 드렸으며 철원뿐 아니라 평강과 안변에서도 숭배에 참여하였다고 한다.[32] 궁예가 지역신이 되었던 내력에 관해서는 다음과 같은 궁예의 최후에 대한 철원 지역의 전설에서 엿볼 수 있다.

석조삼불입상
안성 국사암

운거사비運去事非한 구례왕이 발붙일 땅을 얻지 못하고 심벽深僻한 것을 찾아서 삼방 골짜기로 들어왔다. (중략) 혹시 용잠호장龍潛虎藏할 땅이 없겠느냐 하매 병瓶목 같은 이 속에를 들어와서 살길을 찾는 것이 어리석다 하고는 인홀불견因忽佛見이었다. 아아 천지망아天之亡我로다 하다, 그 봉峰에서 심연을 향해 그대로 몸을 던졌더니 물에는 빠지지 아니하고 시방 능陵 있는 곳에 와서 우뚝 선 채로 운명하였다. 선채로 금관金棺을 만들어 씌우고 그 위를 석봉石封한 것이 시방 능소陵所요, 이 금관을 훔치려 하여 도굴盜掘의 환患이 한두 번이 아니었으나 그 제마다 천변이 있

석조미륵보살입상
포천 용화사

어 무서워 퇴산退散하였으며, 그때부터 신위神威가 혁연하여 근경近境의 화복禍福을 섭리치 아니하는 것이 없으므로 시방까지 이 지방의 독존신獨存神이 되었다고 한다. (후략) (최남선, 『풍악기유』, 397쪽).


잘 알려진 것처럼 궁예는 왕이 된 이후 스스로 경문 20여 권을 저술하였고, 뒷날 궁예 밑에서 장주일을 맡았던 최응이 태어나기 전에 그 어머니가 꾼 꿈에 대하여 궁예가 점을 친 사실이나 미륵관심법을 행하였던 이야기 등은 궁예가 불교도이면서 동시에 신비주의적이고 샤머니즘적인 성향을 지닌 인물이었음을 알려준다. 이는 비단 궁예 개인에게 있어서뿐 아니라 당시 나말려초의 불교가 대체로 기복적이고 신비주의적인 경향을 띠었기 때문이라고 이해된다.[33] 이와 같은 궁예의 배경과 종교적인 신앙 성향은 그가 죽은 뒤에 그의 몰락을 안타까워한 친궁예적인 사람들이나 일반 민중 사이에서 지역신으로서의 위치를 얻기에 충분하였을 것이다.[34]

오괴분 인물상
고구려 5세기, 길림성 집안현

그렇다면 궁예는 어떠한 모습의 신으로 표현되었을까? 『삼국사기』는 궁예가 생전에 "머리에 금책金幘을 쓰고 방포方袍를 입었다"고 전하고 있다.[35] 금책은 금실로 짠 황금색의 두건이고,[36] 방포는 승려가 입는 소매가 넓은 윗옷(大袖袍)을 가리킨다. 이러한 옷차림은 고구려시대 왕공귀족의 복식으로, 안악 3호분의 묘주나 덕흥리고분의 묘주인상의 머리에 쓰고 있는 것이 바로 이 '책'의 형태이다. 포袍 역시 고구려에서는 높은 신분의 왕공귀족들이 입었던 옷으로, 오괴분五塊墳 4호묘의 인물상에서도 볼 수 있다.[37]

궁예가 이러한 옷차림을 한 것에 대해서는 여러 가지 해석이 가능하다. 고구려의 부흥을 외친 그로서는 옛스러운 고구려풍의 복장을 함으로써 옛 고구려 지역이었던 태봉의 백성들에게 고구려왕과 같은 인상을 심어주려는 의도가 있었을지도 모른다. 또 한편으로는 책과 방포가 당시 승려들의 옷차림이었으므로 불가佛家의 승려 같은 모습을 한 미륵불로 보이고자 하였을 수도 있다. 즉 이러한 복식을 통해서 전륜성왕과 미륵불의 이미지를 함께 나타내고자 하였던 것으로 생각된다.[38] 만약 태봉 민중들의 눈에 비쳤던 생전의 궁예왕이 이러한 모습이었다면, 그의 사후에 조형적으로 표현된 궁예미륵은 이 같은 옷차림을 한 형상이었을 것으로 추측된다. 그리고 이것은 고려 초기에 나타난 보살상 형식과도 연관지을 수 있다.

고려 초기의 조각 중에는 원통형의 높은 보관寶冠을 쓴 보살상 유형이 유행하였다. 부여 대조사大鳥寺 석조보살입상 같은 일부 보살상들은 원통형이 아닌 책형幘形의 넙적한 방형方形의 보관을 쓰고 포의袍衣를 흉내 낸 소매가 넓

승려용
오대 민 930년경, 유화묘 출토,
복건성 복주박물관

대조사 석조보살입상
고려, 충남 부여

은 옷을 입고 있는데 앞의 유형과는 구별되었다. 이러한 유형이 나타나게 된
배경에 대하여 이제까지는 주로 「상생례」와 같은 예참문의 유행이나 중국 오
대·북송·요대조각에서 찾아왔다. 그런데 궁예 사후에 궁예를 기리는 '궁예
미륵' 신앙이 시작되었다면 고려 초기에 일반적인 보살상의 복식코드에서
벗어난 포의형袍衣形 보살상이 유행하게 된 데에는 10세기 초 궁예에 의해
심어진 미륵보살의 이미지가 일조하였을 가능성도 전혀 배제할 수 없다.

이와 같은 관점에서 보면, 현재 궁예미륵으로 전해오는 포천 용화사 석조
보살입상과 안성 국사암 궁예석불삼존상[39] 등에서 높은 관이 표현된 것도 이

와 연관이 있을 것이다. 이러한 '궁예미륵' 상들은 비록 시기적으로는 태봉시대와 많이 떨어져 있지만 궁예와 태봉시대를 말해주는 흔적이라는 점에서뿐 아니라 궁예의 이미지가 그의 사후 고려시대 불교미술에 미친 어떠한 개연성을 시사하고 있다는 점에서 그 의미와 가치가 있을 것으로 판단된다.

이제까지 태봉의 불교미술을 엿볼 수 있는 문헌자료와 중부 지역의 나말려초 불교조각을 중심으로 태봉시대 불교미술에 대하여 살펴보았다.

태봉의 불교미술과 관련하여 주목되는 사료는 발삽사 치성광불과 진성소상에 대한 기록으로서 이미 10세기 초에 치성광불과 그 협시인 오요五曜(五토)의 소상이 조성되어 사찰에 봉안된 것을 알려주었으며, 불교신앙적 측면에서는 당 말에 유행한 치성광불과 오성에 대한 신앙이 우리나라에 벌써 유입된 것을 확인시켜주었다. 조각적인 면에서는 발삽사 진성소상이 소조로서 상당히 사실적인 조각이었을 것으로 추정되어 태봉조각이 사실적이었을 가능성을 상정해보았다. 아울러 궁예 왕궁터의 석등에서 보이는 장식적이고 화려한 조형성은 태봉미술의 특징을 말해주는 것이라고 이해된다.

이 장에서 살펴본 중부 지역의 나말려초 불상들은 지역적으로 태봉의 지배지역이었던 한반도의 중부 지역에 소재하고 시기적으로는 태봉시대를 중심으로 하여 그 전후기에 조성되었을 것으로 생각되므로 태봉시대의 미술과 문화를 이해하는 데 중요한 단서가 될 수 있다.

당시 후삼국 가운데 가장 큰 영토를 차지하였던 태봉은 그 지리적인 이점 때문에 중국과 활발하게 경제 · 문화를 교류하였고 당말오대의 불교문화로부터 큰 영향을 받았을 것으로 생각된다. 이러한 영향은 비단 미술뿐 아니라 교의 · 신앙적인 부분까지도 포함하였던 것으로 생각되는데, 태봉 지역에서 불상제작을 담당하였던 조각가들은 이러한 영향을 적극적으로 수용하여 이전 시기와 다른 새로운 시대에 걸맞은 선진적 미술의 방향을 찾으려고 노력하였을 것이다. 이와 같은 추측은 중부 지역의 나말려초 불교조각에서 보이는 독특한 양식과 새로운 도상에서 확인된다. 이 불상들은 정치·사회적 변혁기였던 나말려초에 문화적으로도 커다란 변화가 있었음을 알려주는데, 당시 이러한 변화의 중심에는 태봉이라는 나라가 있었고 비록 20년간에 불과한 길지 않은 기간이었으나 태봉시대에 일어났던 문화적 성장은 이후 고려에 계승되어 사찰창건과 조상불사가 활발하였던 고려 초기 불교문화를 형성하는 데 기초가 되었을 것으로 생각된다.

# 4장

# 전설에 나타난 궁예왕

유 인 순

'미륵불인가, 포악한 군주인가'[1]라는 다소 선동적인 문구는 어느 사학자의 책에서 궁예조에 부쳐진 제목이다. 궁예왕 관련 설화를 다루다보면 궁예왕은 과연 어떠한 유형의 인물이냐는 의문을 품게 된다.

사실 가장 오래된 궁예왕의 관련 문헌자료인 『삼국사기』는 태봉의 패망 227년 뒤에, 『삼국유사』는 358년 뒤에, 『고려사』는 533년 뒤에 간행되었다. 인간의 기억력이 과연 믿을 만한 것인지, 그리고 문헌자료가 검증받은 사실 史實을 사실적事實的으로 기록한 것인지에 대해서는 자신이 없다. 그렇기에 궁예왕 관련 이야기는 영성한 문헌자료보다는 구비자료에 더 많은 기대를 걸게 된다.

전설은 역사 그 자체는 아니지만 '향유층이 속해 있는 사회·역사·문화적 상황에 탄력적으로 대응함으로써 당대의 역사적 현실을 더 압축된 형태로 보여주는 갈래'이다.[2]

이 장에서는 문헌전설과 구비전설에 나타난 궁예왕의 인간상을 추적하고자 한다.

## 문헌전설에 나타난 궁예왕

궁예왕 관련 문헌자료는 『삼국사기』(1145년), 『삼국유사』(1281~83년), 『제왕운기』(1287년), 『고려사』(1451년), 『연려실기술』(1778~1806년), 『환단고기』(1911년) 등이다.[3]

먼저 『삼국사기』, 「열전10」 편에 수록된 궁예왕 관련 자료를 정리하면 다음과 같다.

첫 번째, 궁예는 헌안왕 또는 경문왕의 아들이고 그의 어머니는 성명 미상의 빈어嬪御이다.

두 번째, 5월 5일 외가에서 태어났는데 지붕에서 하얀 빛깔이 마치 무지개처럼 하늘에 뻗치었고, 나면서부터 이(齒)가 있었다.…… 일관이 국가에 불길하다고 하여 왕이 궁예를 죽이려고 하였으나 유모가 구조하여 탈출하다가 사고로 궁예는 애꾸눈이 되었다.

세 번째, 유모의 손에 양육된 궁예는 10세 때 자신의 출생과 기아棄兒의 비밀을 알게 되어 세달사로 갔고 법명을 선종이라 하였다. 그는 승률에 구속됨이 없었다.

네 번째, 까마귀가 궁예의 바리때 속에 '왕王' 자가 새겨진 물건을 떨어뜨렸다.

다섯 번째, 궁예는 기훤과 양길을 거쳐 세력을 키웠다.…… 병사들과 감고甘苦와 노일勞逸을 같이하고 공사公私를 분명히 하여 사랑과 신뢰를 얻고 장군으로 추대되었다. 내외 관직을 설치하고 왕건에게 철원태수를 제수하고 송악에 도읍하고 습격해온 양길의 부대를 제압하였다.

여섯 번째, 5년에 궁예는 왕을 자칭하고 '지난날 신라가 당에 청병하여 고구려를 부수었기 때문에 평양의 옛 도읍이 쑥대밭이 되었으니 내가 반드시 그 원수를 갚겠다'고 하였다. 일찍이 남행할 때 홍주 부석사 벽에 걸린 신라왕의 화상을 보고 칼로 내치었다.

일곱 번째, 8년에 왕위에 들어서자 국호를 마진, 연호를 무태라 하였다. 비로소 관직을 설정하고 관원을 갖추었다. 청주인 1,000호를 철원성에 사민 하였다.

여덟 번째, 9년에 새로 만든 서울로 들어갔다. 궁궐과 누대가 사치스러웠다. 연호를 성책으로 고치고, 패서 지역에 13진을 두었고 신라를 멸도滅都라고 불렀다. 신라에서 오는 자를 모두 죽였다.

아홉 번째, 15년에 국호를 태봉, 연호를 수덕만세로 바꾸었다. 미륵불이라 자칭하였다. 외출 시에 복장이 화려하고 행렬도 호사스럽고 따르는 비구만도 200여 명이 넘었다. 직접 불경 20여 권을 지었고 이를 비난한 석총을 철퇴로 쳐서 죽였다.

열 번째, 연호를 정개로 고쳤다. 궁예의 무도함에 아내 강씨가 이를 간하니 아내를 불륜으로 몰아 불에 달군 철퇴로 음부를 찔러 죽이고 두 아들마저 죽인 뒤 의심이 많아져 무고한 사람을 많이 죽였다.

열한 번째, 경명왕 2년 철원에 살던 당나라 상인 왕창근이 우연히 귀한 거울을 얻었는데 그 거울에 쓰인 내용을 사람들이 알게 되었다. 그해 6월 홍유, 배현경, 신숭겸, 복지겸 등이 중심이 되었다. 또 왕건의 부인 유씨는 머뭇거리는 왕건을 격려하여 왕좌에 오르게 하였다.

열두 번째, 왕건 일당이 '왕공이 이미 정의의 깃발을 들었다' 하니 따르는 자의 수를 알 수 없을 정도였다.

열세 번째, 궁예가 평민복으로 입고 산으로 도망하였다가 부양의 백성에게 살해당하였다.

열네 번째, 궁예는 본디 신라 왕자로서 도리어 조국을 원수처럼 여기고 없애려고 들어 선조의 화상까지 칼로 베었으니 너무도 어질지 못하였다.……다만 태조를 위하여 백성을 몰아다 준 셈이 되고 말았다(열전10 견훤).

『삼국사기』 이후의 기록들은 정도의 차이가 있지만 대개 『삼국사기』의 변주곡에 불과하다. 그러나 『환단고기』에 이르면 그 사정이 달라진다. 궁예왕은 평양 사람 안승의 후예로 궁弓씨인 어미 성을 따른 것으로 나온다.[4] 출생의 신비는 『삼국사기』와 같지만 궁예왕은 생모의 손에 양육된다. 그뿐 아니라 그가 신라왕의 화상을 칼로 베고, 신라인을 증오하는 것에도 정당성이 주어진다. 왜냐하면 궁예왕은 고구려 유민이고 당시 고구려는 신라인들과 적대적인 위치에 있었던 것이다. 한편 궁예왕을 선조로 삼는 『순천김씨 세보』와 『광산이씨 세보』에는 『삼국사기』 열 번째에서 궁예가 죽었다던 두 아들이 실은 살아 있었다고 나온다.[5]

문헌자료에 나타난 궁예왕의 인간상을 정리해보면 궁예왕은 출생의 신비를 가지고 태어난 신화적 영웅이었다. 그러나 그는 출생의 신이神異 때문에 아기장수가 겪어야 하는 고난을 당하였다. 아기장수가 죽음으로 끝났다면 궁예는 애꾸가 되어 세계와 대결하였다. 나라를 건국하고 왕이 되기까지 궁예는 공사가 분명하고 병사와 더불어 고락을 나누는 위대한 장수로서의 과정을 거쳤다. 왕위에 오른 궁예왕은 관직을 설정하고 관원을 갖춤으로써 독립국가로서의 체제를 완성하였다. 이는 후일 왕건이 삼국통일을 성취하는 기반이 되었다.

한편 궁예왕을 미치광이 사교의 교주로 몰아붙이기 위한 전거로 불경 20권을 저술하고 때로 강설하였다는 것에도 주목해야 한다. 혈혈단신 적수공권으로 전쟁터를 누비어 장수가 되고 왕이 된 궁예가 20여 권에 이르는 불경을 저술한 것 자체가 비범한 업적이다. 전쟁터에서 무력으로 국력을 신장한 궁예왕은 점차 종교적 신앙심으로 국력을 강화하였다. 그러나 기존의 정치체계와 종교생활에 익숙한 이들에게 궁예의 새로운 도전(불경 저술)은 낯설고, 낯선 것은 공포와 혐오의 대상이 되었다. 진취적이고 혁신적인 궁예왕은 자신이 추구하는 국가통치, 미륵세계의 도래를 위하여 장애를 과감하게 제거하였다. 그것이 반대파의 증오를 키우게 된 것이다.

문헌자료에서 보이는 궁예왕의 후반기 삶이 더 없이 난폭하고 사치하고 포악한 임금 또는 악인의 전형으로 그려진 것은, 이를 뒤집어 생각해보면, 고려 건국의 정당성을 보이기 위한 저자 김부식의 억지 부리기이고 횡포이다. '궁예는 본디 신라 왕자로서 도리어 조국을 원수처럼 여기고 없애려고 들어 선조의 화상까지 칼로 베었으나 너무도 어질지 못하였다'는 김부식의 지적은 궁예의 장수 시절과 제왕 시절의 치적을 비교할 때 지극히 옹색한 평가이다.

'악화가 양화를 구축한다'는 말이 궁예왕 관련 문헌자료에서도 적용됨을 볼 수 있다.


## 구비전설에 나타난 궁예왕

구비자료에 나타난 궁예왕 관련 연구는 아직은 미약하다. 관련 구비전설이 채록되었다고는 하여도 그 내용을 공식적으로 발표, 공유할 수 있는 기초자료가 지극히 미흡하다. 필자가 확보한 관련 인물전설은 33편이다. 이것들을 토대로 살펴보기로 한다.

첫째, 궁예왕의 출생과 성장이다. 궁예왕은 신라왕의 아들로 어미는 설화공주다. 역시 왕비인 이모 선화공주가 왕세자 자리를 노려 궁예를 죽이려고 할 때, 유모가 자신의 딸과 궁예를 바꿔치기 하여 궁예를 데리고 탈출하는 가운데 추격대가 쏘아 댄 화살이 아기 궁예를 애꾸로 만들었다. 유모는 궁예를 개풍군 풍덕의 어느 절에 맡겼다. 설화공주는 유모를 따라 강원도 소재 어느 절로 가서 세속과 절연하였다. 절에서 성장한 궁예는 세상과 부모와 유모에 대한 증오감으로 군대를 모집하고 왕이 되며, 삼국통일을 꿈꾼다.

둘째, 건국과 도읍이다. 철원에 도읍하고 대궐터를 물색할 때, 궁예왕은 도선의 지시(도선이 들판을 한 바퀴 돌고 올 때까지 엎드려 있으라고 하였는데 그만 일어나 버리고 말았다)를 어긴 결과, 학이 날아가 고암산이 아닌 금학산에 알을 낳았다. 결국 고암산을 주산으로 삼은 대궐터는 300년 도읍지가 아닌 30년 도읍지로 바뀌었다. 이후 나타나는 초자연적인 현상은 지명전설에서도 유사하게 나타난다.

한편 왕좌에 오른 궁예왕은 신라도, 부모도, 유모도 모두 증오와 보복의 대상으로 삼았다. 궁예왕은 힘이 장사인 세 아들과 사위가 있었는데 그들과 함께 군대를 모집하고 세력을 키워 신라와 백제를 공격하였다.

셋째, 일탈한 왕(불도에 미친 왕, 인육을 먹는 왕 또는 왕비, 방탕한 왕)이다. 궁예왕은 불도에 미쳐 정사를 돌보지 않았다. 구미호가 왕비를 잡아먹고 왕비로 둔갑하였다. 인육을 좋아하여 궁예왕은 날마다 사람을 죽였다. 한편 어느 무당이 젊은 여자의 유방을 먹으면 불노장생한다고 하자 궁예는 여자들의 유방을 잘라 먹기도 하고, 처녀 장가를 자주 들면 불노장생한다고 하여 처녀들을 궁으로 끌어들였다.

넷째, 처자식 살해와 왕위에 대한 집착이다. 불도에 미쳐 있는 동안 왕비 강씨가 왕건과 불륜을 저질렀다는 사실을 알게 된 궁예왕은 왕비와 두 아들을 살해하였다. 왕좌를 빼앗기게 되었을 때, 돌에 좀이 먹거나 까마귀 머리가 하얗게 되면 왕좌에서 물러나겠다면서 왕위에 대한 강한 집착을 보였다.

다섯째, 궁예왕과 울음산(명성산)이다. 왕건에게 내몰린 궁예는 여러 경로를 거쳐 울음산으로 갔다.[6] 본래 용화산이던 산이 명성산으로 불리게 된 연유에는 다음과 같은 이야기들이 전한다. 산속으로 쫓겨 들어간 궁예왕과 부하들이 원통하여 울음을 터뜨렸다는 설, 왕건에게 포위당하자 궁예왕은 명성산에서 탈출하였으나 미처 탈출하지 못한 부하들과 그 가족들이 산이 떠나가게 울었다는 설, 산속에서 궁예왕이 울자 바위에서 눈물이 흘렀다는 설 등이다. 이뿐 아니라 태봉이 멸망한 지 천여 년이 지난 지금도 가끔 명성산에서 울음소리가 들린다는 이야기가 전해진다.

여섯째, 운악산으로 탈출한 궁예왕의 처절한 항쟁이다. 명성산에서 탈출한 궁예왕은 부하들과 함께 운악산(현등산)으로 들어간다. 그러나 군량미를 씻은 뜨물이 산 아래로 흘러내려가 궁예왕의 은신처가 밝혀져서 왕건군사로부터 추격당하고 대 접전이 계속되어 이들의 항쟁은 반 년 이상 지속되었다. 궁예왕과 군사들은 용해를 거쳐 평강 지역으로 갔다.

일곱째, 궁예왕의 죽음이다. 궁예왕의 사망지는 평강 혹은 운악산, 지연리 근방이고 죽음은 전사, 타살 또는 자살로 처리되었다. 이를 정리하면 다음과 같은 변모양상을 보여준다.

1. 부양(평강)의 삼방에서 백성이 던진 돌에 맞아 죽었다.
2. 평강에서 백성에게 발각되어 죽음을 당하였다.
3. 운악산에서 왕건군사와 싸우다가 죽었다.
4. 운악산에서 달아나는데 하연이, 지연리 근방에서 농부들이 가래질을 하다가 가래로 찔러서 죽였다.
5. 평강의 삼방 지역 삼봉三峰 최고지에서 만난 스님의 말을 듣고 자신에게 희망 없음을 알게 되자 산봉에서 심연을 향하여 투신하였다.

1·2·4는 백성에게 타살된 것으로, 3은 전사한 것으로, 5는 자살한 것으로 나온다. 1·2·4를 보면 궁예왕에 대한 백성의 증오와 원망이 얼마나 컸던지를 볼 수 있지만 3에서는 무사 출신의 군왕으로서 최선을 다하는 모습을, 5에서는 어떻게 해서든 빼앗긴 나라를 다시 찾아보려던 노력이 헛됨을 알고 천명 앞에 승복하는 달인의 모습까지도 볼 수 있다.

여덟째, 사후 이적異蹟이다. 궁예의 사망 직후와 그의 무덤 그리고 대궐터 자리에서 이적이 보인다.

1. 평강의 삼방 지역, 삼봉 최고지에서 투신한 궁예의 몸은 물에 빠지지 않고, 지금의 능 자리에 와서 수직으로 우뚝하게 선 채로 운명하였다. 삼방 지역의 독존신으로 숭봉崇奉되었다.[7]
2. 평강의 삼방에서 왕건군사와 싸우다가 나무에 기댄 채 서서 죽음을 맞았다.
3. 궁예왕 무덤 앞에서는 하마해야지 그렇지 않으면 말발굽이 땅에 들러붙었다.
4. 일제시대 경원선을 닦을 때 계속 인명사고가 났다. 궁예왕 무덤에 제사를 올리자 사고 없이 작업할 수 있었다. 경원선을 개통할 때, 제사를 지내는데 술잔에 술을 따르면 계속 없어졌다. 세 번째 잔을 채울 때 잔 속의 술이 조금 흔들렸다.
5. 기차가 궁예왕 무덤 앞을 지나려는데 앞으로 나아가지 못하였다. 제사를 올렸더니 그제야 갈 수 있었다.
6. 학질에 걸렸을 때 궁예왕 대궐터 소나무에 가서 비방하면 회복되었다.

　인물전설에 나타난 궁예왕의 인간상은 표면적으로 보기에는 가히 엽기적이다. 부모와 유모에 대한 증오심, 인내심 부족, 풍수에 대한 무지, 방탕과 잔인함, 인육을 먹는 괴물, 살인귀로서의 모습이 그것이다. 그러나 궁예왕의 이러한 엽기적인 행태의 이면에는 구미호, 무당과 같은 초자연적 존재들 그리고 간신들의 농간이 있었음을 볼 수 있다. 그렇다면 궁예왕이 저지른 엽기적인 만행들이란 실은 새로운 국가 건설을 위한 과도한 세금 수탈, 잦은 부역 동원에 대한 백성의 원망과 증오를 그렇게 은유적으로 표현한 것으로 보아도 무방하다.

　또 궁예왕의 풍수지리적 실책을 구체화하는 이야기들(고암산이 화가 나서 산머리를 강원도 이천 쪽으로 돌렸다는 것, 금학산의 나뭇잎이 3년이나 싹을 트지 않았다는 것, 용이 물을 물고 오다가 되돌아갔다는 것, 용의 딸이 화가 나서 죽었다는 것 등)은 그만큼 산신령과 용왕도 궁예왕에게 관심을 가졌다는 사실을, 궁예왕은 왕재로서의 충분한 능력을 갖추었다는 증언을 보여준다.

왕건 일당에게 쫓겨나면서 인물전설 속의 궁예왕은 오히려 영웅으로서의 모습을 보인다. 궁예왕과 부하들이 원통하여 함께 명성산에서 울었다는 것, 바위에서 눈물이 흘러 오늘까지도 흐르고 있고 그들의 울음소리가 들린다는 것이 바로 그것이다.

한편 궁예군사의 쌀뜨물 이야기는 『삼국사기』 이후 계속 변주되는, 특히 궁에서 쫓겨난 궁예왕이 암곡巖谷으로 도망하여 이틀 밤을 머물렀는데 배고픔이 심하여 보리 이삭을 몰래 끊어 먹다가 부양 사람에게 살해되었다는 『고려사』 권1 세가1 태조1의 이야기와는 전혀 다르다. 운악산성 전투에서 수많은 부하가 궁예왕을 따르고 있었고 그 기간은 적어도 반년 이상 걸렸다는 것이다.

궁예왕의 죽음도 그렇다. 부양(평강)에서 돌에 맞아 죽었다는 전설이 다수이기는 하다. 그러나 포천과 평강 지역에서 전해오는 이야기에서 궁예의 자살은 신비롭고, 사후에 그는 평강 지역의 수호신이 되어 사람들의 숭모의 대상이 된다. 궁예왕 사후 그의 무덤 앞에서는 반드시 하마를 해야 말발굽이 땅에 들러붙지 않았고, 원산행 철도공사를 할 때와 개통식을 할 때 그 무덤 앞에 반드시 제사를 올려야 안전하게 공사하고 운행할 수 있었다.

궁예왕에 대한 구연자들의 이와 같은 이야기 전승은 그 표면적인 매도罵倒와 달리 그들의 본능적 의식(이른바 정신이라 불리는 것)에 각인된 궁예왕을 알려주는 것이다. 궁예왕은 존경받아야 할 비범한 왕이었고, 농간에 의해 실책을 저지른 결과 추방되었지만 쉽게 절망하지 않고 왕건군사와 지속적인 항쟁을 벌였던 비운의 존재였던 것이다. 특히 오늘날까지 들린다는 명성산의 울음소리와 명성산 바위의 눈물, 궁예왕 무덤과 대궐터 등의 신이한 이야기는 궁예왕에 대한 경외심이 구연자들 가슴에 뿌리박혀 있음을 보여주는 것이다.

궁예왕 관련 지명전설은 자연물(산, 고개, 바위 등)과 인공물(유적지, 유물 등)

에서 찾아볼 수 있으며 철원, 평강, 포천 지역에 압도적으로 많이 분포되었고 사실성史實性에 충실한 유일唯一한 전설이다. 그리고 그 증거물 수효로 보았을 때에도 하나의 전설에 연하여 나타난 연쇄증시전설連鎖證示傳說로서의 면모를 보인다. 이는 사실성이 강하다는 것을 보여준다. 나아가 지명전설 속에 나타난 시간성은 대개 과거 사건에 대한 증거물로 나타나기는 하지만 몇몇은 '오늘'까지 지속되는 신이로움을 보여준다.

수집된 궁예왕 관련 지명전설을 표현적인 면에서 보았을 때, 과거에 채집되어 기록된 지명전설이 건조체임에 비해 근래 채집된 구비지명전설은 간결하지만 완결된 하나의 사건을 담고 있어서 이야기 문학으로서의 현장성과 재미를 동시에 보여준다.[8] 논지 전개의 편이를 위해서 관련 지명전설은 궁예왕의 일대기에 맞추어 정리하기로 한다.

첫째, 칠장사와 궁예왕이다. 소년 시기의 궁예왕의 모습은 경기도 안성 지역에서 보인다.

'칠장사'[9]의 명부전 뒤편에 있는 '궁지弓地'는 궁예가 활 쏘는 연습을 하던 곳[10]이다. 칠장사 주지스님의 설명에 따르면, 궁예의 유모는 위기에 빠진 궁예를 데리고 북으로 50여 일을 걸어 이곳까지 와서 살았다. 궁예는 활을 잘 쏘아서 이곳에서 '궁예'라는 이름을 얻었다. 한편 안성 지역과 연관된 궁예의 또 다른 이야기는, 궁예가 본래 어린 시절을 보낸 사찰은 칠장사가 아니라 안성시 대덕면에 있는 '굴암사'였다는 것이다.[11] 어떻든 안성 지역은 궁예왕과 연관이 깊은 곳으로 보인다. 포악한 임금으로 몰려서 살해되었다는 구비전설과는 달리 안성시 삼죽면 기솔리에 소재한 '국사암'에서는 궁예왕을 '궁예미륵'으로 모시고 있다.[12]

둘째, 풍수설화와 궁예왕이다. 풍수설화와 연결된 궁예왕 관련 지명전설은 철원과 평강 지역에서 발견된다.

궁예왕이 궁궐터를 잡을 때에 도선은 금학산 아래 만가대를 형성할 수 있는 지역과 궁성 자리를 보았다. 그곳이 '만가대萬家垈'[13]와 '천황지天皇地'[14]였다. '금학산'은 학이 알을 품은 형상이다. 궁예왕이 풍천원 억새밭에 엎드렸다가 일어나는 바람에 날아간 학이 금학산으로 가서 알을 낳았다. 그 바람에 300년 도읍지로서의 힘을 금학산에 빼앗긴 '고암산'[15]은 화가 나서 산머리를 강원도 이천 쪽으로 획 돌려버렸다.

평강에 있는 '부압산浮鴨山' 산신령도 궁예가 풍천원을 도읍으로 정하자 부압산이 진산이 되지 못한 것에 노하여 부압산 정상의 흙을 파서 꼭대기를 우묵하게 만들었다.[16] 금학산은 자신에게 300년 도읍지로서 능력이 있는데도 선택받지 못한 것에 노하였다. 금학산 식물들은 3년 동안 싹이 나지 않았고, 곰취는 써서 먹을 수 없었다. 한편 궁예의 첩이었던 용왕의 딸은 물이 귀한 동송 지방에 물을 가져와 보니 고암산이 진산으로 된 것을 알고 분통이 터져 죽어서 샘터가 되었는데 그것이 용담이다.[17] 또 궁예왕을 위하여 파주 문산포에서 바닷물을 끌고 연천으로 해서 용담으로 들어오던 용이 실망하여 물과 함께 다시 나가버렸다.

셋째, 재위 시의 궁예왕이다. 재위 기간 궁예왕의 생활상과 치적을 알 수 있는 흔적들은 철원·포천·평강 지역에 분포되어 있다.

철원 지역을 보면 풍천원의 대궐터는 궁예왕이 고암산을 진산으로 궁궐을 지은 곳이다.[18] 궁궐터의 흔적과 석탑 그리고 외곽 성의 흔적이 아직도 남아 있다. 그리고 이 대궐에서 500m 떨어진 곳에 '어수정御水井(일명 통우물)'이 있다. 이 우물의 물맛이 좋아서 궁예왕은 이곳에 도읍하고 궁전을 건축하였다는 말도 전하며 우물터의 흔적도 남아 있다고 한다.[19] 풍천원 앞 월정리 쪽에는 '달의 우물'이 있는데 궁예왕은 이 물도 마셨다고 전한다.[20]

'장수나들'[21]은 궁예왕 당시 장수들이 말을 타고 오가며 훈련하였던 곳이고, '마명동'[22]은 군사용 말을 사육하였던 곳이다. '성머리(성)'[23] 역시 군마 사육과 훈련장으로 축조하였던 성지城址가 남아 있다. '굴양꿀(軍糧洞)'[24]은 궁예가 도읍을 정하고 세력을 확장할 때 군량이 많은 것처럼 산을 위장하여 전술적으로 이용해서 붙은 지명이다. '동막리東幕里'[25]는 군사 요새로 병영의 막을 동쪽에 설치하였던 곳이다. '볏가리소'[26]는 화지리에 있는데 삼부연의 용탕에 곡괭이를 넣었더니 이곳에서 찾을 수 있었다. 궁예왕 당시 군사에게 먹일 물은 이 '볏가리소'에서 길어다가 썼다.

한편 포천 관인면 초과2리에 소재한 '남창동南倉洞'[27]은 군량미를 저장하기 위해 지은 큰 창고가 있었다는 곳이다. 이들로 미루어 철원과 포천에서 볼 수 있는 지명들은 궁예왕의 통치가 군사 및 군마 훈련, 군량미 등 군사력의 신장에 맞추어졌음을 알 수 있다.

넷째, 왕위 찬탈과 탈출 그리고 복권을 위한 항쟁이다. 궁예 관련 지명전설에는 대궐터가 4곳에서 보인다.

하나는 철원 풍천원에 세운 대궐로 이곳에서 궁예는 삼국통일의 꿈을 키웠다. 그러나 보개산성寶蓋山城[28]과 명성산성에 있는 대궐터는 왕건에게 배신당한 고통과 치욕을 되씹으며 왕건군사와 일시 대결하였던 장소이고, 운악산성(일명 궁예성터)의 대궐터는 왕건군사와 반년 이상에 걸쳐 혈전을 벌였던 곳이다. 보개산성은 일명 궁예성으로 불려왔다. 궁궐터로 보이는 곳에서는 기와와 토기 등이 출토되고 있다고 한다. 그러나 이 지역에서는 지명전설이 더는 보이지 않는 것으로 보아 궁예왕은 보개산성에 잠시 머물렀다가[29] 명성산으로 간 것으로 보인다. 사실상 『연천군지』나 『파주군지』에서 궁예 관련 구비자료는 찾을 수 없었다.[30]

명성산은 철원군 갈말읍 신철원리에 소재한 해발 923m의 명산이다. 명성산성은 정상으로부터 서북쪽 823m 고지를 포함, 계곡 양 능선을 따라 축조되었다. 이 성 안에 '궁궐터'[31]라 불리는 곳이 있고, 명성산 정상에는 자연동굴로 200여 명이 동시에 들어갈 수 있는 '궁예왕굴'[32]이 있다. 그리고 이 산에는 궁예군사와 왕건군사가 대치하였을 때 서로 여우처럼 엿보았다고 하여 이름 붙은 '여우고개'와, 좌우 적의 동정을 살피기 위하여 대를 높이 쌓아 놓았던 '망봉望峯'의 흔적이 지금도 남아 있다. 이뿐 아니라 왕건군사로부터 급습을 받아 싸웠던 '야전野戰골', 왕건군사에게 패한 궁예군사가 경유하여 지나가던 '가는골(패주골)'이 있다. 패주골은 이후 음운변화를 일으켜 '파주골'로 불린다.

궁예왕은 명성산에서도 왕건에게 쫓겼다. 궁예왕은 지포리에 있는 '개적봉'[33]에서 쉬다가 '한숨모퉁이(한장 모퉁이, 한잔 모텡이)'에서 한숨을 돌리고, 시름에 잠겨서 '시루메고개'[34]를 넘어가다가 흐느껴 울었다. 흐느껴 울었던 고개는 '느치고개(눌치)'로 불린다. 궁예왕은 다시 오성산 방향으로 피해가다가 군사와 같이 탄식하였는데 그곳이 '군탄리'[35]이다. 궁예왕은 명성산에서 먹실 쪽으로 해서 평강 방면으로 향하다가 언덕 위에서 쉬었다. 이후 이 언덕은 '왕재고개'로 불린다. '왕재고개'를 마지막으로 철원 지역에서 궁예왕 관련 지명전설은 일단락된다. 명성산은 철원 주민에게는 왕건에게 패한 궁예의 마지막 항전지로 알려져 있다.

그러나 궁예왕 일행은 평강으로 가는 듯 왕건군사를 속이고 남행을 감행하였다. 궁예왕은 멀어져가는 태봉을 바라보며 국가의 장래를 걱정하였다. 그곳이 '국망봉'[36]이다. 궁예왕이 운악산을 향하여 남행하는 곳에 '강씨봉'과 '강씨고개'가 있다. 궁예왕이 자신과 대립되는 의견을 가진 아내 강씨를 귀양 보낸 곳이다. 궁예왕이 강씨봉으로 찾아갔을 때 강씨는 이미 사망한 뒤였다. 또는 부인 강씨가 궁예왕과 함께 패주하다가 이곳에 남았다고 하여 '강씨봉'으로도 불린다.[37]

궁예왕 일행은 일단 해발 938m의 운악산으로 잠적하였다. 주봉인 망경대를 둘러싸고 커다란 암석들이 노출된 산의 서쪽 골짜기에는 '무지개 폭포'가 있다. 궁예왕은 이곳으로 피신하여 흐르는 폭포수에 상처를 씻었다고 한다.[38] 운악산 속에도 '대궐터'[39]가 있다. 궁예왕이 심복들과 함께 기거하였던

곳으로 보인다. 지금도 이곳에서는 초석과 기와를 비롯한 유물들을 확인할
수 있다.

운악산성에 은거한 궁예왕은 왕건군사가 습격할 것에 대비하여 아주 강력
한 군사들을 우시동 근처 계곡에 배치하였다. 이곳이 '강사골'[40]이다. 이뿐
아니라 운악산 좌측 골짜기에도 군사를 배치하고 적군이 쳐들어오는 것을
잘 보라고 하였다. 이곳이 '보라골'[41]이다. 한편 궁예왕은 난리 가운데도 나
라의 무사를 빌기 위하여 조그만 절을 지었다. 이곳이 '난절터'[42]이다. 궁예
왕은 다시 자신의 운세와 국운을 점치기 위하여 소경과 점쟁이들을 불러 머
물게 하였다. 이후 이곳은 '소경의 절터'로 불린다. 궁예왕은 험악한 산세를
이용해서 운악산성에 은거하였지만 왕건군사에게 위치가 노출되고 말았다.

결국 궁예왕과 군사들은 수적으로 우세한 왕건군사에 의해 무너지고 말았
다. '화평장터'에서 궁예군사와 왕건군사는 일대 투석전을 벌였다. 계속되
는 전투에서 궁예군사는 대패하였다. 군사들이 흘린 피가 마을의 나무에 스
며들면서 이 마을은 '피나무골'이 되었고 지금도 비오는 날에는 고목에서
'아이구 아퍼' 하는 비명소리가 들린다고 한다.[43]

결국 궁예왕은 '항서밭골'에서 항복문서를 쓰고 부하들과 함께 통곡하면
서 설움에 잠긴 채 후퇴하였다. 바로 '설움골'이다. 이후 궁예왕 일행은 '가
는 골(파주골)'[44]을 넘어 평강 쪽으로 북행을 시도하여 문혜리 앞쪽에 있는 한
탄강의 지류인 '왕정랑'을 건넜다. 왕이 바지를 걷고 물을 건넜다고 하여
'왕정랑'[45]이 되었고 왕과 군사들이 함께 한탄하였다고 하여 '한탄강'[46]이
되었다. 궁예왕은 '토성산성'에서 머물다가 평강으로 갔다.[47]

다섯째, 마지막 보루堡壘와 영원한 휴식처이다. 평강 지역 지명전설에서는
엄격한 왕이 아닌 기생들과 즐기고 사냥을 즐기는 궁예왕의 인간다운 모습
이 보인다.

평강 지역이야말로 항쟁과 후퇴, 항복을 거친 뒤 얻게 된 태봉의 마지막 보

루이자 궁예왕이 영원히 쉴 수 있는 공간이 아니었을까 생각한다. 가장 아끼고 신뢰하였던 왕건에게 배신당한 분노도, 전쟁의 고통도 궁예왕을 절대 절망으로 몰아넣지는 못하였다. 삼국통일의 욕망으로부터 자유로워진 궁예왕은 세상의 부조리함과 인간의 부조리함을 수용하며 순리에 따른다.

'완이정莞爾亭'[48]은 평강면 화현산 기슭에 있다. 궁예왕은 기생들이 악기를 연주하는 것을 보고 완이莞爾(빙그레 웃는 모양)의 웃음을 웃었다. 그래서 '완이정'으로 불린다. '계현憩峴'은 궁예왕이 사냥 중 잠시 쉬는 휴식터로, 삼방 부근에 있다. '전중평典仲坪'은 일명 전중殿中으로 불리며 궁예왕이 몸소 농민을 두고 농사를 짓던 논밭이다. 왕은 이곳에서 수확한 곡식으로 신에게 제사를 지냈다. 전쟁터를 내달리던 왕이 농부가 되어 백성의 마음이 되어보는 것이다. '문과장文科場'은 평강읍의 동변에 있는데 태봉 시절의 과장科長이다. 과장터의 초석이 아직도 남아 있다. 국력이 군사력에 의해서 강화되는 것만이 아니라는 사실을 깨닫고 있는 것이다. 그러면서도 국방에 소홀하지는 않고 있음을 보게 된다. 평강군 현내면에 있는 '신성산성新城山城'은 주위가 2,510척에 달하는데 궁예왕이 쌓은 성이다. '사청산射廳山'은 궁예왕 때에 군사들의 무예 훈련장으로, 그 흔적이 남아 있다. 한편 부양의 북쪽에 있는 장고산長鼓山의 산령山嶺에는 석성石城과 석고石鼓가 있는데 이도 궁예왕 때의 유적이라고 전해온다.[49]

마지막 보루 평강으로 내몰린 궁예왕은 기생과 유희를 즐기고 사냥을 즐기고 전중평을 일구고 문과장을 설치하고 성을 축성하고 군사들의 무예 훈련장을 세웠다. 그러나 궁예왕이 이끄는 태봉은 평강으로 쳐들어온 왕건군사에 의해서 패망하였다.

궁예왕은 '검불랑劍拂浪'[50]에서 왕건군사와 격전하였다. 힘에 부친 궁예왕은 '갑기천甲棄川(갑천)'에서 무거운 갑옷을 벗어던지고 도주하였다. 이때 궁예왕의 옹주는 '옹주포翁主浦'에서 자살하였다.[51] 왕건은 삼방 백성들에게 궁예를 잡으면 큰 상을 내리겠다고 하였고, 백성들은 멀리서까지 돌을 던져서 궁예를 맞추었다. 궁예의 시신 위에 돌이 더미로 쌓여서 그 동네 이름이 '돌터미'가 되었다.[52]

'구례(궁예)왕 무덤'에 대한 평강 주민의 증언은 다르다. 최남선이 1924년에 평강을 방문하여 주민에게 들은 내용은 다음과 같다.

궁예왕은 다시 쫓기어 삼봉三峰의 가장 높은 곳으로 오르고 그곳에서 한 승려를 만나 자신의 천운이 다함을 알게 되자 그대로 투신하였다. 현재 구례왕 무덤이 있는 지점에 선 채로 떨어져 운명하였다. 이에 선 채로 금관을 만들어 씌우고 그 위에 석봉石封하였다. 최남선이 확인한 '구례왕 무덤'은 석축봉분石築封墳이었다.

궁예왕 관련 전설을 보면 문헌이든 구연이든 궁예왕을 향한 전승 집단의 거부할 수 없는 인식의 뿌리를 접하게 된다. 김부식을 비롯한 문헌자료를 남긴 사람들의 기록에서 궁예왕의 긍정적인 업적을 거부하고 부정적인 측면을 강조하려는 안간힘이 보인다. 일연과 이승휴 그리고 조선조의 기록자에 이르기까지 모두 같은 양상을 보인다. 이들 기록자들은 대개 지배계급에 속해 있었다. 고려 건국의 타당성을 강조하기 위하여 기록자들은 억지를 부린 것이다.

구비전설 가운데 인물전설에서, 특히 철원 지역의 자료에서 나온 궁예왕은 방탕하고 잔인하고 인육을 먹고 처자식을 죽인 괴물이다. 왜 그렇게 보았을까? 궁예왕은 철원에 도읍하면서 궁궐과 성터를 건설하기 위하여 과대한 세금과 잦은 부역을 요구하였다. 철원이 한 나라의 도읍지가 되었다는 백성의 긍지는 13년 만에 물거품이 되어버렸다. 궁예왕에 대한 백성의 원망과 증오가 극대화될 수밖에 없었던 것이다.

포천 지역에서는 지명전설이 훨씬 우세하다. 궁예왕은 부인 강씨를 살해하지 않았다. '강씨봉'과 '강씨고개'가 그것을 증명한다. 운악산에서 왕건군사와 대결할 때의 궁예왕 관련 지명전설에서는 궁예왕에 대한 연민의 감정이 채색되어 있다. 풍천원 대궐터와 운악산까지 직선거리로도 150리, 이미 풍천원 시절의 기세가 꺾인, 망국의 왕이 보여준 고단한 모습은 백성으로 하여금 연민의 감정을 품게 하였다.

평강 시절의 궁예왕 관련 지명전설에서 유추할 수 있는 것은 궁예왕의 평화 지향적 통치이다. 궁예왕은 유흥을 즐기고 농사를 짓고 문과장을 설치하고 군사 훈련을 시키고 성곽을 축성하였다. 그런데 이상한 것은 철원과 포천 지역 전설에서 평강 시절의 궁예왕 이야기가 없다는 것이다. 다만 평강에서 돌에 맞아 죽었다는 정도이다. 운악산과 평강까지는 직선거리 400여 리에 달한다. 항서밭골에서 항복문서를 쓰고 파주골을 통하여 패주한 궁예왕 일행의 기억은 철원에서도 포천에서도 지워지고 말았다.

그렇다면 평강에서 궁예왕의 생활은, 왕건에 의한 정치적인 비밀 협약 또는 묵인이 없었다면 불가능한 이야기이다. 한때는 삼국통일을 꿈꾸는 제왕으로 받들었던 궁예왕이었다. 비록 궁예왕은 기득권파와의 갈등에서 패하였지만 그가 재임 시에 이루어 놓았던 업적을 바탕으로 왕건은 고려를 건국하였다. 왕건도 그것을 인정하지 않을 수 없었을 것이다. 그래서 초기 평강 시절의 궁예왕 정부를 묵인하기는 하되 그 사실을 백성에게는 비밀에 부치지 않을 수 없었을 것이다. 그러나 고려 건국 초기, 왕건 일파에 대항하는 무리들이 생기면서 평강 시절의 궁예왕권을 패퇴시키지 않을 수 없었을 것이다. 그것이 궁예왕을 죽음으로 몰고 간 것이라고 추정해도 되지 않을까 생각한다.


이제까지 전설 속에 나타난 궁예왕의 인간상을 찾아보았다. 그 대강을 정리하고 결론을 내리면 다음과 같다.

『삼국사기』에 나타난 궁예왕 이야기는 이후 다른 문헌자료에서 거듭 변주된다. 그러나 궁예왕의 영웅적 인간상, 제왕으로서의 통치능력, 저술가로서의 능력 등은 아무리 부정하려고 해도 부정되지 않는다.

철원과 포천 지역에서 채록된 궁예왕 관련 인물전설에서 궁예왕은 표면적으로 성급하고, 인내성이 부족한 데다가 인육을 먹고 처자식을 살해하는 엽기적인 악당이었다. 그러나 이러한 이야기의 이면에는 궁예왕의 결정에 분노하고 슬퍼하는 산신과 용의 등장을 통하여 궁예왕이 이들 초자연적 대상들에게까지 인정받는 중요한 존재였음을 인정하지 않을 수 없다. 특히 왕건 일당에게 쫓기면서 궁예왕이 겪게 되는 슬픔과 분노 앞에 궁예왕을 따르는 백성도 울고 산도 바위도 운다. 궁예왕은 의도적으로 그를 왜곡해서 그린 문헌자료에 오염된 사람들에 의해서 오랫동안 오해받고 매도되어 온 것이다. 평강에서 궁예왕이 지역 수호신으로 숭모되고 있는 사실, 일제시대 궁예왕이 원산행 철도건설 공사와 기차 개통 시에 보여준 이적異蹟, 풍천원의 궁예 대궐터의 소나무가 보여준 이적 등 이러한 이야기를 전하는 전승자들 가슴에는 궁예왕에 대한 표면적인 매도와 달리 깊은 경외감이 뿌리박혀 있다는 사실을 지적하지 않을 수 없다.

한편 지명전설에 나타난 궁예왕의 모습은 거룩하기까지 하다. 재위 기간 궁예는 삼국통일의 욕망에 자신은 물론 태봉 민중에게 엄격한 왕이었다. 도읍지 선정의 실책으로 나오는 여러 지명설화도 실은 궁예왕에 대한 신비적 존재들의 관심임을 알 수 있다. 이뿐 아니라 지명전설에서는 역사적 기록과 달리 궁예왕이 왕건 일당과 오랜 세월에 걸쳐 장소를 바꾸어 가며 치열하게 항쟁하였다는 사실을 통하여 궁예에 대한 백성들의 존경과 사랑의 흔적을 보게 된다. 더욱이 평강 지역의 지명전설에서는 풍천원 시절의 엄격한 왕, 삼국통일의 욕망에서 한걸음 벗어나 여유를 가지고 백성을 다스리는, 즐길 것은 즐기고 제왕의 임무에도 소홀하지 않는 궁예왕의 모습을 보게 된다. 궁예왕은 백성 가운데 있고 백성은 궁예왕 가까이에서 왕의 슬픔과 고통에 동참한다. 적어도 평강 지역 지명전설에서는 궁예왕이 그토록 원하던 미륵세계가 도래到來한 것으로 보인다.

역사적 기록물과 달리 전설 속에서 궁예왕은 백성을 사랑하고 백성에게서 사랑받은 왕이었다. 철원의 풍천원 시절 백성에게 공포의 대상이었던 왕은 보개산성으로, 명성산성으로, 운악산성으로, 평강 지역으로 이동하면서 백성의 마음을 헤아리는 왕이 되었다. 그런데도 궁예왕은 왕건군사에 의해 평강에서 패퇴당하였다. 이 과정에는 역사에 기록되지 않은 궁예왕과 왕건 사이의 모종의 묵인 또는 협약, 불가피성이 있었을 것으로 보인다.

역사의 기록은 과연 믿을 만한 것인가. 궁예왕에 관해서 만큼은 감히 그렇지 않다고 말할 수 있다.

# 5장

# 문학·영상작품에 그려진 궁예왕과 태봉

김 기 덕

문학작품과 영상작품에서 궁예왕과 태봉이 어떻게 형상화되었는지를 분석하고자 한다. 그런데 문학작품이나 영상작품에서 궁예왕과 태봉을 독자적인 주제로 설정한 것은 그리 많지 않다. 따라서 본 주제의 분석에 있어 몇 가지 한계를 미리 언급하고자 한다.

첫째, 궁예왕은 흔히 고려 태조 왕건을 서술하는 과정에서 언급되는 경우가 많다. 그러므로 주제를 고려 태조 왕건으로 설정한 경우도 포함하여 분석하였다.

둘째, 제목에서 '궁예왕과 태봉'이라고 하였지만, 그 둘을 구별하여 서술할 만한 변별성이나 독자적으로 태봉을 분석할 만한 소재들이 많지 않다. 태봉은 궁예왕이 세웠고, 궁예왕의 몰락과 함께 없어진 국가이다. 본격적인 학문연구라면 궁예왕과 관련되면서도 독자적인 태봉 관련 연구소재가 있을 수 있겠지만, 대중적인 문학작품이나 영상작품에서는 태봉 관련 사항들은 전부 궁예왕의 일화에 종속된다. 따라서 이 장에서는 궁예왕을 서술하는 과정에서 필요한 경우에 한하여, 태봉은 부분적으로 언급할 수밖에 없다.

셋째, 분석 대상은 문학작품과 영상작품 두 분야를 설정하였다. 이 중 문학작품에 대해서는 이미 유인순 교수가 꼼꼼하게 분석한 기존 연구가 있다.

따라서 문학작품 분석은 기존 연구를 참고하면서 필자의 논지를 덧붙이는 것으로 하였다. 그리고 영상작품 경우에는 궁예왕을 중심으로 다룬 것은 다큐멘터리 한 편이 있을 뿐이다. 그 외에 영화 한 편과 TV 사극 하나가 있으나 모두 태조 왕건을 중심으로 하고 있다. 따라서 영상작품 분석의 경우 영상작품의 일반론을 원용하여 서술한 측면이 많다는 점을 밝히고자 한다.

끝으로 본 제목에 있어서나 본문 서술에 있어 원칙적으로 '궁예'가 아니라 '궁예왕'이라고 표현하였다. 흔히 '왕건'이라고 하지만, 이는 '고려 태조 왕건'처럼 앞에 '고려 태조'가 붙고 있다. 궁예의 경우도 '태봉왕 궁예'라고 해야 온당하다. 따라서 태봉왕을 붙이지 않고 사용하는 경우에는 '궁예왕'이라고 표현하였다. 이러한 점은 '후백제왕 견훤'에도 그대로 적용되어 '견훤'보다는 '견훤왕'이라는 표현이 더욱 온당하지 않을까? 물론 왕이 된 이후와 되기 이전의 표현이 구분되어야겠지만 이 장에서는 특별한 경우를 제외하고는 궁예왕, 견훤왕으로 통일하였다.[1]


## 문학작품에 그려진 궁예왕과 태봉

먼저 궁예왕과 태봉을 소재로 한 역사소설을 제시하면 다음을 들 수 있다. 앞서 언급한 것처럼 고려 태조 왕건을 주제로 하면서 궁예왕을 서술한 경우도 포함하였다.[2]

---

1. 신채호, 『일목대왕一目大王의 철퇴鐵槌』, 1916년 추정 ; 김병민 편, 『신채호 문학유고선집』, 연변대 출판사, 1994.

2. 이광수, 『마의태자麻衣太子』, 1926. 5~1927. 1 『동아일보』 연재 ; 『이광수전집』 2, 우신사, 1979.

3. 김동인, 『견훤甄萱』, 1940 ; 『김동인전집』 1, 홍자출판사, 1979.

4. 박종화, 『삼국풍류三國風流』, 삼성출판사, 1970.

5. 박용구, 『만월대滿月臺』, 정음사, 1974.

6. 박연희, 『왕건王建』민족문학대계 7, 동화출판공사, 1979.

7. 박목월, 『고려태조 왕건高麗太祖 王建』민족문학대계 12, 동화출판공사, 1979.

8. 유현종, 『송악산松嶽山』, 1979『국제신문』연재 ; 삼중당, 1982.

9. 유현종, 『궁예』, 도서출판 社思研, 1986.

10. 박연희, 『왕건王建』, 제삼기획, 1990.

11. 김성한, 『소설 고려태조 왕건』, 포도원, 1992 ; 행림출판, 1999.

12. 최범서, 『고려태조 왕건』, 동방미디어, 1999.

13. 박영규, 『후삼국기』, 들녘, 1999.

14. 신봉승, 『왕건』, 해냄, 1999.

15. 강병석, 『궁예』, 태동출판사, 2000.

16. 이환경, 『태조 왕건』, 밀알, 2000.

17. 사마준, 『태조 왕건』, 청솔, 2001.

18. 강기연, 『태조 왕건』, 대원씨아이, 2002.

19. 박영규, 『책략』, 이가서, 2005.

위의 역사소설 중 중요한 10권을 중심으로 유인순은 역사소설에 나타난 궁예왕의 서술을 분석한 바 있다. 유인순은 1. 궁예왕의 부모 2. 궁예왕 출생의 신이神異 3. 궁예왕의 이름과 그 명명의 의미 4. 아기 궁예왕에 대한 가해자 5. 궁예왕의 양육자 및 스승 6. 궁예왕과 여성들 7. 궁예왕의 비극 또는 광기의 원인 8. 궁예왕의 탈출 그리고 사망 9. 궁예왕 사후의 이적異蹟으로 분류한 뒤, 각각의 소설 속에서 그러한 사항들이 어떻게 그려지고 있는지를 분석하였다.

위와 같은 분석을 거쳐 유인순은 다음과 같은 몇 가지를 지적하였다.

첫째, 대부분의 작품이 『삼국사기』 소재 문헌전설이 변주곡 형식으로 삭제와 생략 또는 확대의 형식을 거치고 있었다. 다만 신채호의 『일목대왕의 철퇴』는 『환단고기』의 기록이 전폭적으로 사용되고 오히려 『삼국사기』의 기록은 부분적으로 삽입되어 있었다. 둘째, 모든 소설에서는 궁예왕과 관련된 구비전설을 접목하여 서술하고 있다. 그런데 그 삽입 정도에서 작가별로 차이가 많았다. 셋째, 소설이 비록 허구의 산물이라고 하지만 뚜렷한 사건과 인물들의 경우 사실에 근거하여 전개될 필요가 있다. 그러나 많은 경우 뚜렷한 역사적 사실을 왜곡하는 경우가 있었는데, 이는 역사소설의 문제점이라고 할 수 있다. 넷째, 기본적으로 역사소설은 새로운 역사해석을 목표로 하거나 또는 지난날의 파란만장한 역사를 재현시키려는 의도로 창작된다고 보고, 여러 소설 가운데 그런대로 새로운 해석을 시도하였다고 판단한 신채호의 『일목대왕의 철퇴』, 김성한의 『왕건』, 강병석의 『궁예』, 박영규의 『후삼국기』의 해석을 부분적으로 소개하고 있다.[3]

기본적으로 유인순이 제기한 논지에 동의하면서 필자의 견해를 덧붙이고자 한다. 첫째 궁예왕에 대한 가장 기본적인 사료인 『삼국사기』 기록의 인용 문제이다. 주지하듯이 『삼국사기』는 승자의 기록이라는 점에서 사료 비판이 요구된다. 그러나 필자가 생각하기에 『삼국사기』에 대한 사료 비판이 요구된다는 점과 『삼국사기』 소재 문헌전설의 기록을 인용한다는 점은 별개의 측면이라고 생각한다.

즉 『삼국사기』에 나오는 궁예왕에 대한 서술이 원칙적으로 여러 사실 가운데 궁예왕의 부정적 측면을 드러내는 것들을 중심으로 기록하였던 것이지, 기본적으로 없던 사실을 날조하여 궁예왕에 대한 일화를 기록한 것은 아니라는 점이다. 다시 말해 가장 포악한 모습으로 그려지고 있는 기록은 '궁예의 무도함에 부인 강씨가 이를 간하니 아내를 불륜으로 몰아 불에 달군 철퇴로 음부를 찔러 죽이고 그 소생 아들마저 죽인 뒤 의심이 많아져서 무고한 인명을 많이 죽였다'는 부분일 것인데, 이 기록도 실제 사실이었을 것이다.

문제는 과연 궁예왕의 그러한 행동이 어떠한 배경에서 나왔느냐는 점이나 혹은 그러한 행동이 광기狂氣만이 아니라 충분한 이유가 있을 수도 있다는 점을 보여주는 사료는 삭제하고, 『삼국사기』에서는 오로지 궁예왕 개인에 대한 광기의 발로로 사료를 서술하였다는 점이다. 따라서 역사소설에서 궁예왕을 재해석하거나 혹은 다른 일면을 제시한다고 하더라도 원칙적으로 『삼국사기』에 제시된 기록들을 포함하여 서술할 필요가 있다. 결코 궁예왕에 대한 부정적인 사료라고 하여 생략해서는 안 되는 것이다.

가장 극단적인 사례로 강병석의 『궁예』에서는 궁예왕의 광기는 거의 그려지지 않고 있다. 아마도 작가는 궁예왕을 광기의 왕이 아닌 비극의 왕으로 그리고자 했으며, 『삼국사기』의 기록을 불신하였을 것이다. 그러나 이는 설득력을 가지지 못한다. 궁예왕에 대한 재해석에 있어서도 결코 『삼국사기』에 그려진 궁예왕의 광기를 생략해서는 안 된다. 그것도 역사적 사실일 것이기 때문이다. 오히려 궁예왕과 관련된 역사소설이 대중에게 설득력을 가지고 성공하려면, 궁예왕과 관련된 광기에 대한 서술을 당연히 묘사하면서 그러한 행동까지를 포함하여 궁예왕을 재평가할 수 있어야 할 것이다.

둘째는 구비전설의 사용 여부이다. 유인순은 궁예왕에 대한 역사소설 외에도 구비전설을 많이 채록하여 분석하였다.[4] 구비전설이 전부 역사적 사실을 그대로 반영하는 것은 아니다. 또 구비전설에 담긴 시대적 선후先後 문제나 역사적 의미를 추출하는 작업도 쉬운 것은 아니다. 그러나 궁예왕에 대한 기록이 절대적으로 부족한 상황에서 구비전설은 또 하나의 유용한 사료가 된다. 특히 인물에 대한 평가에 있어 구비전설은 결정적 실마리를 제공한다.

궁예왕에 대한 구비전설을 추적하고 분석한 유인순은 결론에서 다음과 같이 말한다.

"역사적 기록물과 달리 전설 속에서 궁예왕은 백성을 사랑하고 백성에게서 사랑받은 왕이었다. 철원의 풍천원 시절 백성에게 공포의 대상이었던 엄격한 왕은 보개산성으로, 명성산성으로, 운악산성으로, 평강 지역으로 이동하면서 백성의 마음을 헤아리는 왕이 되었다. 그런데도 궁예왕은 왕건군사에 의해 평강에서 패퇴당하였다. 이 과정에는 역사에 기록되지 않은 궁예왕과 왕건 사이에 모종의 묵인 또는 협약, 불가피성이 있었을 것으로 보인다. 역사의 기록은 과연 믿을 만한 것인가. 궁예왕에 관해서만은 감히 그렇지 않다고 말할 수 있다"[5]

궁예왕에 대한 역사적 재구성과 평가를 어떻게 내릴 것인지에 따라, 궁예왕 관련 구비전설을 실제 작품에 이용하는 데 있어 많은 편차가 있을 수 있다. 그러나 현재까지 채록된 구비전설에서 궁예왕에 대한 기억이 역사적 기록물과 차이가 많이 있다면, 궁예왕을 소재로 한 역사소설은 구비전설을 더욱 적극적으로 원용하여 해석할 필요가 있다. 즉 역사적 기록물과 구비전설의 상이한 측면을 합일적으로 해석할 수 있는 작가의 눈이 가장 요청된다고 할 수 있다.

셋째, 궁예왕 관련 역사소설에서 뚜렷한 역사적 사실을 왜곡하는 경우의 문제점이다. 그런데 이 점은 역사소설 전체에 해당하는 중요한 사항이라고 할 수 있으며, 더 나아가 역사 관련 영상물에 있어서도 논쟁점이 될 수 있는 사항이다. 물론 뚜렷한 역사적 사실이라고 해도 사실상 어디까지를 그렇게 보아야 할 것인지는 결코 쉽지 않다.

예를 들어 최근 장보고 관련 역사소설과 사극을 분석한 권덕영은 에드워드 카Edward H. Carr가 『역사란 무엇인가』에서 '사실'을 세 가지로 구분한 논리를 원용하여 이 문제를 구체적으로 제기하였다. 카에 의하면 '사실'은 세 가지로 나뉜다. 첫째, 과거에 일어났던 사실 그 자체를 말하는 '과거의 사실fact of the past'이다. 둘째, 사료에 기록되어 있는 '과거에 대한 사실fact about the past'이다. 셋째, 역사가가 역사를 서술함으로써 성립하는 '역사적 사실historical fact' 이다.

권덕영은 장보고에 대한 '과거에 대한 사실'은 분명히 '과거의 사실'에 해당한다고 믿을 수 있는 여덟 가지 사실을 추출하였다. 그리고 그것을 바탕으로 전개된 역사가들의 연구를 통하여 다양한 '역사적 사실'이 창출된 사례들을 제시하였다.[6]

권덕영이 강조하려고 했던 것은 역사소설이라고 하더라도 최소한 '과거에 대한 사실'에 바탕을 두고 역사가들에 의해 추출되고 공인된 '과거의 사실'은 왜곡하지 않아야 한다는 점이라고 생각한다. 이 점은 유인순도 강조하였다. 이광수의 『마의태자』에서 송악의 상인商人 왕륭을 금성태수로서 서라벌 대궐 안을 드나들게 한 것, 유현종의 『궁예』에서 치악산 석남사로 궁예왕을 찾아온 왕건의 나이가 40대로 되어 있는 점 등을 제시하며, 비록 역사소설이라도 어느 정도 사실적 근거에 바탕을 두고 전개되어야 한다는 점을 지적하였다.[7]

앞서도 언급하였지만, 이 점은 역사를 소재로 하는 영상물에서도 계속 논란이 되는 사항이다. 한 편의 역사소설이 완성되려면 혹은 많은 분량의 대하사극이 시대순으로 진행되려면 많은 부분에서 검증되지 않은 이야기들을 창출할 수밖에 없다. 이때 역사가들이 역사왜곡이라고 비판하는 경우는 다음과 같은 경우이다. 첫째는 '과거에 대한 사실'에서 유추하여 만들어낸 새로운 이야기들이 지금까지 역사학자들의 연구에 의해 통설적으로 '과거에 일어났던 사실'로 인정되는 것과 다르게 서술하는 경우이다. 둘째는 '과거에 대한 사실'에서 기록되지 않은 사항들을 상상력을 동원하여 그려내되, 역사가가 그려낸 '역사적 사실'들과 현격히 다른 경우이다. 흔히 이상의 두 가지 측면에서 역사가들은 작가들에게 역사왜곡이라고 비판한다. 물론 작가들은 역사적 상상력, 문학적 상상력, 드라마적 상상력이라고 변호한다.

필자를 포함하여 대부분의 역사가는 문학적 상상력, 드라마적 상상력을 인정하고 있다. 다만 역사소설은 그 시대의 가치관과 행동양식 그리고 시대 분위기를 사실적으로 그려내야만 문학적 진실을 창조해낼 수 있다는 점,[8] 작가적 상상력도 당시 시대 분위기와 조건 그리고 시대 정황에 맞아야 작품의 메시지가 올바로 살아날 수 있다는 점,[9] 사극은 허구적 상상력이 얼마든지 허용되지만 주인공이 살던 시대에 대한 통찰력의 기초 위에서만 그 허구성이 역사적 진실성을 획득할 수 있다는 점[10]을 공통적으로 지적하는 것이다.

역사소설에 대하여 검토할 마지막 네 번째 사항은 과연 궁예왕 관련 소설들이 새로운 역사해석을 시도하였으며, 그것이 대중이 공감하는 역사적 상상력, 문학적 상상력을 성취하였느냐는 점이다. 그러나 우리에게 '궁예왕' 하면 떠오르는 역사소설이 없다는 점에서 이미 드러나는 것이지만, 사실상 궁예왕 관련 역사소설에서 문학적 상상력이 잘 가미되어 창출된 새로운 역사해석은 거의 없다고 보아도 좋다. 이 점은 현재까지 채록된 전설과 민담의 활용이 미흡하다거나 반대로 시대 정황에 대한 통찰력이 부족한 상태에서 쉽게 문학적 상상력을 동원한 결과, 궁예왕에 대한 새로운 역사적 진실을 창출하는 데에 실패하였기 때문으로 생각된다.

더 나아가 궁예왕 관련 소설들은 전반적으로 역사가들이 보기에 적극적으로 역사왜곡이 아닐까라고 문제를 삼을 만한 문학적 상상력조차도 제대로 발휘하지 못하였다는 점에서 대단히 아쉽다고 할 수 있다. 이러한 궁예왕 관련 역사소설의 문제점은 그대로 영상작품으로 연결된다. 뛰어난 영상작품에는 훌륭한 역사소설이 있어야 한다면,[11] 궁예왕을 중심으로 하는 영상작품이 거의 없는 것은 궁예왕을 소재로한 역사소설에 책임이 있다고도 할 수 있다.

### 영상작품에 그려진 궁예왕과 태봉

궁예왕과 태봉에 관련된 영상작품으로 필자가 조사한 것은 다음과 같다.

1. 〈태조 왕건〉(부제: 후삼국 난세천하), 세기상사, 최인현 감독, 1970.

2. KBS 역사스페셜 〈궁예〉(PD 이연식), 2000. 10. 28.[12]

3. KBS 대하사극(200회) 〈태조 왕건〉, 2001. 4.

제목에서 드러나는 것이지만 직접적으로 궁예를 주제로 다룬 영상물은 다큐멘터리 역사스페셜 〈궁예〉가 유일하다. 이 장에서는 역사스페셜 〈궁예〉를 중심으로 분석하면서 견훤왕과 태조 왕건을 주제로 한 영상물을 비교하여 언급하고자 한다.[13]

역사스페셜 〈궁예〉는 먼저 폭군으로 기록된 역사기록과는 차이가 있는 민담, 전설 등을 소개한다. 아울러 당시의 유물들을 이러한 민담, 전설과 관련시켜 적극 해석한다. 예를 들어 궁예왕은 철원평야 주변에 엄청나게 큰 석성들을 많이 쌓았는데 유독 철원평야의 도성만은 토성土城으로 한 이유에 대하여, 석성石城을 쌓을 능력이 없어서가 아니라 궁예왕이 가지고 있는 미륵신앙과 관련시켜 볼 때, 그는 늘 평민과 하나가 되기를 원하였기 때문이라고 해석된다. 즉 평민과 왕궁 사이에 높은 석벽을 쌓길 원하지 않고 토축土築하여 국민과 일체가 되려는 의지가 담겨 있다고 볼 수 있다는 것이다.[14]

다음으로 궁예왕이 세달사라는 절로 출가하고 이후 불교 계율에 충실한 일반 승려와는 달리 현실정치에 관심을 가지고, 그 결과 세달사를 떠나 원주를 거점으로 활동하던 양길 휘하로 들어가 반란군에 가담하고, 차차 독자적인 세력으로 성장하는 과정을 보여주고 있다. 물론 이 과정에서 세달사의 위치를 영월 지역으로 보고 옛 세달사터를 찾아내는 새로운 과정이 있기는 하지만, 대체로 기존 연구성과를 재구성한 것이다.

다만 기존의 연구성과를 재구성하였더라도 하나하나의 서술에 담긴 뉘앙스는 새로운 해석이 담겨 있다. 궁예왕의 초기 군대는 일종의 농민군 성격의 부대라는 점, 당시 전쟁터에서 궁예왕이 병사들과 동고동락하는 인물로서

사사로운 감정을 앞세우지 않고 공정하였다는『삼국사기』기록을 덧붙여 당시 혼란한 정세 속에서 사회모순을 시정하고자 백성과 함께한 궁예상을 제시하고 있다. 이러한 궁예왕의 통솔력 뒤에는 현실사회를 개혁하려는 미륵신앙이 자리 잡고 있다. 그리고 궁예왕이 철원을 택한 이유를 이러한 미륵신앙과 관련시키고 아울러 신라의 변방이라는 점, 물산이 풍부하다는 점을 결합시켜, 철원은 새로운 세상을 꿈꾸는 궁예왕의 이상향이었다고 주장하고 있다.

궁예왕에 대하여 부정적인 서술을 한『삼국사기』에서도 궁예왕에 대한 초기 기록은 상당히 긍정적이었다. 따라서 앞서 설명한 역사스페셜의 궁예왕 초기 부분에 대해서는 궁예왕을 현실사회 개혁론자로 의미를 매기더라도 큰 저항은 없다. 그리고 이 점은 기존의 연구에서도 제기되었던 것이다.[15]

문제는 궁예왕의 후기 모습에 대한 해석이 될 것이다. 역사스페셜에서는 궁예왕이 901년 왕위에 오른 뒤 918년 멸망할 때까지 18년이라는 짧은 기간에 시도된 국호와 연호 그리고 수도의 잦은 변경을 왕권강화와 관련하여 분석하였다. 결국 잦은 변경조치는 왕권을 강화하려는 궁예왕의 노력에도 정권 자체의 불안정성을 말해주는 것이라고 해석하였다.

이러한 왕권강화는 자연히 추진과정에서 호족들의 강한 반발에 부딪치게 되었고, 아울러 국호 및 도읍의 변경에 따른 민심수습을 위하여 궁예왕은 미륵신앙을 통치수단으로 활용하였다. 전근대 시기 신앙을 통치수단으로 활용하는 것은 일반적인 현상이다. 그런데 궁예왕은 집권 후반기가 되면서 본인 스스로 살아 있는 미륵이라고 자칭하고 두 아들도 청광보살, 신광보살이라고 하면서 신격화하였다. 이때부터 전개되는 궁예왕의 행동이 가장 의문스러운 것이다. 역사스페셜에서는 아지태 사건과 그 해결과정에서 대두된 왕건의 추종세력에 대하여 정치적 헤게모니에 위기를 느낀 궁예왕이 정치적 위기상황을 미륵신앙으로 극복하고자 한 것으로 해석하고 있다. 그 과정에서 궁예왕의 가장 포악한 행동으로 치부되는 부인 강씨와 두 아들을 잔인하게 죽인 사건도 있었다. 역사스페셜에서는 그 사건에 대하여 먼저 부인 강씨의 간쟁은 강씨 독단이 아니라 가깝게는 신천강씨 더 나아가서는 신천강씨와 연결되어 있는 패서의 지역호족과 연관이 되어 있다고 보았다. 더욱이 부인만이 아니라 사랑하는 두 아들마저 죽인 것은 아마도 국가전복이라든가 대역모라든가 하는 것이 시도되었고, 그로 말미암아 궁예왕 자신이 역모에 의해 쫓겨날지도 모른다는 위협에서 그러한 특단의 조치를 취했던 것으로 해석하였다.

역사스페셜 〈궁예〉에서는 많은 인터뷰가 나온다. 다른 다큐멘터리와 비교하여 대단히 많으며, 이는 역사스페셜의 다른 작품과 비교해도 인터뷰 횟수가 많다. 아마도 궁예왕 관련 자료도 적고 특히 영상자료화할 수 있는 것들이 많지 않기 때문일 것이다. 전문가의 인터뷰라고 하더라도 이는 실상 역사스페셜 〈궁예〉의 시각이라고 이해해도 무방하다.

역사스페셜 〈궁예〉가 밝히고 있는 궁예왕의 시대적 역할과 한계를 정리하면 다음과 같다.

궁예왕은 경주 중심의 천 년 동안 내려온 진골 중심의 세상을 부수는 데 기여하였다. 궁예왕의 인생 경로는 하층민 생활이었기 때문에 자신과 같은 사람들을 신라라는 질곡에서 해방시켜주고 그들과 함께 공존하고자 하였던 이상을 가진 사람으로, 고대 신분의 한계를 벗어나 새로운 시대에 대한 이상을 제공하였던 인물이다. 그러나 그는 왕권강화를 위하여 중앙집권국가를 꾀하면서 호족들을 하나의 일사불란한 관료체계로 흡수하려 하였고, 선종이라고 하는 지방에 뿌리를 내린 사상체계를 탄압하였다. 그 결과 궁예왕은 호족들과 대립하게 되었고 그러한 정치적 위기상황을 미륵신앙으로 돌파하고자 하였으나, 도리어 그것은 궁예왕의 인간적인 한계까지 철저하게 드러내는 결과가 되어 정변에 의해 패망하게 되었던 것이다.

이상 역사스페셜 〈궁예〉의 논지는 기존의 역사학자들의 견해를 잘 정리하면서 나름대로 궁예왕의 광기를 피하지 않으면서 해석하고자 노력하였다는 점에서 긍정적으로 평가된다. 그러나 역사스페셜은 역사책이 아니다. 그러므로 위의 주장을 표현하는 주된 방식은 영상자료와 영상이미지를 활용해야 한다. 역사스페셜 〈궁예〉는 지금까지 축적된 새로운 연구성과와 함께 자신만의 독특한 해석을 가미하여 궁예왕에 대한 『삼국사기』 서술을 넘어서는 긍정적인 궁예상을 상당 부분 보여주었다. 그러나 주된 진행을 인터뷰를 통한 전문가들의 발언으로 끌고 갔다는 점은 영상자료로 활용할 수 있는 자료가 부족하다는 점을 감안한다고 하더라도 대단히 아쉬운 부분이다.

역사스페셜 〈궁예〉가 다큐멘터리라는 점에서 부족한 영상자료의 한계를 극복하기 어려웠다면, 같은 시기 방영되었던 KBS 대하사극 〈태조 왕건〉은 드라마라는 점에서 자료의 한계를 뛰어넘을 수도 있었다고 생각한다. 그러나 다큐멘터리가 아닌 드라마로서의 〈태조 왕건〉은 오히려 드라마이기 때문에 시도할 수 있는 장점들을 놓친 측면이 많다. 즉 이 시기 궁예왕과 관련된 새로운 해석의 핵심은 지도층의 백성의식과 관련된 것이라고 할 수 있지 않을까 생각한다. 그것은 후삼국이라는 혼돈의 세계 속에서 진정으로 백성을 위하는 영웅의 출현일 것이다. 당시 후삼국시대는 궁예 · 견훤 · 왕건이라는 세 명의 영웅군英雄群 외에도 각지의 호족군豪族群 그리고 유민화된 백성군百姓群이라는 세 그룹의 상호작용으로 형성된 시기이다. 〈태조 왕건〉은 아쉽게도 이 중 백성군에 대해서는 거의 조명하지 못하였다. 이 점은 주명철이 적절히 지적한 바 있다.

"현대물에서는 가난한 집에 옹기종기 모여 사는 사람들이 모두 이름을 가지고 우리에게 다가서지만, 사극에서는 어찌하여 민초는 그림자처럼 나타나고 왕이나 고을수령이 걱정하는 말 속에서만 존재하는가", "삼국의 접경에 사는 민초의 관점에서 지배자가 바뀌는 과정이 그들에게 어떠한 의미가 있는지 짚어줘야 했다."[16]

물론 당시의 피지배층을 영상으로 설명하기는 쉽지 않다. 그러나 다큐멘터리가 아니고 드라마이므로 오히려 이것을 처리하기는 어렵지 않았는데도 화면에서 백성의 모습은 너무 등장하지 않았다. 실제 작가와 프로듀서들은 역사적 상상력을 강조하고 있는데, 오히려 이러한 백성층의 움직임에 대해서는 역사적 상상력을 거의 동원하지 않았다. 정작 역사적 상상력을 꼭 구사해야 할 곳에서는 거꾸로 침묵하였다.[17] 그나마 궁예왕의 초기 모습을 그릴 때에는 백성군을 고려하는 모습이 일정 부분 반영되기도 하였는데, 아마도 드라마 시청률에서 궁예왕이 등장한 처음 시기에서 시청자 호응이 높았던 것은 그러한 점도 작용하였을 것이다.

필자가 생각하기에 궁예왕은 뜻이 컸고 친화력과 통솔력도 갖추어서 혼란한 시대에 민심을 얻어 국가까지 창업한 한 시대의 영웅이었다. 그러나 영웅이 항상 마지막 승자가 되는 것은 아니다. 영웅이 마지막 승자가 되지 못하는 여러 가지 이유가 있다. 분명한 것은 여러 결점 때문에 마지막 승자가 되지 못하였더라도 궁예왕만큼 부정적 이미지로 각인된 사례는 많지 않다는 점이다.

역사의 패자로 남은 궁예왕의 패인은 무엇이었을까? 많은 연구자나 역사 스페셜에서 지적하였듯이, 호족과 대립하였던 궁예왕의 왕권강화정책이었다. 그리고 왕권강화를 위한 정치력의 한계를 미륵신앙으로 극복하고자 하였다. 태조 왕건은 호족들과 혼인정책을 폈으며 그 결과 태조의 부인이 29명이라는 데에서 단적으로 알 수 있듯이, 태조 왕건은 왕권강화보다는 호족과의 연합을 중시하였다. 태조가 각지 호족의 딸들과 정략적으로 혼인정책을 펼쳐 부인이 29명이나 된다는 사실은, 태조 왕건의 스타일이 얼마나 궁예왕과 다른지를 단적으로 말해준다.

태조 왕건은 '창업創業' 군주이다. 창업과 수성守成의 논리는 다르다. 창업과정에서는 다양한 인재를 필요로 한다. 그 유명한 『삼국지』에 등장하는 인물들을 보면 알 수 있다. 요즘 표현으로 저마다 주특기가 있고 개인기가 넘친다. 분열된 시대를 통일하고자 하는 창업군주는 때로는 건방지기까지 한 여러 개성적인 인물을 다 포용할 수밖에 없다. 그러한 포용력의 크기가 창업군주에게 요구되는 최대의 미덕이다. 궁예왕과 견훤왕을 제친 태조 왕건의 승리는 그 점을 정확히 파악한 덕德과 포용력의 결과였다.

대하사극 〈태조 왕건〉이 창업과정이라면, 후속 드라마로 방영되었던 〈제국의 아침〉은 수성과정을 그렸다. 수성과정에서 요구되는 신하상은 기본적으로 '예스맨Yes Man'이다. 그 상징적인 조치가 왕권강화를 이룩한 4대 광종 때의 공복公服 제정이다. 그것은 다음의 선포와 같다.

"내(광종) 정책(왕권강화)에 따르는 자는 등급에 맞추어 공복을 입고 나에게 조아려라. 만약 그렇지 않은 자는 숙청당하리라."[18]

정치적 동조세력이 부족한 상태에서 궁예왕은 수성과정에서 취하였어야 할 왕건강화를 무리하게 시도하였다. 그리고 그 한계를 미륵신앙으로 극복하고자 하였고, 더 나아가 자기 자신이 미륵불로서 사람들의 마음을 꿰뚫어 볼 수 있는 신비한 힘을 가졌다는 단계로까지 나아갔다. 필연적인 패망의 길로 접어든 것이다. 비록 궁예왕이 합리적 정치운영으로 국정을 운영하지 못하고 독심술讀心術 단계까지 간 것은 문제이지만, 그렇게까지 하면서 성취하고자 한 목표가 백성에게는 어떻게 비추어졌느냐는 점은 다를 수도 있다. 놀랍게도 궁예왕과 관련된 민담과 전설 그리고 궁예왕이 신봉하였던 미륵신앙은 상상 이상으로 넓게 퍼져 있다. 그 이야기들 속에서 궁예왕은 긍정적인 모습으로 나타난다. 전통적 역사학과는 달리 문학과 영상에서는 이러한 괴리를 문학적 상상력, 역사적 상상력을 동원하여 재조명할 수 있어야 한다.

항상 역사를 주제로 한 문학작품과 영상작품에서 키워드는 '역사적 사실', '문학적 상상력', '역사적 진실'의 문제가 된다. 최근 팩트(역사적 사실)와 픽

선(상상력)의 결합이란 의미로 '팩션'이라는 말을 즐겨 사용하는 김기봉은 이 문제에 대하여 다음과 같이 정리하였다.

"문제는 사극이 어디까지 역사적 사실에 해석을 덧붙여서 '팩션'을 구성할 수 있느냐이다. 사실과 해석을 버무려서 '팩션'으로써 사극을 구성하는 고유한 문법이 있다. 예를 들어 이야기 대상이 되는 사건의 시작과 결말을 숫자 1과 2 사이로 설정한다면, 역사가는 1이라는 사실로 시작해서 2라는 사실로 결말에 이르는 이야기를 그 사이 실제 일어났던 다른 사건들을 근거로 해서만 구성한다. 이에 반해 사극 제작자는 1과 2 사이에는 1.111에서 1.999까지 무수한 숫자가 존재할 수 있다는 가능성에 주목하여 해석의 여지를 무한히 확대해서 이야기를 꾸며낸다. 이처럼 사실과 해석 가운데 무엇에 더 중점을 두고 이야기를 구성하느냐에 따라 역사인가 사극인가가 결정된다." [19]

'사실과 해석' 혹은 '사실·상상력·진실'에 대한 관계에 대해서는 앞서 소개한 것처럼 필자를 포함하여 박광용, 정두희, 권덕영 등 많은 연구자가 비슷한 담론을 낸 바 있는데, 여기에서는 편의상 김기봉의 논지를 제시해본다. 냉정히 판단하자면 지금까지 나온 궁예왕에 대한 문학작품과 영상작품에서는 역사적 기록, 사실의 수준을 넘어서는 해석의 역사, 사라진 역사에 대한 재구성, 상상력으로 재해석된 역사상은 나오지 않았다. 앞으로 새로운 궁예상이 다양하게 출현하기를 기대하며, 필자가 정리해본 '사실·상상력·진실'에 대한 내용을 역사대중서와 역사소설, TV 사극과 역사영화로 나누어 제시하고자 한다.

표 5-1   역사적 사실·상상력·진실

| 분야 | 역사대중서·<br>역사다큐멘터리 | 역사소설·<br>TV 사극(정통, 퓨전) | 역사영화 |
|---|---|---|---|
| 역사적<br>사실 | • 가장 정밀하게 조사하여 근거 제시 필요<br>• 전문가와의 결합 필수<br>• 뒤의 요소인 역사적 상상력과 역사적 진실의 새로운 해석에 따라 역사적 사실의 문제는 재해석될 수 있음 | • TV 사극의 원본은 좋은 역사소설이 되어야 바람직함. 원칙적으로 역사소설과 TV 사극은 유사함<br>• 정통 사극은 상상력보다 역사적 사실에 근거하는 비중이 큰 반면, 퓨전 사극은 역사적 사실보다 상상력 비중이 더 크다고 비교할 수 있음 | • TV 사극보다 역사적 사실에서 더 자유로움(TV와 영화의 매체적 차이, 일회성과 반복성 차이에서 기인함) |
| 역사적·<br>문학적<br>상상력 | • 사실의 한계에서 벗어나 역사적 진실을 찾기 위해 필요하나 또 다른 역사적 사실이라는 근거로 제시되어야 함 | • 역사대중서 및 역사다큐멘터리와 비교하여 상상력 자유롭게 허용됨<br>• 그러나 원칙적으로 당대의 시대 분위기와 사회 정황 등이 반영된 가운데 상상력이 동원되어야 함<br>• 퓨전 사극을 모든 제약에서 벗어날 수도 있음 | • 매체의 특성상 역사적 상상력의 극대화가 시도될 수밖에 없음<br>• 그러나 이 역시 당시 시대 분위기를 반영한 상상력이어야 울림(역사적 교훈)이 오래 지속될 수 있음 |
| 역사적<br>진실 | • 영상으로 역사읽기라는 차이만 있지 기본적으로 대중역사서와 다큐멘터리는 유사(예: 역사스페셜)<br>• 다큐멘터리는 기본적으로 '주장'하는 것임. 그러나 교훈적 역사를 강조할 경우 종종 역사적 진실을 단순히 단정하고자 하는 단점이 노출될 수 있음 | • 울림(역사적 교훈)의 측면을 얼마나 구현하였는가에 따라 역사적 상상력 부분에 대한 합리화 및 면죄부 가능<br>• 사극의 경우 두 측면이 조화롭게 있어야 함. 사극에 있어 지나친 퓨전 사극 일변도는 문제임 | • 울림의 측면이 무엇보다 중요함(이는 영화에 있어 극단적인 상상력에 대한 합리화 여부를 규정해주고 있음) |

이제까지 문학작품과 영상작품에 나타난 궁예왕과 태봉의 모습을 살펴보았다. 사실상 궁예를 전일하게 다룬 주목할 만한 작품들이 많지 않아 다양한 분석은 시도되지 못하였다. 문학작품의 경우 작품 수는 어느 정도 되었으나 문학적 상상력이 제대로 발휘된 것을 찾기는 쉽지 않았다. 이 장에서는 궁예왕에 대한 대표적인 역사기록인『삼국사기』의 활용문제, 다양한 구비전설의 활용문제, 역사소설의 명확한 사실 왜곡의 문제, 새로운 역사해석의 문제 등

을 가지고 기존 궁예왕 관련 역사소설을 분석하였다.

다음으로 궁예왕을 다룬 영상작품의 경우 영화 한 편, 다큐멘터리 한 편, 대하사극 한 편을 들 수 있을 정도로 적은 편이었다. 이는 궁예왕 관련 역사소설이 영향을 주지 못하였기 때문이다. 이 장에서는 이 중 궁예왕을 주제로 한 역사스페셜을 주로 분석하였고, 아울러 동시기에 방영된 대하사극 〈태조왕건〉에 나타난 궁예상을 비교하여 검토하였다.

역사를 주제로 한 문학작품이나 영상작품의 경우, 가장 핵심적인 문제는 '역사적 사실', '상상력', '진실'의 문제가 될 것이다. 아쉽게도 지금까지 나온 궁예왕에 대한 문학작품과 영상작품에서는 역사적 기록, 사실의 수준을 넘어서는 해석의 역사, 사라진 역사에 대한 재구성, 상상력으로 재해석된 역사상은 제대로 나오지 못하였다.

정치적 동조세력이 부족한 상태에서 궁예왕은 수성과정에서 취했어야 할 왕건강화를 무리하게 시도하였고, 그 한계를 미륵신앙으로 극복하고자 하였다. 비록 현실정치에서는 왕권과 신권이 조화되지 못하고 극단적인 전제왕권의 추구로 몰락의 길을 걸었지만, 민담과 전설 그리고 미륵신앙에 반영된 궁예왕의 이미지는 긍정적인 모습으로 나타난다. 따라서 전통적 역사학과는 달리 문학과 영상에서는 이러한 괴리를 문학적 상상력, 역사적 상상력을 동원하여 적극적으로 재조명할 수 있을 것이며, 그것은 역사학과 역사교육을 더욱 풍요롭게 해줄 것이다.[20]

# 맺음말

김 용 선

　이상에서 한국사상 최대의 격변기 중의 하나였던 후삼국시대에 한때 최고의 강자로 군림하였던 궁예와 그가 세운 태봉의 여러 모습을 구체적으로 밝혀보고, 그 역사적 의의를 새롭게 이해하고자 하였다. 그를 위하여 『삼국사기』나 『고려사』와 같은 정통적인 문헌자료 이외에 유물이나 유적, 아울러 민담과 전설, 후대의 문학작품이나 영상작품에 반영된 궁예의 모습에 이르기까지 다양한 자료를 이용하여 다각도로 궁예와 태봉의 특성을 살펴보았다. 궁예와 태봉에 대한 종합적이고도 체계적인 이해를 목표로 하고 있는 이 연구를 통하여 얻은 결과를 요약해보면 다음과 같다.

　궁예는 신라의 왕자로 태어났으나 그의 아버지가 누구인지는 분명하지 않으며 정비正妃에서 정상적으로 태어난 왕자가 아닐 가능성도 있다. 그러나 그가 왕위계승과정의 정권 싸움에서 희생되어 지방으로 쫓겨났다는 점은 분명한 듯한데, 이로 말미암아 그는 자신을 쫓아낸 신라왕실과 경주의 진골귀족에 대해서는 철저하게 적대적 태도를 취하게 되었다. 지방에서 자라난 그는 처음 승려가 되었다가 정치적 야심을 품고 자신의 세력을 형성하여 마침내는 독립세력으로 자립하게 되었다. 특히 초기에는 초적과 사원세력이 주가 되었지만, 명주에서 자립한 이후에는 호족세력이 궁예세력의 주요 구성

요소가 되었다고 생각한다. 그는 철원에 도읍을 정한 896년을 전후한 때로부터 901년에 후고구려를 건국하기까지 패서 지역, 송악 지역, 한산주와 한강 하류 지역, 남한강 유역의 호족세력의 귀부를 받고 그들과 결합하였다. 이런 바탕 위에서 후고구려를 건국할 수 있었던 만큼 궁예는 호족세력과의 결합을 통해서 국가를 건설하거나 운영하여야 하였다. 즉 궁예는 후고구려를 건국한 후 일정 기간 호족연합정책豪族聯合政策을 추구할 수밖에 없었다고 생각된다.

그가 세운 태봉의 중앙정치기구는 국호를 마진摩震으로 바꾼 904년에 일단 정비되었다. 그것은 광평성廣評省을 정점으로 하였으므로 그 기구를 광평성체제라고 부를 수 있다. 광평성은 호족들의 이해를 대변하는 관부였다. 특히 궁예의 측근기구로써 인사를 담당하였다고 여겨지는 내봉성內奉省이 서열 제9위에 그쳤다는 점도 광평성체제가 호족연합에 기초한 중앙정치조직이었다는 점을 말해준다. 그러나 국호를 태봉으로 고친 911년 무렵 광평성체제에는 새로운 관부가 설치되거나 서열이 변하는 등 적지 않은 변화가 생겨났다. 내봉성은 서열이 제2위로 뛰어오르고, 순군부徇軍部와 내군內軍이 새로 설치된 것이 그 대표적인 사례이다. 내봉성은 인사권의 장악과 사정기구의 역할을 겸하였고 순군부는 군령권을 행사하였으며 내군은 궁예의 신변 경호와 군 내부의 반궁예적인 움직임을 탐지, 적발하는 기능을 하였다. 반면 광평성의 정치적 지위는 하락하여 그 장관인 시중侍中은 호족들의 대표자라기보다는 행정적 실무자로 그 성격이 변하였다. 이러한 변화는 결국 왕권강화를 목적으로 하는 것이었다. 관부의 변화와 함께 궁예는 미륵불을 자칭하였다. 그는 국왕이면서 미륵불이었던 셈인데, 이제 그의 통치는 미륵불의 권위에 의해 뒷받침되는 신성한 것이 되었다. 그런데 궁예는 미륵관심법彌勒觀心法을 터득하여 부인의 간음은 물론 관리들의 반역죄까지 알 수 있다면서 무자비한 숙청을 단행하였다. 이러한 점으로 보면 광평성체제의 변화는 신정적 전제주의 추구와 짝하는 것이었다고 생각된다. 즉 호족연합정권에서 벗어나 왕권을 강화하려고 하였던 궁예왕의 노력이 호족들의 반발에 부딪치자 그는 자신을 신격화함으로써 그에 대응하였던 것으로 여겨진다.

궁예의 사상적 배경으로는 단연 불교를 꼽을 수 있다. 그가 미륵불임을 자칭하였고 미륵관심법을 터득하였다고 주장한 사실에서, 특히 그는 미륵불이 하생하여 이상세계를 구현한다는 미륵신앙을 중시하였음을 알 수 있다. 궁예왕이 행차할 때 범패를 부르며 뒤를 따랐던 승려들이나 궁전의 사원인 내원內院의 승려였던 허월許越, 소판蘇判이라는 고위관등을 가지고 궁예정권에 참여하였던 승려 종간宗侃으로 대표되는 이들이 궁예의 신정적 전제정치를 사상적으로 지원해주었을 것이다. 그러나 이상세계의 건설과 함께 현실사회의 개혁을 위해서는 유학자의 중용도 필요하였다. 대체로 신라의 서북 변경 출신으로, 유교적 학식과 행정능력을 갖추고 있었던 박유朴儒나 최응崔凝으로 대표되는 유학자들은 처음에는 궁예왕을 도와서 유교적 정치이념으로 나라를 다스리는 데 도움을 주고자 하였다. 궁예왕은 이들을 통하여 불교의 미륵신앙뿐 아니라 유교적 정치이념을 받아들여 새로운 사회를 구현하고자 하였다. 더 나아가 궁예왕은 풍수도참설에 대해서도 많은 관심을 가졌으며 천도하는 데 그것을 이용하기도 하였다. 그는 송악의 지형적인 조건까지 무시하면서까지 철원으로 환도하였는데, 풍수지리설을 이용하여 정치적인 목적을 수행하였다고 볼 수 있다. 이렇게 보면 궁예왕은 유교적인 정치이념을 통한 통치를 추구하면서도 정책의 정당성을 확보하고 인민에 대한 지배력을 강화하기 위하여 풍수도참을 이용하였다고 할 수 있다. 그러나 결국에는 미륵신앙에 더 많은 관심을 두고 신정적 전제왕권을 추구하였다. 이렇게 사상적 배경이 복합적으로 얽힌 가운데 벌어진 지지세력의 불만과 이탈은 궁극적으로는 궁예왕이 태봉에서 축출되는 계기가 되기도 하였다.

전성기 태봉의 영역에 대하여 고려 후기의 역사가 이제현李齊賢은 '삼한의 3분의 2'를 차지하였다고 하였고, 『고려사』에는 태반이 궁예정권의 영역이라고 기록되어 있다. 궁예는 처음 북원(원주)의 세력가이던 양길梁吉의 지원을 받아 894년에 명주에 들어갔다. 이곳에서 3,500명의 군대를 거느리는 장군이 되면서 점차 독립세력으로 성장하였다. 그의 세력은 점차 확대되어 강원도, 경기도, 충청남북도, 경상북도 그리고 전라남도 서남해안까지 지배력을 행사하게 되었다. 특히 흑수말갈黑水靺鞨이 거주하던 골암성䯏巖城을 경계로 하여 발해와 경계하면서 북쪽으로는 평양과 안변安邊 이북 지역까지 진출하였고, 남으로는 죽령竹嶺을 넘어갔으며 한반도의 서남해 일대까지 미쳤다. 물론 그 과정에서 왕건의 공로가 컸던 것은 사실이다. 그러나 어디까지나 왕건은 궁예의 휘하 장수로서 정복사업을 하였던 것이므로 왕건에 의하여 획득된 땅이라고 하여도 태봉의 영토라고 보는 것이 마땅하다.

이렇듯 한때 후삼국 최대의 국가를 통치하였지만 궁예는 왕건에 의해 역사의 뒤안길로 밀리면서 불행하게도 자신의 역사기록을 남기지 못하였다. 오늘날 전해지는 궁예와 태봉에 관한 기록은 소략하고 많이 왜곡되어 있다. 특히 외교관계 기록은 거의 없는 가운데 외교를 담당하는 수춘부壽春部, 사신의 접대를 맡아 보는 봉빈부奉賓部 그리고 역어譯語의 학습을 관장하는 사대史臺 등과 같은 외교와 관련된 여러 부서를 두었다는 기록만이 있다. 이처럼 외교와 관련된 여러 관부를 두었던 것에 주목하여 궁예가 대외교섭에 적지 않은 관심을 가졌을 것이라고 주장한 견해가 있다. 일견 일리 있는 지적이라고 생각한다. 그러나 궁예의 대외인식은 견훤이나 왕건과는 달리 매우 소극적이었다. 그 결과 궁예정권은 외교에 있어서 별다른 성과를 거두지 못하였다. 이러한 태봉의 대외관계는 후삼국시대가 국내외적으로 급변하던 전환기 사회라는 점에서 매우 이례적이다. 견훤이나 왕건은 신라에 대하여 '존왕尊王의 의義'를 내세우며 시종 '군신관계'임을 강조하였다. 나아가 견훤과 왕건 간에도 초기에는 사신의 파견, 질자質子의 교환, 서신의 왕래 등

외교관계를 맺었다. 비록 양국 간에 전투가 진행되는 중에도 서신과 질자의 왕래 등 교류가 유지되었음은 잘 알려진 사실이다. 오월이나 후당·거란·발해 등 대륙과의 외교관계에 있어서도 견훤과 왕건은 서로 경쟁적으로 유리한 관계를 차지하고자 경쟁하였으며, 그 성과 또한 성공적이었다고 생각한다. 후삼국시대 전국적으로 지방세력들이 난립하는 중에 이러한 대외관계의 성과는 견훤이나 왕건 모두 자신의 지위와 권위를 확립하는 데 기여한 바가 크다고 할 수 있다. 이에 비해 궁예는 대외관계에 매우 소극적인 태도로 일관하였고 실제 신라와의 관계를 비롯하여 대륙과의 대외관계에 있어서도 이렇다 할 성과를 거두지 못하였다. 결과적으로 중국에서 들어오던 유학자라든가 선승 등 지식층의 지지를 받지도 못하였다. 비록 신정적 전제정치를 통하여 강력한 권력을 확보하였는데도 왕건세력에 의해 하루아침에 몰락하게 된 배경을 이러한 점에서도 찾을 수 있다.

　궁예나 태봉은 왕건에 의해 몰락하고 말았지만 그들의 정치적 유산은 왕건이나 고려에 계승되었다. 특히 궁예와 왕건정책을 비교해보면 왕건은 궁예를 반면교사로 삼아 여러 가지를 배웠을 것이다. 초기의 궁예는 부하들과 고락을 같이하면서 마음을 얻고 지방세력들을 포섭, 흡수하였다. 그러나 마진 시기부터 지방세력을 끌어 모은 정권의 차원을 벗어나 확대된 국가 발전의 비전을 제시하고 국왕을 중심으로 한 집권력 강화를 추구하였다. 관료제도나 수취제도 등에서 신라의 제도와는 다른 새로운 방향에서 지배질서를 마련하였다. 그리고 지방세력이나 중앙의 장상들을 강하게 통제하고 국왕과 백성이 지방세력을 통해서가 아니라 직접 연결되는 체제를 구축하려고 하였다. 스스로 하생한 미륵불임을 자칭하면서 미륵관심법처럼 종교를 정치기술에까지 이용한 것도 그러한 의미가 있었다. 그렇지만 지방세력들의 동향이 큰 변수로 작용하던 시대 상황 속에서 지방세력과 장상들에 대한 비상하고도 과감한 숙청은 정치적 불안을 초래하였다. 새로운 수도 건설이나 체제 정비,

군비 조달 등 때문에 백성에 대한 수취가 줄기는커녕 늘어나는 가운데 백성에게도 호응을 얻지 못하였다. 이에 비해 왕건은 송악에 근거를 둔 지방세력 출신으로서 궁예에게 귀부하였다. 이후 군공을 통하여 궁예의 신임을 얻으면서 정치적으로 성장하였지만, 마진 시기 이후 독자적인 길을 모색하기 시작하고 마침내 정변에 의해 궁예를 축출하고 집권하였다. 그는 정변의 정당성을 마진 시기 이후의 궁예정치에 대한 비판에서 찾았다. 국호 선정, 지방세력들에 대한 태도, 부세수취정책, 신라에 대한 태도 등에서 궁예와의 차별성을 부각하여 정치를 운영하였다. 그렇지만 이러한 차이가 있는데도 왕건은 궁예의 정치적 유산을 상당히 계승하였다. 골품제를 탈피한 중앙정치제도, 주州의 설치와 군현의 명칭 개정을 내용으로 하는 지방제 개편, 토지면적에 기준을 두고 조租를 수취하는 방식 등은 마진 시기 이래 추진하던 정책 방향을 그대로 이은 것이다. 왕권강화에 걸림돌이 되는 지방세력 출신과 공신들에 대한 강력한 억압과 숙청은 왕건대에는 유보되었고, 그 결과 그의 사후 정치적 갈등이 발생하였다. 그렇지만 광종대에 노비안검법을 비롯한 제도적 조처와 함께 참소를 허용한 강력한 숙청작업을 통하여 왕권강화를 실현하였으며, 이는 마진 이후 궁예정책과 통하는 것이었다. 이러한 점에서 궁예와 태봉의 정치적 유산은 고려에 그대로 계승되었으며 태봉은 한국사의 전개과정에서 일정한 역사적 의의를 차지하게 된다는 사실이 분명해지는 것이다.

이 책에서는 한편으로 궁예나 태봉과 직·간접적으로 관련이 있는 유물과 유적을 찾아서 당시의 구체적 모습을 검토하고자 하였는데, 그 결과는 다음과 같다.

철원 일대의 성 대부분은 궁예와의 전설을 담고 있으면서도 실제 문헌상의 기록은 드물다. 전설을 담고 있다고 하여 모두 궁예가 쌓았다고는 보기 어렵지만 아마도 이러한 전설이 깃든 이유는 궁예가 그 당시 그만큼 성을 많이 쌓았을 뿐 아니라 그의 힘이 막강하였음을 말해준다고 볼 수 있다. 철원평야에서 가장 가까우며 험준한 암곡에 산성을 쌓은 보개산성寶蓋山城은 성의 규모가 가장 크면서도 이중으로 성을 쌓았다는 점에서 궁예의 축성술을 가장 잘 보여주는 성이다. 이 성은 왕건에게 내쫓긴 궁예가 제일 먼저 피신하여 최초의 결전을 치루었다는 점에서 궁예가 축조한 산성 중에서 가장 대표적인 산성일 뿐 아니라 역사적 의의를 지니는 산성이라 할 수 있다. 명성산성鳴聲山城은 궁예가 보개산성 전투에서 패한 후 잠입한 곳으로 이미 보개산성과 같이 일찍이 궁예가 축조한 성으로 보아야 한다. 또 동주산성 등은 조사 결과 삼국시대의 유물이나 축성방법, 산성의 입지 조건을 갖추고 있어 궁예가 철원 점령 시 항전하였던 성으로 보인다. 또 궁예가 직접 건설한 태봉도성은 조선시대 지리서나 일제시대 자료, 최근 지도와 항공사진 등을 통하여 볼 때 왕궁성을 포함하여 삼중성으로 볼 수 있다. 그중 내성이 도읍성으로 축조된 후 인구증가 및 정복활동의 확대 등으로 제2의 도성을 뒤에 축조하였을 것으로 추정된다. 북벽의 내성과 외성이 하나로 되어 있는 것은 태봉을 포정전 앞 남쪽에 건설하고자 한 의지로 보인다. 아울러 도성이 직선 위주의 방형인 점은 넓은 철원평야에 대규모 도읍을 건설하려는 의지로 볼 수 있다. 그러나 현재는 현장을 직접 볼 수 없으므로 앞으로 더욱 체계적인 조사가 요구된다.

한편 지금까지 두 차례 발굴조사된 철원군 월하리 일대의 유적은 그 성격에 대하여 명확히 판단하기는 아직 이르지만 이미 조사된 유물이나 토성과 같은 유적 현황 및 문헌기록 등을 종합해보면 태봉 당시 왕건이 거주하였다고 하는 조선시대의 기록이 사실일 가능성이 매우 높다. 태조 왕건이 그의 부장들에 의해 국왕으로 추대될 당시 왕건은 태봉의 도성에서 그렇게 멀지 않은 곳, 즉 철원에 거주하였을 것이다. 더구나 그는 일개 관리로 태수에 임명된 것이 아니기 때문에 상당한 수의 직속 부하를 거느렸을 것이라는 점은 쉽게 짐작할 수 있다. 또 당시 그의 거주지는 철원을 다스리는 관아 기능을 동시에 가졌을 가능성도 충분히 있다. 이러한 점을 고려해보면 그가 거주지에 대한 방비에 소홀하였을 리가 없다. 그의 '구택지舊宅址'라고 알려진 철원향교터 주변에 토성이 존재하는 것은 그러한 점에서 매우 의미 있고 중요한 유적이다. 또 이곳은 궁예가 처음으로 철원에 입성한 이후 인연을 맺은 곳일 가능성도 있다. 궁예가 철원을 세력의 근거지로 정한 896년부터 905년까지, 즉 지금 비무장지대에 있는 도성을 건설하기 전까지 궁예정권이 철원에 세력을 확립하였던 때에 근거지를 어디에 두었느냐는 점을 생각해볼 필요가 있다. 월하리 유적지는 그 유력한 후보지 가운데 하나이다. 이러한 점에서 이 유적은 태봉의 역사·문화 유적 가운데 가장 의미 있는 곳이며, 향후 면밀한 조사와 연구가 절대적으로 필요하다.

한편 승려 출신으로 스스로 미륵불을 표방하였던 궁예의 자취는 불교유적에 어떻게 남아 있느냐는 문제를 불상조각을 중심으로 살펴보았다. 특히 나말려초 중부 지역의 불상들은 태봉의 직접 지배영역이었던 곳에 소재하고 태봉시대의 전후기에 조성되었을 것으로 생각되므로 이 시대의 미술과 문화를 이해하는 데 중요한 단서가 된다. 태봉은 중국과의 활발한 경제·문화적 교류를 통하여 당말오대의 불교문화에서 큰 영향을 받았을 것으로 생각된다. 이러한 영향은 시각적인 미술뿐 아니라 교의·신앙적(정신적)인 것을 포함하였던 것으로 생각된다. 태봉 지역에서 불상 제작을 담당하였던 조각가들은 이러한 영향을 적극적으로 수용하여 이전 시기와 다른 새 시대에 걸맞은 새롭고 선진적 미술의 방향을 찾으려고 노력하였을 것이다. 이와 같은 추측은 중부 지역의 나말려초 불교조각에 보이는 독특한 양식과 새로운 도상에서 확인된다. 태봉의 불교신앙은 밀교적인 요소가 강하고 신비주의적이고 주술적인 모습을 보이는데, 당시 만들어진 중부 지방 일대의 불상조각에서도 이러한 특징은 여러 점에서 잘 나타나고 있다. 이러한 신앙 경향은 정통적인 신라불교의 일반적인 성격과는 달랐을 것으로, 당시의 보수적인 승려들이나 불교계에 긍정적으로 받아들여지기 어려웠을 것이다. 그러므로 태봉시기의 불상들은 후삼국이 병립하였던 나말려초가 정치·사회적인 변혁기였을 뿐 아니라 문화적으로도 커다란 변화가 있었음을 알려주는데, 당시 이러한 변화의 중심에는 태봉이라는 나라가 있었던 것이다. 비록 20년에 불과한 기간이었으나 태봉시대에 일어났던 이와 같은 문화적 성장은 이후 고려에 계승되어 고려시대 미술문화를 형성하는 기초가 되었다.

궁예가 비극적인 생을 마침과 동시에 태봉의 역사도 뒤안길로 사라져버리면서 그들에 대한 기록도 대부분 잊히거나 왜곡되고 말았다. 그렇다면 승리자 중심의 역사기록 이외에, 한때 그들이 지배자로 추앙하였던 궁예에 대해서 후대인들은 어떠한 평가를 내렸을까? 이 문제를 살펴보기 위하여 전설 속에 나타난 궁예의 인간상과 문학작품이나 영상작품에 담긴 궁예의 모습을 살펴보았다.

『삼국사기』에 나타난 궁예왕 이야기는 이후 다른 문헌자료에서 거듭 변주된다. 그러나 정치적 목적의식 아래 궁예왕에 대한 부정적 인간상을 강조할수록 궁예왕의 영웅적 인간상, 제왕으로서의 통치능력, 저술가로서의 능력 등은 부정되지 않았다. 철원과 포천 지역에서 30여 편에 채록된 궁예왕 관련 인물전설을 보면, 그는 표면적으로 성급하고 인내성이 부족한 데다가 인육을 먹고 처자식을 살해하는 엽기적인 악당의 모습으로 그려지고 있다. 그러나 이들 이야기의 이면에는 궁예왕의 결정에 분노하고 슬퍼하는 산신과 용의 등장을 통하여 궁예왕이 이들 초자연적 대상에게까지 인정받는 중요한 존재로 나타난다. 특히 왕건 일당에게 쫓기면서 궁예왕이 겪게 되는 슬픔과 분노 앞에 궁예를 따르는 백성도 울고 산도 바위도 운다. 평강에서 궁예왕이 지역 수호신으로 숭모되고 있는 사실, 일제시대 궁예왕이 원산행 철도건설 공사와 기차 개통 시에 보여준 이적異蹟, 풍천원 궁예 대궐터의 소나무가 보여준 이적 등 이러한 이야기를 전하는 전승자들 가슴에는 궁예왕에 대한 표면적인 매도와 달리 깊은 경외감이 뿌리박혀 있다는 사실을 지적하지 않을 수 없다. 지명전설에 나타난 궁예왕의 모습은 거룩하기까지 하다. 재위 중의 궁예는 삼국통일의 욕망에 자신은 물론 태봉 민중에게 엄격한 왕이었다. 도읍지 선정의 실책으로 나오는 여러 지명설화도 실은 궁예왕에 대한 신비적 존재들의 관심임을 알게 된다. 이뿐 아니라 지명전설에서는 역사적 기록과 달리 궁예왕이 왕건 일당과 오랜 세월에 걸쳐 장소를 바꾸어가며 치열하게 항쟁하였다는 사실, 그러한 궁예에 대한 백성들의 존경과 사랑의 흔적을 보게 된다. 특히 평강 지역 지명전설에서는 궁예왕이 그토록 원하던 미륵세계가 도래到來한 것으로 보인다. 이 점에서 역사적 기록물과 달리 전설 속에서 궁예왕은 백성을 사랑하고 백성에게서 사랑받은 왕으로 평가되고 있다. 그러므로 궁예왕에 대한 민담과 전설은 과연 승자에 의해 기술된 역사기록물은 과연 믿을 만한 것인가 하는 기본적인 문제를 다시 한번 제기해준다.

궁예를 다룬 문학작품은 어느 정도 나타났으나 궁예를 전일하게 다룬 것도 거의 없고 문학적 상상력이 제대로 발휘된 것을 찾기는 쉽지 않다. 궁예왕을 다룬 영상작품의 경우 영화 한 편, 다큐멘터리 한 편, 대하사극 한 편을 들 수 있을 정도로 적은 편이다. 역사를 주제로 한 문학작품이나 영상작품의 경우, 가장 핵심적인 문제는 '역사적 사실', '상상력', '진실'의 문제가 될 것이다. 이 점에서 냉정히 판단하자면 지금까지 나온 궁예왕에 대한 문학작품과 영상 작품에서는 역사적 기록, 사실의 수준을 넘어서는 해석의 역사, 사라진 역사에 대한 재구성, 상상력으로 재해석된 역사상은 제대로 나오지 않았다. 그러나 궁예왕과 관련된 민담과 전설 그리고 궁예왕이 신봉하였던 미륵신앙은 상상 이상으로 넓게 퍼져 있다. 그 이야기들 속에서 궁예왕은 긍정적인 모습으로 나타난다. 따라서 전통적 역사학과는 달리 문학과 영상에서는 이러한 괴리를 문학적 상상력, 역사적 상상력을 동원하여 재조명해볼 수 있을 것이며, 그것은 역사학과 역사교육을 더욱 풍요롭게 해줄 것이다. 결국 궁예왕에 대한 대표적인 역사기록인 『삼국사기』의 활용문제, 다양한 구비전설의 활용문제, 역사소설의 명확한 사실 왜곡의 문제, 새로운 역사해석의 문제 등을 가지고 기존 궁예왕을 새롭게 조명하는 것이 앞으로의 관건이 아닐까 싶다.

각 분야별로 검토한 바를 이상과 같이 요약하여 제시하였지만, 앞으로의 바람직한 연구를 위한 몇 마디 말을 더 첨부하고자 한다.

우선 궁예세력의 인적 구성과 태봉의 내부구조에 대하여 더욱 구체적인 연구가 필요하다는 점이다. 궁예의 지지세력이 되어준 인물이나 집단은 구체적으로 어떠한 정치·사회·경제적 배경을 가지고 있었으며, 어떠한 이유로 궁예를 지지하였는지 살펴볼 필요가 있다. 동시에 궁예의 지도이념이나 통치방식에 불만을 품은 인물이나 집단은 누구였냐는 점에 대해서도 더욱 구체적으로 검토하는 것이 바람직하다. 이러한 문제들은 결국 후삼국 시기 또는 태봉을 이끌었던 인간집단에 대한 연구로 귀결되는 것이다. 궁예 개인의 특성이나 장단점을 집중적으로 부각시키는 것은 단선적인 역사이해나 영웅사관에 빠질 우려가 있다.

이 점과 관련하여 태봉의 통치구조, 대호족정책, 대민정책, 대외정책 등 국가운영적인 측면도 더욱 면밀하게 검토되어야 한다. 태봉은 엄연한 하나의 국가였고, 특히 전통적인 신라의 골품체제를 단호히 부정하던 개혁적인 국가였다. 또 궁예는 스스로 미륵불임을 자처하면서까지 미륵의 이상세계를 자신의 통치영역 안에서 구현하려고 노력하였다. 물론 이러한 급진개혁주의와 이상주의가 태봉의 단명을 재촉하였다는 것이 학계의 주된 견해로 굳어지고 있지만, 궁예나 태봉이 궁극적으로 지향하던 목표가 무엇이었느냐는 점은 좀더 구체적으로 검토할 필요가 있다. 또 궁예가 부르짖었던 '고구려 부흥'은 단순한 정치적 구호에 불과하였는지, 아니면 구체적인 정책을 통하여 반영되었는지 하는 점도 밝혀져야 한다. 태봉의 역사적 유산은 고려에 어떠한 방식으로 계승되었느냐는 점도 검토되어야 한다. 이러한 점들이 분명하게 밝혀져야 태봉이 한국사에서 차지하는 역사적 의의도 제대로 평가할 수 있을 것이다.

다음으로 관심을 가져야 할 것은 새로운 자료의 발굴 정리 및 재검토 문제이다. 이 시기 연구자라면 누구나 자료의 절대적인 부족과 제약 앞에서 당혹스러운 느낌을 감출 수 없다. 그러나 한때 한반도의 절반 이상을 통치하였던 태봉의 흔적은 아직도 전국 여러 곳에 많이 남아 있다. 특히 태봉의 수도였던 철원평야 일대에는 궁예와 관련이 있다고 믿어지는 산성이나 유적지도 상당히 많이 남아 있다. 이 유적지들의 성격은 당연히 재검토되어야 하고, 필요하다면 발굴이나 적극적인 보존 조치를 강구하는 방안도 시급하게 마련되어야 한다. 태봉도성 유적도 남북학자들의 공동조사를 통해서라도 반드시 현지조사가 이루어져야 한다. 이 고고학적 자료 이외에도 궁예나 태봉에 관련된 민간전설 등도 여러 형태로 전해지고 있는데, 이 중에서 학문적으로 가치 있는 것들은 체계적으로 수집, 정리되어야 할 것이다. 이러한 자료들은 자료 그 자체로서 역사연구의 외연을 넓혀주기 때문이다. 그리고 궁예와 태봉 관련 자료들을 모두 데이터 베이스화해서 유기적으로 한데 묶는 일도 시급하다. 자료의 부족이라는 절대적인 장벽을 뛰어넘기 위해서는 이와 같은 작업들이 반드시 이루어져야만 한다.

마지막으로 전문적인 역사의 연구성과를 대중에게 쉽고 널리 알리는 작업도 중요하다. 학계에서 궁예의 '폭군적' 이미지는 많이 가셔진 상태이지만, 나머지 대다수 사람에게는 아직도 궁예라고 하면 부정적인 선입견부터 떠올리는 것이 일반적인 경향이다. 그러므로 궁예나 태봉에 대한 연구성과를 대중에게 친근하게 알릴 수 있는 다양한 방법이 적극적으로 모색되어야 한다. 역사의 대중화라는 과제는 태봉을 뛰어넘어 대중에게 한국사의 실상을 올바로 알려주고 올바른 사관을 형성해준다는 점에서 무엇보다 중요한 일이기 때문이다.

주

# 1부 궁예와 태봉, 건국에서 몰락까지

## 1장 궁예의 세력 형성과 건국

1 김철준, 「후삼국시대의 지배세력의 성격」, 『이상백박사회갑기념논총』, 1964 ; 『한국고대사회연구 』, 1975.

2 이순근, 「나말여초 지방세력의 구성형태에 관한 일연구」, 『한국사연구』 67, 1989.

3 신호철, 「궁예의 정치적 성격 – 특히 불교와의 관계를 중심으로 –」, 『한국학보』 29, 1982.

4 이재범, 「궁예정권의 정치적 성격에 관한 고찰 – 신라와의 관계를 중심으로 –」, 『계촌 민병하교수 정년 기념 사학논총』, 1988.

5 정청주, 「궁예와 호족세력」, 『전북사학』 10, 1986 ; 『신라말고려초 호족연구』, 1996.

6 조인성, 「궁예의 세력 형성과 건국」, 『진단학보』 75, 1993.

7 강문석, 「철원환도 이전의 궁예정권 연구」, 『역사와 현실 』 57, 2005.

8 정청주, 앞의 논문, 65~68쪽.

9 『삼국사기』 권50 궁예전

10 『신증동국여지승람』 권46, 강원도 영월군 불우.

11 『신증동국여지승람』 권13, 경기도 풍덕군 불우.

12 이병도, 『국역 삼국사기』, 을유문화사, 1977, 714쪽.
　김두진, 「신라하대 굴산문의 형성과 그 사상」, 『성곡논총』 17, 1986, 305쪽.
　최규성, 「궁예정권의 성격과 국호의 변경」, 『상명여자대학교논문집』 19, 1987, 290쪽.

13 정영호, 「신라사자산 흥녕사지연구」, 『백산학보』 7, 1969, 27쪽.
　신호철, 앞의 논문, 37쪽.
　조인성, 『태봉의 궁예정권연구』, 서강대학교 박사학위논문, 1990, 16쪽.
　장준식, 「세달사의 위치에 대한 일고찰」, 『문화사학』 11 · 12 · 13, 1999, 468~471쪽.
　김택균, 「궁예와 세달사」, 『사학연구』 75, 2004, 62쪽.

14 이재범, 앞의 논문, 133~136쪽.

15 정청주, 앞의 논문, 72~73쪽.

16 신호철, 앞의 논문, 39~40쪽.

17 이 3,500명의 병력에는 실직(悉直, 지금의 삼척)에 배치되었던 옛 신라군대가 가담하였을 가능성도 있다고 생각된다(이기백, 「고려경군고」, 『이병도화갑기념논총』, 1956 ; 『고려병제사연구』, 1968, 47쪽).

18 박한설, 「후삼국의 성립」, 『한국사』 3, 1978, 622쪽.

19 이순근은 "당시 궁예의 무리는 장군 이하 부장(사상舍上), 그리고 14개 부대로 잘 짜여진 군장집단의 모습을 갖추고 있다. 그러나 이는 아직 강원도 북부와 경기 북부 지역을 장악하여 왕을 칭하기 이전의 궁예의 모습이다. 즉 이 시기까지의 궁예 집단은 아직 적도의 단계를 넘지 못하고 있다"라고 언급하였다(이순근, 앞의 논문, 41쪽).

20 조인성, 「궁예의 세력 형성과 건국」, 『진단학보』 75, 1993, 15쪽.

21 조인성, 앞의 논문, 13쪽.

22 강문석도 "궁예가 모은 3,500명 무리들의 대부분은 몰락농민 출신의 초적들이었다"고 언급하였다(강문석, 「철원환도 이전의 궁예정권 연구」, 『역사와 현실』 57, 2005, 250~251쪽).

23 강문석도 "초기 궁예정권은 초적들을 기반으로 하여 사원세력 등이 참여하여 형성되었다고 볼 수 있다"고 언급하였다(강문석, 앞의 논문, 249쪽).

24 김두진, 앞의 논문, 315쪽.

25 『고려사』 권1 태조 5년 7월.

　『고려사』 권92 열전5 왕순식.

26 조인성, 앞의 논문, 5~8쪽.

27 김두진, 앞의 논문, 310쪽.

28 이재범, 「궁예정권의 철원정도 시기와 전제적 국가경영」, 『사학연구』 80, 2005, 13~14쪽.

29 조인성, 앞의 논문, 19~23쪽.

30 정선용, 「궁예의 세력형성 과정과 도읍 선정」, 『한국사연구』 97, 1997, 44~46쪽.

31 정청주, 「신라말·고려초 호족의 형성과 변화에 대한 일고찰 – 평산박씨의 일가문의 실례 검토 –」, 『역사학보』 118, 1988 ; 『신라말 고려초 호족연구』, 1996, 41~49쪽.

32 조인성, 앞의 논문, 28~29쪽.

33 『고려사』 권1 태조 즉위 전.

34 조인성, 앞의 논문, 30~31쪽.

35 건녕 3년 병진(896년)에 승령僧嶺·임강臨江 두 현을 공취하고, 4년 정사(897년)에는 인물현仁物縣이 항복하였다(『삼국사기』 권50 열전10 궁예).

36 조인성, 앞의 논문, 31~32쪽.

37 정선용, 앞의 논문, 48~52쪽.

38 정선용, 앞의 논문, 50~51쪽.

39 조인성, 앞의 논문, 33쪽.

40 신유(901년)에 고려高麗를 칭하였다(『삼국유사』 권1 후고려 궁예).

41 조인성도 "처음 미륵신앙을 내세워 불만농민을 포섭하여 자신의 기반으로 삼았던 궁예였지만, 그러나 호족세력과의 제휴를 통해 건국하게 되었다. 미륵불 하생의 이상세계에 대한 종교적 염원만을 지닌 농민들을 이끌고서는 국가를 건설한다든가 혹은 운영한다든가 하는 것이 불가능할 수밖에 없었던 것이다"라고 언급하였다(조인성, 앞의 논문, 34쪽).


2장　태봉의 중앙정치기구

1 이상과 같은 중요성으로 말미암아 태봉의 정치기구에 대해서는 어느 정도 연구가 이루어졌다고 할 수 있다. 이 장은 주로 趙仁成, 「泰封의 弓裔政權硏究」(서강대 박사학위논문, 1991, 63~92쪽;『태봉의 궁예정권』, 푸른역사, 2007, 89~116쪽과 조인성, 「태봉」(『한국사 11 신라의 쇠퇴와 후삼국』, 국사편찬위원회, 1996, 145~155쪽)에 의거한 것임을 밝혀둔다.

2 조인성, 앞의 논문, 1991, 62쪽; 앞의 책, 2007, 88쪽과 「弓裔의 勢力形成과 建國」, 『震檀學報』 75, 1993, 33~34쪽.

3 李泰鎭, 「高麗宰府의 成立 - 그 制度史的 考察 -」, 『歷史學報』 56, 1972, 4쪽과 邊太燮, 「高麗初期의 政治制度」, 『韓㳓劤博士停年紀念 史學論叢』, 一潮閣, 1981, 169~170쪽.

4 李基白, 「貴族的 政治機構의 成立」, 『한국사』 5, 국사편찬위원회, 1975 ; 『高麗貴族社會의 形成』, 一潮

閣, 1990, 99~101쪽.

5 李基東,「羅末麗初 近侍機構와 文翰機構의 擴張 - 中世的 側近政治의 志向-」,『歷史學報』77, 1978 ;『新羅骨品制社會와 花郎徒』, 韓國研究院, 1980, 246쪽.

6 이태진, 앞의 논문, 9쪽과 32~33쪽. 이와 달리 내봉성을 신라 집사부에 비기는 견해(이기백, 앞의 논문, 101쪽)를 비롯하여 다양한 견해가 제출된 바 있다.

7 李基白,「高麗京軍考」,『李丙燾博士華甲紀念論叢』, 一潮閣, 1956 ;『高麗兵制史研究』, 一潮閣, 1968, 54~55쪽.


## 3장 태봉의 종교와 사상

1 궁예왕과 미륵신앙의 관계를 다룬 연구는 다음과 같다.

金杜珍,「高麗初의 法相宗과 그 思想」,『한우근기념사학논총』, 1981 ; 同 改稿,「'法相融會'思想 成立의 思想的 背景-高麗初의 法相宗과 그 思想」,『均如華嚴思想研究-性相融會思想-』, 일조각, 1983.

趙仁成,「泰封의 弓裔政權 研究」, 西江大學校 史學科 博士學位論文, 1990.

申虎澈,「弓裔의 政治的 性格-특히 佛敎와의 관계를 中心으로-」,『韓國學報』29, 1982.

金杜珍,「弓裔의 彌勒世界」,『韓國史市民講座』10, 1992.

梁敬淑,「弓裔와 그의 彌勒佛 思想」,『北岳史論』3, 1993.

趙仁成,「弓裔의 勢力形成과 建國」,『震檀學報』75, 1993.

趙仁成,「彌勒信仰과 新羅社會-眞表의 彌勒信仰과 新羅末 農民蜂起와의 관련성을 중심으로-」,『震檀學報』82, 1996.

趙仁成,「弓裔의 세력 형성과 彌勒信仰」,『한국사론』36, 국사편찬위원회, 2002.

2 궁예왕과 유학자들의 관계에 대해서는 최규성,「弓裔政權下의 知識人의 動向」,『高麗 太祖 王建 研究』, 주류성, 2005 참조.

3 李丙燾,「震檀辨」,『震檀學報』1, 1934.

崔柄憲,「高麗時代의 五行의 歷史觀」,『韓國學報』13, 1978.

李在範,「弓裔政權의 國號와 年號에 關한 小考」,『白山朴成壽敎授華甲紀念論叢』, 1991 ;『後三國時代 弓裔政權의 研究』, 성균관대학교 사학과 박사학위논문, 1992.

李貞信,「弓裔政權의 成立과 變遷」,『藍史鄭在覺博士古稀記念 東洋學論叢』, 고려원, 1984.

4 최성은,「나말려초 중부지역 석불조각에 대한 고찰-궁예 태봉(901~918)지역 미술에 대한 시고-」,『역사와 현실』44, 2002, 39쪽에서 "태봉의 불교가 단순히 미륵신앙만을 특징으로 하고 있는 것이 아니라 밀교적, 신비주의적 경향을 띠고 있었으며 이것이 당시 태봉의 불교가 밀교적 색채가 짙었던 당의 불교와 발해, 거란 등의 불교로부터 영향 받았을 가능성을 시사한다"고 하였다.

5 金杜珍, 앞의 논문, 1983, 116~117쪽.

6 趙仁成, 앞의 논문, 1993, 16쪽.

7 趙仁成, 앞의 논문, 1993, 20~23쪽.

8 팔관회의 성격에 대해서는 김종명,『한국중세의 불교의례 : 사상적 배경과 역사적 의미』, 2001, 193~197쪽 참조.

9 趙仁成,「궁예-미륵불을 자처한 전제군주-」,『한국사 시민강좌』31, 2002, 29~35쪽. 한편 최성은은 궁예가 미륵관심법을 행하였던 것은 그가 불교도임을 드러내는 것이지만, 최웅이 태어나기 전에 그 어머니가 꾼 꿈에 대해 궁예가 점을 친 사실을 들어 신비주의적이고 샤머니즘적인 성향을 지닌 인물임을 알려준다고 하였다(최성은, 앞의 논문, 2002, 57쪽 참조).

10 李基白은 "弓裔가 豪族들의 세력을 무시하고 중앙집권적인 專制主義 행정기구를 지니고 있었다고 생각

하기는 어려울 것이다"라고 하면서 "불교신앙에 바탕을 둔 궁예의 관념적인 전제주의 경향은, 그렇기 때문에 더욱 절실하였던 것으로 생각된다"고 한 바 있다(李基白, 「貴族의 政治機構의 成立」, 『한국사』 5, 1975, 국사편찬위원회, 19쪽 본문과 주 10 참조).

11 이상은 趙仁成, 앞의 논문, 1996, 42~52쪽 참조.

12 金光洙, 「羅末麗初의 地方學校問題」, 『韓國史研究』 7, 1972 참조.

13 신라 말과 고려 초의 지방문인에 대해서는 다음의 논문을 참고할 수 있다.
　　金周成, 「신라말·고려초의 지방지식인」, 『호남문화연구』 19, 1990.
　　全基雄, 「羅末麗初의 地方出身 文士層과 그 役割」, 『釜山史學』 18, 1990.
　　鄭淸柱, 『新羅末高麗初 豪族研究』, 一潮閣, 1996.

14 『東國李相國集』 권35 尹承解墓誌; 李樹健, 『韓國中世社會史研究』, 一潮閣, 1984, 150쪽.

15 全基雄, 『羅末麗初의 政治社會와 文人知識層』, 혜안, 1996, 107쪽.

16 『五代會要』 권30 高麗傳 同光 3년 11월조.

17 全基雄, 위의 책, 1996, 113쪽.

18 이기동은 內奉省·禁書省·元鳳省을 각각 秘書·學術·文翰 계통의 관부로 보고, 이들이 비중이 높았던 것은 왕권강화를 위해 近侍機構와 文翰機構를 확장하였던 신라 하대의 상황을 반영한 것이라고 하였다(李基東, 『新羅骨品制社會와 花郞徒』, 一潮閣, 1984, 241~244쪽과 262~263쪽 참조).

19 이재범은 "궁예관제에서는 광평성, 내봉성, 금서성 등의 중국의 최고관부를 뜻하는 성을 상하 구분없이 사용하고 있다. 이와 아울러 궁예관제의 특징은 병부, 대룡부, 의형대, 수춘부 등이 설치된 것으로 보아 기능상으로 부의 체제를 갖추었던 것으로 나타난다. 그 밖에도 사대와 같은 외국어 습득 전문기관도 두는 등 상당한 수준의 행정이 갖추어진 수준 높은 국가를 이상으로 하였던 것으로 여길 수 있다"고 하였다(이재범, 「弓裔政權의 鐵圓定都 時期와 專制的 國家經營」, 『史學研究』 80, 2005, 25쪽).

20 金杜珍, 앞의 논문, 1992, 32~33쪽에서 "궁예는 미륵이상세계인 용화세계의 건설을 의도하고 있었지만, 밀교나 풍수지리설과도 관련을 가졌고, 현실적으로 신라조정을 부정하면서 혼탁한 사회를 개혁하려 했다"고 하였다.

21 최병헌은 궁예가 鐵圓·平康 지방의 산천형세를 두루 살피고 있었던 것은 풍수지리설에 의거하여 도읍지를 찾고 있었던 것을 나타내는 것에 틀림이 없다고 파악하였다(崔柄憲, 「道詵의 生涯와 羅末麗初의 風水地理說」, 『韓國史研究』 11, 1975, 146쪽). 이와 관련하여 이기백은 "궁예도 철원을 중심으로 하는 풍수지리설을 갖고 있었을 것이다"라고 하였다(李基白, 「한국 風水地理說의 기원」, 『韓國史 市民講座』 14, 1994, 14쪽).

22 曺凡煥, 위의 책, 2001, 159~160쪽.

23 李璥馥, 「弓裔와 『山門』」, 『白山學報』 66, 2003, 80쪽.

24 丁善溶, 「弓裔의 勢力形成 過程과 都邑 選定」, 『韓國史研究』 97, 1997, 54쪽.

25 丁善溶, 위의 논문, 1997, 56쪽.

26 洪淳昶은 궁예의 천도와 관련하여 그것은 궁예 자신의 신비화와 관련되어 있다고 하였으며, 지리적 조건을 무시한 천도가 수시로 이루어졌다고 파악하였다(洪淳昶, 「變動期의 政治와 宗教 - 後三國時代를 중심으로 -」, 『人文研究』 2, 영남대학교, 1982, 230쪽). 그렇지만 이러한 파악은 잘못된 것임을 알 수 있다.

27 崔柄憲, 「高麗時代의 五行的 歷史觀」, 『韓國學報』 13, 1978, 21쪽.

28 崔柄憲, 위의 논문, 1978, 21쪽.

29 崔柄憲, 위의 논문, 1978, 32쪽.

30 崔柄憲, 위의 논문, 1978, 32쪽.

31 崔柄憲, 위의 논문, 1978, 32쪽.

32 崔柄憲, 위의 논문, 1978, 32쪽.

33 고경문을 해석한 내용을 적어 놓은 것으로 『고려사』 권1 세가1 태조1에 실려 있다.

34 李在範,『後三國時代 弓裔政權의 硏究』, 성균관대학교 사학과 대학원 박사학위논문, 1991, 67쪽.

35 이와 관련하여 李在範은 궁예왕이 오행상승설을 적용한 것은 그의 반사회적인 행위를 합리화시키기 위한 것으로 파악하였으며, 그것은 결국 궁예왕의 사회적 지위에서 비롯된 것으로 보았다(李在範, 앞의 논문, 1991, 67쪽).

36 李丙燾,「震檀辨」,『震檀學報』 1, 1934, 178쪽.

37 李丙燾, 위의 논문, 1934, 178쪽. 한편 李貞信은 "궁예는 불교라는 정신적 매개체로 나라를 통일시키려 한 것 같다. 승려출신이며 불교에 조예가 깊은 그로서는 충분히 생각할 만한 것이었다. 옛 고구려 땅은 궁예가 소유한 것보다 더 많은 영토가 발해에 속해 있었으며, 또한 삼국을 통일할 야심을 가진 그로서는 후고구려라는 국호가 삼국을 포용하기에 적합한 이름이 아니라고 생각했을 것 같다"라고 하였다(李貞信,「弓裔政權의 成立과 變遷」,『藍史鄭在覺博士古稀紀念 東洋學論叢』, 고려원, 1984, 50쪽).

38 李在範은 "궁예의 사상적인 추이는 佛敎라는 고정관념에서만 파악할 것이 아니라 오히려 토착신앙과의 관련 속에서 이해하여야 할 것으로 생각된다. 특히 궁예가 障繕府를 두었다고 하는 사실은 궁예의 사상적 맥락을 살피는 것과 아울러 불교와 관계도 부분적으로 설명해주리라고 본다. 장선부의 기능이 '修理城隍'과 같은 토착적 사상을 기반으로 불교사상과 접합을 꾀하려 하였던 것으로 여겨지기 때문이다"라고 하였다(李在範, 앞의 박사학위 논문, 1991, 93쪽).


4장  궁예정권의 영토확장과 영역변화

1 영월로 추정하기도 한다(정청주,「궁예와 호족세력」,『전북사학』 10, 1986).

2 世達寺로 가니 지금의 興敎寺가 그곳이다(『삼국사기』 권50 열전10 궁예).

3 정청주는 외가가 있었던 영월설, 정선용은 개풍일 수도 있다는 설,『제왕운기』에는 부석사로 기록, 안성의 설화는 이 지역의 국사암 정도로 이해하려 하고 있다.

4 신호철,「궁예의 정치적 성격-특히 불교와의 관계를 중심으로-」,『한국학보』 29, 1982.

5 신종원,「치악산 석남사지의 추정과 현존민속」,『정신문화연구』 154, 1994-3.

6 『삼국사기』 권50 열전10 궁예.

7 『삼국사기』에 궁예가 부석사에서 신라왕의 화상을 칼로 쳤다는 사실은 당시의 반신라 정서를 이용하였던 것으로 이해되고 있다((강문석,「철원환도 이전의 궁예정권 성격」,『역사와 현실』 57, 2005).

8 『삼국사기』 권11 신라본기11 진성왕 8년.

9 조인성,『태봉의 궁예정권연구』, 서강대 박사학위 논문, 1991.

10 『삼국사기』 권50 열전10 궁예.

11 『삼국사기』 본기에는 자칭 장군, 열전에는 장군으로 추대라고 기록하고 있다.

12 『삼국사기』 권11 신라본기11 진성왕 9년.

13 『삼국사기』 권50 열전10 궁예.

14 『고려사』 권1 세가1 태조1.

15 『삼국사기』 권50 열전10 궁예.

16 『삼국사기』 권50 열전10 궁예.

17 『삼국사기』 권50 열전10 궁예.

18 『삼국사기』 권11 신라본기12 효공왕 2년.

19 『삼국사기』 권11 신라본기12 효공왕 3년.

20 양평의 양근이라는 설이 있다(안영근,「나말여초 청주세력의 동향」,『박영석 한국사학논총』 상, 1985).

21 『고려사』 권1 세가1 태조1.

22 『삼국사기』 권12 신라본기12 효공왕 7년. 이 부분에 대해서는 丁善溶의 논문(「궁예의 세력 형성 과정

과 도읍 선정」, 『한국사연구』 97, 1997) 참조.

23 『삼국사기』 권12 신라본기12 효공왕 8년.

24 『삼국사기』 권50 열전10 궁예.

25 『삼국사기』 권12 신라본기12 효공왕 9년.

26 『고려사』 권127 열전40 伊昕巖.

27 이재범, 「궁예정권의 철원정도시기와 전제적 국가경영」, 『사학연구』 80, 2005.

28 궁예정권의 동남전선이 열세였다는 주장도 있다(신성재, 『궁예정권의 군사정책과 후삼국전쟁의 전개』, 연세대학교 대학원 사학과, 2006).

29 『삼국사기』 권50 열전10 궁예.

30 『삼국사기』 권50 열전10 궁예.

31 『삼국사기』 권50 열전10 궁예.

32 『삼국사기』 권12 신라본기12 효공왕 13년.

33 『고려사』 권1 세가1 태조1.

34 『삼국사기』 권50 열전10 견훤.

35 『삼국사기』 권12 신라본기12 효공왕 14년.

36 『삼국사기』 견훤전에는 '乾化二年 萱與弓裔戰于德津浦'라 하였다.

37 『고려사』 권1 세가1 태조1.

38 『고려사』 권2 태조 26년. 李濟賢의 贊.

39 『고려사』 권1 세가1 태조1.

40 『고려사』 권1 세가1 태조1.

41 『고려사』 권1 세가1 태조1 戊寅 원년.

42 『삼국사기』 권12 신라본기12 신덕왕 3년.

43 『삼국사기』 권50 열전10 궁예.

44 『고려사』에는 보리 이삭을 훔쳐 먹다 맞아 죽었다고 전한다.

45 무위사 선각대사비.

46 『고려사』 권57 지리2 海陽縣.

47 대안사 광자대사비.

48 『고려사』 권58 지리3 북계.

49 『大東地誌』 권21 平安道 …… 孝恭王時 爲泰封所取 置浿西十三鎭.

50 『신증동국여지승람』 권49 咸鏡道 安邊都護府.

51 『대동지지』 권19 安邊 陵寢. 泰封主弓裔墓 西南一百二十里 三防路左 石築數丈屹若 烟臺今半頹.

52 『楊口縣誌』(규장각17521) 古跡 軍粮洞 自官門北去二十里 世傳 弓裔伐貊國時 輸運軍粮路 由此洞故名之云.


5장 태봉의 대외관계

1 궁예가 세운 나라의 정식 국호는 '後高麗'(901~904년), '摩震'(904~911년), '泰封'(911~918년)이었다. 그런데 약 20년간 지속되었던 궁예정권을 흔히 '泰封'으로 통칭하는 경우가 종종 있으나 이는 문제가 있다. 단순하게 존속 기간만 고려한다고 하여도 '마진'과 '태봉'은 똑같이 8년이었다. 후삼국이라는 관점에서 '후고구려'로 통칭하는 것이 오히려 온당하다고 생각하지만, 여기서는 이 책의 체제에 따라 태봉으로 하였다.

2 김철준,「후삼국시대의 지배세력의 성격」,『한국고대사회연구 』, 지식산업사, 1975.

　이재범,「궁예정권의 시책」,『후삼국시대 궁예정권의 연구』, 성균관대박사학위논문, 1991.

　황선영,「후삼국의 외교관계」,『한국중세사회의 제문제』, 한국중세사학회, 2001.

　조인성,「궁예정권의 대외관계」,『강좌한구고대사』 4권, 가락국사적개발원, 2003.

3 후백제의 대외관계를 다룬 연구는 다음과 같다.

　신호철,「견훤정권의 대외정책」,『후백제 견훤정권연구』, 일조각, 1993.

　권덕영,「후백제의 해외교섭활동」,『후백제와 견훤』, 충남대 백제연구소. 2000.

　윤명철,「후백제의 해양활동과 대외교류」,『후백제 견훤정권과 전주』, 주류성, 2001.

　후백제의 대외관계를 다룬 독립해서 다룬 책은,『후백제의 대외교류와 문화』(후백제 문화사업회 편, 신
아출판사, 2004)가 있다. 이 중 대외관계 논문은 다음과 같다.

　강봉룡,「후백제 견훤과 해양세력」,『후백제의 대외교류와 문화』, 신아출판사, 2004.

　盧向前,「吳越國與後百濟關係之我見」, 위와 같음.

　何勇强,「錢鏐調停 甄王事件解析」, 위와 같음.

　조법종,「후백제 전주와 중국 전주의 관계」, 위와 같음.

　濱田耕策,「後百濟王 甄萱의 對日外交 意義」, 위와 같음.

　山崎雅稔,「甄萱政權と日本の交渉」, 위와 같음.

4 최병헌,「고려시대 오행적 역사관」,『한국학보』 13, 일지사, 1978, 33〜34쪽.

　村上四男,「新羅の歷史と五德始終說」,『朝鮮古代史研究』, 開明書院, 1978, 57〜59쪽.

　이재범, 앞의 글(1991), 65〜68쪽.

　이문기,「신라 김씨 왕실의 소호김천씨 출자 관념의 표방과 변화」,『역사교육논집』23 · 24, 경북대,
1999.

　조인성, 앞의 글(2003), 370〜371쪽.

5 궁예는 911년 수덕만세라는 연호를 사용하기 전에 이미 904년에 武泰, 905년에 聖冊이라는 연호를 사
용하였을 뿐 아니라 914년에는 수덕만세를 다시 政開로 바꾸었다. 이처럼 자주 연호를 개정한 이유가
무엇인지, 그리고 이러한 연호의 개정이 어떠한 의미를 가지는지, 나아가 신라에 대한 궁예의 인식 변화
와 어떠한 관련이 있는지 등에 대해서는 잘 알려져 있지 않다.

6 궁예의 신라에 대한 인식과 견훤 및 왕건의 그것과의 차이에 대해서는 신호철,「신라의 멸망과 견훤」,
『충북사학』 2, 1989, 14〜20쪽 ;「견훤정권의 대외정책」, 앞의 책(1993), 105〜126쪽 ;「후백제 견훤왕
의 역사적 평가와 그 의미」,『후백제와 견훤』, 서경문화사, 2000, 16〜18쪽 참조.

7 궁예정권과 후백제와의 대결 양상에 대해서는 신호철, 앞의 책(1993), 65〜70쪽 및 126〜130쪽 참조.

8 『삼국사기』 권12 신라본기12 효공왕 9년 8월.

9 『고려사』 권127 열전10 伊昕巖傳.

10 『고려사』 권127 열전10 龔直傳. 申虎澈,「新羅末 高麗初 昧谷城 將軍 龔直」,『호서문화연구』 10, 1992 ;
『후삼국시대 호족연구』, 개신, 2002(재수록).

11 조인성, 앞의 글(2003), 388〜389쪽.

12 후백제와 오월의 외교를 다룬 연구는 다음과 같다.

　신호철,「견훤정권의 대외정책」, 앞의 책(1993), 135〜138쪽.

　盧向前,「吳越國與後百濟關係之我見」, 앞의 책(2004), 249〜264쪽.

　何勇强,「錢鏐調停 甄王事件解析」, 앞의 책(2004), 283〜296쪽.

13 사료의 원문에는 ‘吳’로 되어 있으나 ‘吳越’의 잘못이라고 한다(김재만, 위의 글, 1983, 175쪽의 註 45).

14 津田左右吉,「遼の遼東經略」,『滿鮮地理歷史研究報告』 3, 1916, 228〜229쪽.

　日野開三郞,「小高句麗國の硏究」,『東洋史學論集』 第8券, 三一書房, 1984, 387쪽.

15 池內宏,『滿鮮史硏究』中世 1册, 吉川弘文館, 1933, 228쪽.

16 津田左右吉, 앞의 글, 228~229쪽.

　강대량,「고려초기의 대거란관계」,『사해』1, 1948, 49~50쪽.

　이용범,「고려와 거란과의 관계」,『동양학』7, 1977, 268쪽.

17 손영종,「발해의 서변에 대하여」,『력사과학』, 1980, 40쪽.

　日野開三郞, 앞의 글, 1984, 418~419쪽.

　장국종,「발해〈고려후국〉의 존립과 그 수도에 대하여」,『력사과학』, 1992, 40쪽.

18 池內宏,「契丹と高麗及び後百濟との交涉」, 앞의 책, 1937, 88~90쪽.

19 김위현, 앞의 글, 22~23쪽.

　한규철,「후삼국시대 고려와 거란관계」,『부산사총』1, 부산산업대학, 1985, 6쪽.

　김재만,「오대와 후삼국. 고려초기의 관계사」,『대동문화연구』17, 성대, 1983, 29~30쪽.

20 이에 대한 여러 학설에 대해서는 송기호,『발해정치사연구』, 일조각, 1995, 210~211쪽과 조인성, 앞의 글, 392~393쪽에 잘 정리되어 있다.

21 후백제와 거란은 밀접한 외교관계를 맺고 있었다. 예를 들면 거란에서는 娑古, 馬㳋 등 35명에 달하는 외교사절을 후백제에 파견하였으며, 후백제에서는 장군 崔堅으로 하여금 伴送使로 삼아 이들을 오월까지 호송하게 하였다. 후백제와 거란의 외교관계에 대해서는 池內宏, 앞의「契丹と高麗及び後百濟との交涉」, 88~90쪽과 신호철, 앞의 책(1993), 139~140쪽을 참조.

22 『삼국사기』권11 신라본기11 헌강왕 12년.

23 『동문선』권43 표전 양위표.

24 『고려사』권1 태조 4년 2월.

25 김철준, 앞의 글, 261쪽.

26 『삼국사기』권50 열전10 궁예.

27 황선영, 앞의 글, 74~83쪽.

28 조인성, 앞의 글, 372쪽.

29 이재범, 앞의 글, 102~103쪽.

30 조인성,「태봉의 궁예정권연구」, 1990, 93~106쪽.

31 『삼국사기』궁예전에 보이는 소위 '姦詐'·'巧言'·'姦言' 등으로 궁예의 총애를 얻었다고 한 인물들이 바로 그들일 것이다.

32 신호철,「궁예의 정치적 성격-특히 불교와의 관계를 중심으로」,『한국학보』29, 1982.

33 견훤의 불교에 대한 인식이나 견훤정권의 불교정책을 다룬 연구는 다음과 같다.

　이기백,「진표의 미륵신앙」,『신라사상사연구』, 일조각, 1986.

　허홍식,「갈양사 혜거국사비」및「승과제도와 그 기능」,『고려 불교사연구』, 일조각, 1986.

　김두진,「나말여초 동리산문의 성립과 그 사상」,『동방학지』57, 1988.

　조인성,「미륵신앙과 신라사회」,『진단학보』82, 1996.

　김수태,「견훤정권과 불교」,『후백제와 견훤』, 서경문화사, 2000.

　조범환,「후백제 견훤정권과 선종」,『후백제 견훤정권과 전주』, 전북전통문화연구소, 2001.

34 허홍식, 앞의「승과제도와 그 기능」, 358쪽.

35 김두진, 앞의 글, 23쪽.

6장 대봉의 정치적 지향과 유산

1 『고려사』권1 태조 원년 8월 辛亥 詔 "前主視民如草芥 而欲之從 乃信讖緯 遽棄松嶽 還居斧壤".

2 李貞信,「弓裔政權의 成立과 變遷」,『鄭在覺博士古稀記念論叢』, 1984.

　鄭淸柱,「弓裔와 豪族勢力」,『全北史學』10, 1986.

　申虎澈,「後三國時代 豪族聯合政治」,『韓國史上의 政治形態』, 1993.

　그 시기에 정권이 '연합적' 성격을 지녔다고 하더라도 왕과 지방세력 사이의 힘의 비중에 대해서는 이
　견이 있다(강문석,「철원환도 이전의 궁예정권연구」,『역사와 현실』57, 2005).

　한편 趙仁成은 911년 태봉으로 국호를 바꾸기 전까지는 지방세력과 '연합적'인 정치체제를 유지하였다
　고 보았으며(「弓裔政權의 中央政治組織」,『白山學報』33, 1986), 洪承基도 911년을 전후한 무렵부터 궁
　예가 점차 더욱 강력한 왕권을 갖고자 노력하기 시작하였다고 파악하였다(「弓裔王의 專制的 王權의 追
　求」,『許善道先生停年紀念論叢』, 1992).

3 崔圭成,「弓裔政權의 性格과 國號의 變更」,『상명여대논문집』19, 1987.

4 이재범,「弓裔政權의 鐵圓定都 時期와 專制的 國家經營」,『史學研究』80, 2005.

5 『고려사』태조 총서 "世祖 時爲松嶽郡沙粲 乾寧三年丙辰 以郡歸于裔 裔大喜 以爲金城太守 世祖說之曰
　大王 若欲王朝鮮肅愼卞韓之地 莫如先城松嶽 以吾長子爲其主 裔從之 使太祖築勃禦塹城 仍爲城主".

6 李丙燾,「震檀辨」,『震檀學報』1, 1934, 173~174쪽.

7 申虎澈은 궁예가 일찍부터 청주와 밀접한 연고관계를 가지고 있었음을 밝혔다(「弓裔와 王建과 淸州豪
　族」,『中原文化硏究』2・3 합집, 1999).

8 이재범,『슬픈 궁예』, 푸른역사, 2000, 215쪽.

9 豪富層의 개념에 대해서는 蔡雄錫,『高麗時代의 國家와 地方社會-'本貫制'의 施行과 地方支配秩序-』,
　서울대학교출판부, 2000, 16~17쪽과 28~31쪽 참고.

10 李孝鍾은 궁예의 정권은 국가가 성립하여 발전하는 과정에서 크게 강원・경상지역권, 경기 황해지역권,
　그리고 청주지역권으로 나뉘어 세력권이 형성되었으며, 이 세 지역의 중간지점인 철원에 수도를 정한
　것은 각 정치세력이 균형과 연관이 있다는 인상을 준다고 파악하였다(「王建의 勢力形成과 高麗 建國」,
　『高麗 太祖의 國家經營』, 1996, 21쪽).

11 趙仁成,「弓裔政權의 中央政治組織」,『白山學報』33, 1986.

　이재범, 앞의 책, 2000, 171~177쪽.

12 『고려사』권1 태조 원년 6월 戊辰.

13 趙仁成은 고려 태조대 북방 設鎭를 고찰하면서 당시 진이 독립세력이었던 城과는 달리 국가조직의 일부
　였으며, 鎭頭가 중앙군에서 파견되어 진수를 맡고 진의 행정도 맡았을 것으로 파악하였다(「高麗 兩界의
　國防體制」,『高麗軍制史』, 陸軍本部, 1983, 135~138쪽). 그러한 모습은 궁예대에도 마찬가지였을 것이
　다.

14 『고려사』권1 태조 총서 天祐 3년.

15 전덕재는 신라시대 租・調는 호등을 기준으로 징수하였으며, 부가세 예를 들면 賑貸穀 등의 재원은 토
　지세로 거두었을 가능성이 있다고 파악하였다(『한국고대사회경제사』, 태학사, 2006). 박찬흥도 신라에
　서 양전제가 실시되기는 하였지만 그 사실이 곧바로 租가 결부 단위로 수취되었음을 입증하는 것은 아
　니라고 보았다. 즉 결부제가 제도화된 7세기 중엽 이후에도 租는 공연의 자산을 기준으로 산정된 호등
　제를 통해서 수취되었다고 파악하였다〔신라의 결부제와 조(租)의 수취」,『역사와 현실』42, 2001〕.

　한편 李仁在는 신라통일기의 사회경제구조가 이미 그 전의 人・戶 지배와 성격을 달리하여 결부제와 호
　등제를 통해 개별 토지와 호구를 파악하여 조세를 부과하는 단계로 보았으며(「新羅統一期 土地制度 硏
　究」 연세대박사학위논문, 1995), 김기흥은 8세기 전반 또는 중반에 토지 면적량에 따른 田租 수취 방식
　으로 변화하였다고 파악하였다(『삼국 및 통일신라 세제의 연구』, 역사비평사, 1991).

16 蔡雄錫, 앞의 책, 21~33쪽.

17 이 점과 관련하여 865년 철원 到彼岸寺에서 1,500여 명으로 구성된 香徒가 末世意識을 가지고 철불을

주　267

조성한 사실이 주목된다. 향도 구성원들의 경제력과 意識이 철원에 자리 잡은 궁예와 어떤 식으로든 관련되었을 것으로 짐작된다. 이에 대해서는 蔡雄錫, 「高麗時代 香徒의 社會的 性格과 變化」, 『國史館論叢』 2, 1989와 趙仁成, 「弓裔의 勢力形成과 建國」, 『震檀學報』 75, 1993 참고.

18 『고려사』 권78 식화 조세 태조 원년 7월 ; 『고려사절요』 권1 태조 원년 7월.

19 전덕재, 앞의 책, 417~419쪽.

20 『고려사』 권78 식화1 田制 우왕 14년 7월 趙浚上書.

21 남동신, 「나말려초 국왕과 불교의 관계」, 『역사와 현실』 56, 2005, 85~86쪽.

22 趙仁成, 「泰封의 弓裔政權 硏究」 서강대 박사학위논문, 1991.

23 『고려사』 권1 태조 원년 6월 壬戌 "以蘇判宗偘 少爲僧 務行姦詐 內軍將軍犿鈇 幼爲髡鉗 巧言取容 皆得幸弓裔 好行浸潤 多陷良善 誅之".
같은 책 권1 太祖總序 乾化 3년 "靑州人阿志泰 本諂詐 見裔喜讒 乃譖同州人笠全辛方寬舒等 有司推之 數年未決 太祖立辨眞僞 志泰伏辜 衆情稱快".
같은 책 권127 반역 伊昕巖 "業弓馬 無他才識 見利躁求 事弓裔 以鉤距得見任用".

24 『고려사』 권92 열전5 왕순식 부 윤선.

25 『고려사』 권1 태조 총서 開平 3년.

26 『고려사』 권1 태조 총서 乾化 4년 ; 같은 책 권92 洪儒.

27 『삼국사기』 권50 弓裔 乾化 원년 ; 『譯註 羅末麗初金石文』 (上), 無爲寺先覺大師遍光塔碑.
法鏡大師碑文에 따르면, 마진 시기의 초기만 하더라도 궁예가 남쪽을 정벌하는 일에 힘쓰면서 순행할 때 궁예를 피하는 사람이 적었으며, 궁예는 자신을 낮추어 법경대사와 같은 승려들을 초치했다고 하였는데, 그렇지만 궁예가 정책을 바꾸면서부터는 충성스럽고 곧은 신하들을 제거하고 獨夫로서 행위하였다고 비판하였다(『譯註 羅末麗初金石文』 (上), 五龍寺法鏡大師普照慧光塔碑).

28 全基雄, 「羅末麗初의 地方出身 文士層과 그 役割」, 『釜山史學』 18, 1990.

29 李在範, 「後三國時代 弓裔政權의 硏究」, 성균관대 박사학위논문, 1991, 92쪽.

30 趙仁成은 궁예의 '신정적 전제주의'는 궁예에게 충성하는 소수의 측근인물들에 의해 유지될 수밖에 없었을 것이라고 파악하였다(앞의 논문, 1991). 洪儒 등은 청주인의 득세에 불만을 품고 견제하려고 하였으며, 그것이 그들이 정변을 일으킨 원인의 하나가 되었다(金炫廷, 「高麗 開國功臣의 政治的 性格」, 『高麗 太祖의 國家經營』, 1996, 66~71쪽).

31 洪承基는 궁예가 청주인들을 등용하여 '전제적' 왕권을 추구하면서 청주의 강경파와 온건파 다시 말하여 '전제적' 왕권 추구에 강경한 방식을 주장하는가, 온건한 방식을 주장하는가의 두 집단으로 양립시켜 상호 충성을 경쟁시켰다고 파악하였다(앞의 논문, 1992).
그런데 청주출신 인물들의 분열은 정치적 견해의 차이뿐 아니라 여러 가지 요인이 작용한 결과였을 것이다. 이를테면 이주민들 사이 또는 이주민과 재지에 남아있는 자들과의 사이에 이해관계가 일치하는 것만은 아니었을 것이다. 대규모 사민과정에서 청주의 재지지배세력 구성에 변동이 생기기도 하고, 이주자들 사이에서도 재지기반의 유무와 청주에 남아 있는 재산을 관리하는 문제, 중앙권력에 참여 여부 등으로 이해의 일치가 어려웠을 것이 예상된다.

32 이러한 연구사 정리는 이효종, 앞의 논문, 11~13쪽 참고.

33 李純根, 「羅末麗初 地方勢力의 構成形態에 관한 一硏究」, 『韓國史硏究』 67, 1989, 47쪽.

34 『고려사』 권1 태조 총서 乾化 3년.

35 궁예가 왕건에게 미륵관심법으로 시험하였던 것과 이후 나주로 보내면서 步將 康瑄詰, 黑湘 등을 동반하도록 한 것을 근거로 그렇게 파악한다(李孝鍾, 앞의 논문, 27~30쪽).

36 정변 직후 이흔암의 역모를 고발한 사람에게 왕건은 이흔암은 "나와 어깨를 나란히 하고 한 주인을 섬겼으며 평소의 정분도 있으니 죽일 수 없다"고 말하였다(『고려사』 권127 반역1 伊昕巖).

37 李孝鍾, 앞의 논문, 28~29쪽.

38 『고려사』권1 태조 총서.

39 李在範, 앞의 논문, 1991, 57~59쪽.

40 李丙燾, 「太祖와 圖讖」, 『高麗時代의 研究』, 乙酉文化社, 1954, 37~41쪽 ; 李孝鍾, 앞의 논문, 37쪽.

41 洪承基, 「高麗 太祖 王建의 執權」, 『震檀學報』71 · 72 합집, 1991.

42 河炫綱은 왕건의 새로운 정치사상 형성은 궁예 때에 대한 정치적 반성에서 비롯되었다고 보아도 좋을
  것이라고 파악하였다(「高麗 太祖의 內外政策의 樹立背景과 그 性格」, 『東方學志』54 · 55 · 56 합집,
  1987).

43 『고려사』권1 태조 원년 6월 丁巳.

44 왕건은 후삼국을 통일한 후 평양 천도 계획을 내비치기도 하였다(『고려사』권2 태조 15년 5월 甲申).

45 申虎澈은 왕건이 철원 천도에 불만을 품고 912년 아지태사건 무렵부터 궁예의 측근이 된 청주세력을 견
  제하고 분열시키기 위하여 노력하였으며, 고려 건국 전후에 개국공신들이 청주세력과 서로 철저하게
  대립관계에 놓여 있었다고 파악하였다(앞의 논문, 1999).
  한편 金甲童은 궁예가 청주인들을 사민한 것이 집단인질적 성격을 띤 것이며 그 정책은 왕건이 건의한
  것일 가능성이 크다고 하여 다른 시각을 제시하였다. 그렇기 때문에 청주인들 대부분은 궁예나 왕건에
  대하여 불만을 품었고, 태조대 초기에 청주인들이 일으킨 일련의 모반 사건도 사민 때부터 생긴 반감에
  기인한 것이라고 파악하였다(「高麗建國期의 淸州勢力과 王建」, 『韓國史研究』48, 1985).

46 이러한 방향은 이후 本貫制를 시행하여 호부층의 자율적인 지역지배에 토대를 두고 지방지배질서를 구
  축하는 정책으로 이어졌다.

47 註 12와 같음.

48 남동신, 앞의 논문, 87쪽.

49 『고려사』권1 태조 원년 6월 丁巳 ; 같은 책 권78 식화1 조세 태조 원년 7월 ; 같은 책 권1 태조 원년 8월
  辛亥 ; 같은 책 권80 식화3 진휼 은면지제 태조 원년 8월.

50 『고려사』권1 태조 원년 6월 乙丑 ; 7월 辛亥 ; 같은 책 권93 崔承老.

51 『고려사』권54 오행2 金 太祖 원년 8월 戊辰의 기록에 따르면 그때 벌써 도성 내에 黑倉이 설치되어 있
  었다.

52 『고려사』권80 식화3 진휼 은면지제 태조 원년 8월.

53 고려 태조대의 1/10租法 실시 여부에 대한 연구사 정리는 朴鍾進, 『고려시기 재정운영과 조세제도』,
  서울대학교출판부, 2000, 84~92쪽 참고.

54 『고려사』권2 태조 17년 5월 乙巳.

55 邊太燮, 「高麗初期의 政治制度」, 『韓㳓劤博士停年紀念論叢』, 1981.

56 홍승기, 「後三國의 분열과 王建에 의한 통일」, 『韓國史 市民講座』5, 1989, 73쪽.
  정청주, 『新羅末 高麗初 豪族研究』, 一潮閣, 194~200쪽.

57 김철준, 「後三國時代의 支配勢力의 性格」, 『李相佰博士回甲紀念論叢』, 1981.


# 2부  태봉의 자취를 찾아서

## 2장  철원 월하리 유적의 조사 결과와 성격 검토

1 유재춘, 「철원의 고려태조 왕건 舊宅址說에 대한 검토」, 『江原文化史研究』10, 강원도 · 강원향토문화연
  구회, 2005. 」

2 강원도 철원군 철원읍 월하리의 조선시대 철원향교터 일대에 소재하는 이 유적은 삼국시대부터 조선시
  대에 이르기까지 다양한 시기에 걸친 건물지와 토성 유적지이기 때문에 향후 유적의 성격이 좀더 규명
  되기 전까지는 일단 편의상 '월하리 유적'이라고 칭하고자 한다.

3 동주산성에 대한 상세한 내용은 육군사관학교 · 철원군, 『철원 동주산성 지표조사 보고서』(육군사관학교, 2005) 참조.

4 『고려사』 권101 白敦明傳.

5 육군사관학교 육군박물관, 「경기도 포천군 군사유적 지표조사 보고서」, 육군박물관, 1997, 147쪽.

6 강원대학교 중앙박물관, 「(구)철원향교터 발굴조사 약보고서」, 강원도 · 강원대학교 중앙박물관, 2005.

7 이하 2005년도 (구)철원향교터 발굴조사에 대한 내용은 같은 책을 참고.

8 대성전 아래의 적심 유구는 전면 마당 동편의 트렌치에서 조사된 적심과는 레벨의 차이가 있다. 이는 향교 이전의 건물이 레벨의 차이가 있는 기단 층위에 조성되었던 것으로 볼 수 있다.

9 고려시대 이전의 유물이 비교적 적은 것은 2005년 발굴조사가 주로 조선시대 문화층이라고 할 수 있는 향교 건물지 위주로 시행되었기 때문일 것이다.

10 이 갑옷쇠비늘 유물은 토성 동편 끝 쪽의 봉우리에서 수습되었다.

11 이경석, 「鐵原府鄉校重新記」, 『白軒集』(서울, 亞細亞文化社, 1983)에 보면, 철원향교의 위치에 대해서 "철원부 남쪽 3리 되는 곳이 향교인데 산이 있어 북쪽에서 동남쪽으로 갈라지면서 봉우리를 이룬 것이 다섯이다. 두 번째 봉우리 뒤, 세 번째 봉우리 앞에 위치하는데, 가까이는 보개산에 揖하는 형세이고, 멀리는 넓은 들판으로 통하며, 긴 개천이 좌측에 위치하고 있다"라고 하고 있다. 이는 내용상으로 보아 철원향교의 풍수적인 위치가 우수하다는 것을 뜻하고 있다.

12 필자는 이 조사단에 책임조사원으로 참여하였다.

13 주민 가운데는 이곳에 이러한 석등하대석이 여러 개 있었다고 이야기하는 분도 계시나 현재로는 어떠한 실질적인 증거도 찾을 수 없다.

14 申虎澈, 「弓裔의 政治的 性格」, 『韓國學報』 29, 일지사, 1982, 40쪽.

15 『삼국사기』 권50 열전10 궁예. 『고려사』 권1 태조. 발삽사의 현재 위치는 명확치 않으나 『고려사』에는 분명 '東州(철원)' 발삽사라고 기록되어 있다.

16 이에 대해서는 앞서 언급한 바와 같이 필자의 「철원의 고려태조 왕건 舊宅址說에 대한 검토」(『江原文化史研究』 10, 강원향토문화연구회, 2005)에서 다룬 바 있다.

17 "在府南三里 本高麗太祖仕弓裔時舊宅 垣墻遺址尙存." 『신증동국여지승람』 권47(江原道, 鐵原都護府 學校).

18 앞 글 『白軒集』에 실려 있다. 이 記文은 1657년 향교를 중수하고 이경석이 철원부사인 조카(李敏幸인 것으로 보임)의 부탁으로 작성하게 된 것이다.

19 "校卽高麗太祖龍潛時遺基也." 앞 글 「鐵原府鄉校重新記」.

20 『輿地圖書』 江原道 鐵原府 壇廟.

21 "文廟 在府南三里 五十四間 本高麗太祖弓裔時舊宅 墻垣遺址 尙存." 『鐵原郡邑誌』(서울, 韓國人文科學院, 1990).

22 이러한 내용이 어떻게 하여 전해지게 되었는지는 알 수 없다. 南怡는 서울 태생으로 알려져 있고, 그의 묘도 경기도 화성에 있으므로 이곳 철원향교터와 남이장군을 연계할 만한 뚜렷한 근거가 없다. 다만 "세조 13년(1467) 포천 · 영평 등지에서 도적이 횡행하자 김용달과 함께 이 일대에서 도적체포 활동을 한 사실이 있는데, 철원이 이에 인접한 지역이므로 이 활동과 관련이 있을 가능성이 있다."(『世祖實錄』 권41, 세조 13년 2월 경술).

23 2004년 철원향교터 시굴과정에서 출토된 석등하대석도 그 당시 남아 있다고 하는 '遺址'의 한 부분일 가능성도 있다.

24 앞 글, 「(구)철원향교터 발굴조사 약보고서」.

25 "我太祖自松岳郡來投 便授鐵圓郡太守…"(『삼국사기』 권50 열전10 궁예).

26 "六月將軍弘述白玉三能山卜沙貴此洪儒裵玄慶申崇謙卜知謙之少名也 四人密謀夜詣太祖私第言曰…"(위의 책).

27 "太祖諸將扶衛太祖出門令前唱曰 王公已舉義旗於是前後奔走來隨者不知其幾人 又有先至宮城門鼓?以待

者亦一萬餘人…"(위의 책).

28 『삼국유사』 권1 王曆1 後高麗.

## 3장 태봉 지역 불교미술에 대한 시고

1 왕건의 고려와 구별하기 위하여 본문에서는 궁예의 고려(후고구려)를 태봉이라고 부르도록 하겠다.

2 궁예가 철원에 도읍하여 首長의 위치에 있었던 896년부터 왕건에 의해 축출당하였던 918년까지를 헤아리면 23년간이고 왕을 칭하였던 901년부터 계산하면 궁예의 재위 기간은 19년 가량이 된다. 泰封의 弓裔의 관해서는 『삼국사기』 권11 眞聖女王 9년 8월 ; 같은 책, 권50 열전10 궁예 ; 趙仁成, 「弓裔의 勢力形成과 建國」, 『震檀學報』 75, 1993, 1~34쪽 ; 趙仁成, 「泰封의 弓裔政權硏究」, 서강대학교 박사학위논문, 1991 ; 趙仁成, 「弓裔의 勢力形成과 建國」, 『진단학보』 75, 1993 ; 이재범, 「後三國時代 弓裔政權의 硏究」, 성균관대학교 박사학위논문, 1992. 참조.

3 『삼국사기』에는 "… 발삽사 佛堂에 있는 鎭星塑像이 그 사람과 같았다"(『삼국사기』 권50 열전10 궁예)라고 기록되어 있는 반면, 『고려사』에서는 위와 같이 더 상세히 적고 있다.

4 敎令輪身은 3輪身의 하나로 교화하기 어려운 중생을 제도하기 위하여 분노형의 형상을 내어 명령을 내리고 만일 그 명령을 어기면 바로 벌한다고 하는 方便佛이다(『望月佛敎大辭典』 623쪽).

5 『阿娑縛抄』 제58 「熾盛光」.

6 이 '古鏡文 사건' 외에 치성광여래에 대한 언급이 전하는 기록은 『고려사』 「고려왕실세계」에 인용된 민지의 『편년강목』에 실린 글로 作帝建과 서해 용왕에 대한 설화이다.

7 韓其汶, 「고려 태조시의 사원창건」, 『高麗寺院의 構造와 機能』, 민족사, 1998, 40쪽 ; 『고려사』 권1 태조 7년조 ; 『삼국유사』 권1 王曆 태조.

8 「新聖王親製華嚴法會疏」, 『高麗名賢集』 5, 성균관대학교 대동문화연구원, 1980, 89쪽 ; 梁銀容, 「高麗太祖 親製「開泰寺華嚴法會疏」의 硏究」, 『伽山李智冠스님華甲기념논총』, 814쪽.

9 九曜신앙은 一行선사의 「大日經疏」에서 밀교의 교학적 차원으로 승화되었다. 구요는 큰 위신력으로 인간세상의 즐겁고 괴로운 모든 일을 미리 예증해주기도 하고, 모든 길흉상을 보여주기도 한다. 특히 구요는 擇地와 時義와도 서로 깊은 관계가 있는 것으로 생각되고 있는데, 통일신라 말 도선국사(825~898)가 一行의 신앙법을 연구하여 산천비보사탑신앙을 전개한 것과도 연관이 있을 듯하다(徐閏吉, 「고려의 九曜信仰과 그 思想源流」, 『伽山李智冠스님華甲紀念論』, 1992, 786~807쪽 참조).

10 회화작품으로는 조선시대 七星탱화의 본존불로 치성광여래가 나타나고, 조각으로는 조선시대에 조성된 삼막사 마애치성광여래상의 예가 전한다(文明大, 「三幕寺在銘磨崖三尊佛考」, 『又軒丁仲煥博士還曆紀念論叢文集』, 1974, 231~241쪽 참조).

11 中國에서 치성광여래과 眷屬이 표현된 기록은 『益州名畵錄』(1006)에서 처음 나오는데, 楊元眞이라는 화가가 成都의 聖興寺와 大聖慈寺에 치성광불과 九曜二十八宿를 그렸다고 한다. 『圖畵見聞誌』 권3에는 高益이 大相國寺의 행랑에 치성광과 九曜를 그렸고, 孫知微가 成都 壽寧院에 치성광과 九曜를 그렸으며, 같은 책 권4에는 崔白이 相國寺 회랑 동벽에 치성광과 十一曜를 그렸다는 기록 등이 실려 있다. 대체로 唐末五代와 北宋의 기록인 점으로 미루어 唐末부터 유행한 신앙인 것 같다(松本榮一, 『燉煌畵の硏究』, 東京: 東方文化學院, 1937, 338~343쪽 참조).

12 대영박물관 소장품은 Roderick Whitfield, 『西域美術』 1(講談社, 1982), 圖 27 및 320~321쪽 참조. 프랑스국립도서관 소장 돈황 막고굴 출토의 「치성광여래와 五曜圖」는 『シルクロ-ド大美術展』(東京: 東京國立博物館, 1996), 147쪽의 圖 169 참조.

13 이 점에 대해서는 梁敬淑, 앞 글, 125~126쪽에서 논의되었다. 이 글에서 梁敬淑은 발삽사를 밀교계통의 사찰로 보고 있다.

14 崔聖銀, 「唐末五代 佛敎彫刻의 傾向」, 『美術史學』 IV, 미술사학연구회, 1992, 174쪽.

15 불교조각의 재료는 금·금동·철 등의 금속을 비롯하여 돌, 흙, 나무, 건칠 등 상당히 다양하지만 이 가운데 사실적인 조각이 가장 용이한 일반적인 재료는 흙이다. 통일신라시대 조각도 지금은 화강암을 재료로 한 석불과 마애불이 많이 전해오지만 실제로 그 당시 가장 많이 사용된 재료는 흙이었다. 『삼국유사』 「塔像條」에 실린 30여 구의 신라불상 가운데 소조불은 전체의 3분의 2에 해당하는 20여 구에 이른다(文明大,「統一新羅 塑佛像의 硏究」,『考古美術』154·155, 36쪽 참조).

16 이 철불에 대해서는 崔聖銀,「羅末麗初 抱川出土 鐵佛坐像 硏究」,『美術資料』61, 국립중앙박물관, 1998, 1~20쪽 참조.

17 文明大,「新羅下代 毘盧舍那佛像彫刻의 硏究(一)」,『美術資料』21, 1977. 2, 35~36쪽.

18 포천 철불은 어깨가 좁고 광주 철불이나 傳 普願寺址 철불에서처럼 上體의 가슴이 넓고 양감 있게 표현되지 않았기 때문에 다른 철불들에 비해 좌폭이 더 넓어 보인다. 실제로 이 상의 坐高(133cm)와 坐幅(104cm)의 비례는 1:0.78 이므로 寒天寺 철불의 1:0.77이나 傳 普願寺址 鐵佛의 1:0.78, 廣州 철불의 1:0.77에 비해 큰 차이가 나지 않는다.

19 『江原道 鐵原郡 軍事遺蹟 地表調査 報告書』, 陸軍士官學校 陸軍博物館, 1996, 94~103쪽.

20 鐵原郡 葛末邑 新鐵原 2里 龍華洞의 龍華寺址에는 오층석탑과 불좌상 등이 1960년까지 있었다고 한다. 근래 조사된 석탑재와 와편으로 보아 통일신라시대 이래 사찰이 있었던 것으로 보이며 조선시대까지 존속하였던 것 같다(『鐵原郡의 歷史와 文化遺蹟』, 92쪽 ;『文化遺蹟總覽』, 1977 ;『朝鮮寶物古蹟調査資料』, 1942).

21 泰封의 鎭山인 高岩山에 용소동이 있고 커다란 蓬萊湖〔龍淵〕가 있으며 부근의 지명이 龍淵里인 것도 미륵신앙과 관련이 있을 것으로 생각된다(李永子,「羅末·後三國 彌勒信仰의 性格」,『韓國 彌勒思想 硏究』, 佛敎文化硏究所, 1987, 134쪽).

22 마애불입상 부근에는 탑부재部材로 보이는 석물들과 기와편이 흩어져 있다.『鐵原郡의 歷史와 文化遺蹟』, 강원대학교박물관·강원도 철원군, 1995, 79~82쪽 참조.

23 『朝鮮寶物古蹟調査資料』, 조선총독부, 1942, 521쪽.

24 『寶蓋山地藏寺重修記』,『東文選』권72 ; 郭東錫,「동문선과 불교조각」,『강좌미술사』1 - 東文選과 高麗時代의 美術 ~』, 1988, 70~71쪽. 현재 철원군 동송읍으로 이전해 있는 심원사의 석조지장보살상은 보개산 석대암 인법당에서 옮겨온 것으로서 조성 시기는 고려 말에서 조선시대로 내려오는 상이다(閔漬,「寶蓋山石臺記」,『大東金石書』. 李穡,「寶蓋山石臺庵地藏殿記」,『東文選』권75).

25 원주의 불교에 대해서는 이인재,「나말려초 원주 불교계의 동향과 특징」,『원주학연구』2, 연세대학교 매지학술연구소, 2001, 195~220쪽.

26 林南壽,「古代韓國 藥師信仰의 展開樣相과 造像」,『史林』24, 성균관대학교 수선사학회, 2005, 73~100쪽.

27 최성은,「나말려초 아미타불상의 도상적 고찰」,『講座美術史』26, 한국미술사연구소, 2006, 225~227쪽 참조. 신라 하대의 화엄종 사찰에서는 비로자나불을 주존으로 모셨으나 신라 중대의 화엄종에서 아미타불을 주존으로 모셨던 전통이 이미 깊이 뿌리내려 있었던 때문에 아미타불을 함께 봉안하는 것이 일반적이었다(文明大,「景德王代의 阿彌陀造像 問題」,『이홍직박사회갑기념논총』, 1969, 647~686쪽 ; 『한국의 불상조각 2, 통일신라 불교조각사연구(下) ~ 원음과 적조미 ~』, 도서출판 예경, 2003, 105~131쪽 재수록).

28 최성은,「고려 초기 석조반가좌보살에 대한 소고」,『항산 안휘준교수 정년기념 논총』, 2006. 3, 118~119쪽.

29 최성은,「고려 초기 명주지방 석조보살상에 대한 고찰」,『불교미술』, 동국대학교 박물관, 1980, 56~78쪽.

30 逸見梅榮,『佛像의 形式』, 東京: 東 出版, 1970, 212쪽, 215~216쪽.

31 『遼史』1 太祖紀 上 太祖 9年冬 10월 ;『中國正史朝鮮傳 譯註』3, 1989, 240쪽.

32 崔南善,「楓岳記遊」,『六堂 崔南善 全集』6, 현암사, 1973, 395~397쪽.

33 이러한 불교계의 신앙 경향은 중국도 예외가 아니어서 당말오대 불교는 興福, 感通 등의 신비적인 불교와 燃臂, 燒指 공양과 같은 고행적 불교, 生身 숭배 같은 迷信的 불교가 유행하는 卑俗한 경향을 띠고 있었다(牧田諦亮, 『五代宗教史硏究』, 京都: 平樂寺書店, 1971, 162~166쪽 참조).

34 궁예 외에도 실재하였던 인물들이 사후 지역신이 된 예로서 견훤의 사위였던 박영규가 죽어서 승평군(순천)의 해룡산신이 되었다는 기록이 있다(『新增東國輿地勝覽』 順天 人物條).

35 『삼국사기』 권50 열전10 궁예.

36 이 幘이 때로 고깔로 번역되기도 하는데 이것은 잘못된 것이다. 고깔은 弁 모양의 折風으로서 삼각형의 뾰죽한 관모를 말하는 것이다(劉頌玉, 『韓國服飾史』, 修學社, 1998, 49~50쪽 참조).

37 劉頌玉, 앞 책, 30, 49쪽 참조.

38 이러한 복식을 중국 당말오대 작품 가운데서 찾아보면, 하북 번진세력 중에 하나였던 義武軍節度使 王處直(?~923년)의 묘에서 발견된 문관형 十二支像 부조상들에서 대수포의 모습이 나타나고 있다. 또 閩國의 3代 군주 王延鈞(927~935년)의 妃였던 劉華(?~930년)의 墓에서 출토한 僧侶俑이 소매가 넓은 대수포에 책을 쓰고 있어 문헌에 기록된 궁예의 옷차림과 상당히 유사할 것으로 보인다. 유화는 오대 南漢(916~971년)의 공주로 閩國의 왕비가 되었다(福建省博物館, 「五代閩國劉華墓發掘報告」, 『文物』 1, 1975, 62~73쪽).

39 이 삼불상은 대대로 궁예미륵이라고 전해오고 있으며 인근에 있는 칠장사에도 궁예에 대한 전설이 전해오고 있어 안성을 중심으로 궁예에 대한 신앙이 늦게까지 전해져 왔음을 알 수 있다.


4장 전설에 나타난 궁예왕

1 정구복, 『새로 읽는 삼국사기』, 동방미디어, 2002.

2 강진옥, 「전설의 역사적 전개」, 『구비문학연구』 5 1997.

3 이 장에서 자료로 채택한 열전과 史傳은 지배계급의 공식적 역사이고, 전설은 피지배계급에 의한 비공식적 역사라는 차이가 있기는 하지만, 궁예왕 관련 문헌자료는 궁예왕 사후 227년 뒤부터 나타났다는 것에서 구비전설에 많이 빚지고 있을 것으로 보여, 이들을 문헌전설에 편입시키기로 한다. 한편 『桓檀古記』는 僞書 여부의 논란이 있기는 하지만 역사학자 신채호 선생도 이를 참고로 하고 있고, 근래에 이 서적의 원본이 발견되었다는 것으로 미루어 위서로만 몰아붙일 것은 아니라고 본다.

4 桂延壽, 『桓檀古記』, 임승국 번역 · 주해(정신세계사, 2002), 312쪽.

5 이재범, 『슬픈 궁예』, 푸른역사, 2000, 54~55쪽 참조.

6 철원 지역 사람들은 궁예의 마지막 은거처가 명성산이고 이곳에서 병사들을 해산하고 평강으로 갔다고 한다. 그러나 포천 지역에서는 명성산에서 궁예가 운악성으로 탈출하고 다시 파주를 거쳐 평강으로 갔다고 한다. 이 장에서는 지명전설까지 참고해서 궁예의 탈출 경로를 궁궐 → 보개산성 → 명성산성 → 운악산성 → 평강으로 보기로 한다(이재, 「포천 운악 산성 지표조사보고서」, 육군 박물관 유적조사 보고, 육군사관학교 육군박물관, 2001, 53쪽 참조).

7 졸고, 「궁예왕 전설과 역사소설」, 『강원문화연구』 21, 85쪽.

8 궁예 관련 지명전설의 전반적 분류의 특징은 장덕순, 『한국설화문학연구』, 서울대출판부, 1978, 17~18쪽 참조.

9 경기도 안성시 주산면 칠장리 칠현산에 소재한 사찰.

10 이수자, 「안성의 설화」, 『구비문학연구』 14, 2002. 6.

11 앞의 글.

12 10세 이후에 궁예가 공부하기 위하여 찾아갔다는 '세달사' 혹은 '흥교사'의 위치에 대해서 혹자는 영월의 '법흥사', 영주의 '부석사', 개풍의 '흥교사'로 말하고 있다. 여기에 안성의 '칠장사'와 '굴암사'가 덧붙여진다. 안성 '국사암'에 궁예미륵을 모시고 있다는 것은 그만큼 궁예가 안성 지역에 오랜 연고를

가지고 있었다는 증거가 된다.

13 철원군 송내면 이평리 소재. 『철원향토지』 3, 철원문화원, 378쪽.

14 철원읍 화지리에 소재(위의 책, 351쪽).

15 철원 현지에서 만난 구연자들은 고암산을 '곤암산', '고남산', '구암산'으로 혼동해서 발음하고 있었다. 고암산(한국전쟁 후 이 산은 김일성고지라고도 불림)은 궁예 대궐터의 진산으로 현재 북방한계선 너머에 있고, 고남산은 남한 쪽, 포천군 관인리에 소재하는 각각 별개의 산이다.

16 『평강군지』 한국근대읍지 56, 한국인문과학원, 1991, 425쪽.

17 『철원향토지』 3, 철원문화원, 336쪽.

18 『강원의 설화』 1, 363쪽.

19 어운면 강산리 소재(『철원향토지』 3, 314쪽과 408쪽에 소개).

20 『강원의 설화』 1, 363쪽.

21 철원 출신 소설가 이태준의 『사냥』에서는 이곳을 '장산들'로 표기하고 있다(유인순 편, 『석양-이태준 탄생 100주년 기념 소설선』, 강원대 출판부, 2004, 205쪽).

22 『강원의 설화』 1, 491쪽.

23 어운면 양지리 소재(『철원향토지』 3, 407쪽).

24 어운면 양지리 소재(『철원향토지』 3, 407쪽).

25 갈말읍 동막리 소재(『철원향토지』 3, 367쪽).

26 『강원의 설화』 1, 363쪽.

27 『포천군지』 포천군청 지명설화 (208).

28 이재, 『경기도 연천군 군사유적 지표조사 보고서』, 육군박물관 유적조사 보고 제2집, 육군사관학교 육군 박물관, 1995, 125쪽.

29 이재 교수는 보개산성이 그 위치로 보아 군사적인 활용가치는 적고, 피난을 위한 곳으로 본다. 산성 내부에 기거 공간이 거의 없고 무기나 식량을 비축할 곳도 없어서 장기적인 항전이 어렵다는 것이다(이재, 앞의 책, 128쪽).

30 이재범 교수는 포천의 반월산성, 파주의 금파리성이 궁예의 전설을 갖고 있다고 소개한 바 있다(『슬픈 궁예』, 23쪽).

31 이재, 『강원도 철원군 군사유적 지표조사 보고서』, 육군박물관 유적조사보고 제3집, 육군사관학교 육군 박물관, 1996, 99쪽.

32 포천군 영북면 산정리 소재, 『포천군지』 포천군, 지명설화(259).

33 『철원향토지』 3, 368쪽.

34 『강원의 설화』 1, 360쪽.

35 『철원향토지』 3, 310쪽.

36 이재, 2001, 55쪽.

37 앞의 책, 55쪽.

38 운악산, 한국브리태니커 http://deluxe.britannica.co.kr/bol/topic.asp?article_id=b25h0903a

39 이재, 2001, 54쪽.

40 포천군 홈페이지. 지명전설 (24), 이재, 2001, 54쪽.

41 포천군 홈페이지. 지명전설 (33), 이재, 2001, 55쪽.

42 이재, 2001, 55쪽.

43 포천군 홈페이지 지명전설(15), 이재, 2001, 54쪽.

44 포천군 홈페이지 전설 (24).

45 『강원의 전설』 1, 360쪽.

46 『철원향토지』 3, 310쪽.

47 『평강군지』, 430쪽.

48 차상찬, 「태봉왕 김궁예는 어떠한 인물인가」, 『개벽』 42, 1923, 103쪽. 이후 평강에서 채록된 지명전설
은 모두 차상찬의 글 103쪽에 수록된 것으로 이들은 차상찬이 『평강군지』에서 참조한 것이다. 이 장은
차상찬의 글을 참고하되 『평강군지』에서 누락된 것은 그 출처를 밝히기로 한다.

49 『평강군지』.

50 차상찬, 앞의 글, 103쪽.

51 위의 글.

52 포천군 홈페이지 전설 (25).

5장 문학·영상작품에 그려진 궁예왕과 태봉

1 뒤에서 살펴볼 TV 대하사극 〈태조 왕건〉에서는 왕·왕비라는 용어 대신에 황제, 황후라는 표현을 썼다.
사실 고려가 실제로는 황제국체제였음을 처음으로 밝힌 것은 필자였다(김기덕, 「황제국체제를 지향한
고려국가」, 『고려시대 사람들은 어떻게 살았을까』 2, 청년사, 1997 ; 김기덕, 「고려의 제왕제와 황제국
체제」, 『국사관논총』 78, 1997). 고려 이전 궁예왕도 물론 황제라고 칭하지 못할 이유가 없다. 아마 실
제로도 황제를 칭하였을 것이다. 연호의 사용이 그 가능성을 말해준다. 그러나 이 장에서는 일단 '궁예
왕'이라고 표현하였다.

2 본 목록의 작성은 원칙적으로 책으로 발간된 연대순을 기준으로 하였다. 목록의 작성에 있어 다음의 글
에서 제시된 것을 참고하였음을 밝혀둔다.
유인순, 「궁예왕 전설과 역사소설」, 『강원문화연구』 21, 강원대학교 강원문화연구소, 2002.
홍영의, 「고려시대 관련 역사소설의 대중성과 향후 전망」, 『인문콘텐츠』 3, 인문콘텐츠학회, 2004.

3 유인순, 앞의 글, 94~112쪽. 이상은 유인순의 전체 논지를 필자가 재정리하여 제시해본 것이다.

4 유인순, 「전설에 나타난 궁예왕」, 『태봉국 역사문화유적 학술회의 논문집』, 2006(이 책에 수록되었음).

5 앞의 글, 126쪽.

6 권덕영, 「역사와 역사소설 그리고 사극」, 『역사와현실』 60, 2006, 151~154쪽.

7 유인순, 앞의 글, 109~110쪽.

8 박광용, 「역사소설 무엇이 문제인가 - 황진이 관련 소설을 중심으로-」, 『역사와 문화』 6, 2003.

9 김기덕, 「TV 사극의 열풍과 사회적 영향」, 『역사와 문화』 5, 2002 ; 김기덕, 『영상역사학』, 생각의나무,
2005 재수록.

10 정두희, 「사극이 펼치는 역사는 과연 역사인가」, 『장희빈, 사극의 배반』, 소나무, 2004.

11 공임순, 『우리 역사소설은 이론과 논쟁이 필요하다』, 책세상, 2000.

12 이 작품과 비교하여 살펴볼 수 있는 것으로 다음을 들 수 있다.
KBS 역사스페셜, 〈후백제 견훤 왜 몰락했는가〉, 2001. 6. 16.
KBS 역사스페셜, 〈역사버라이어티, 왕건 코리아〉, 2000. 3. 25.

13 영화 〈태조 왕건〉은 현재 필름과 녹음 대본이 한국영상자료원에 남아 있는 것으로 조사되었으나 필자
가 보지 못하였다. 아마도 부제 및 제목이 암시하듯이 후삼국 난세천하에서 궁예왕과 견훤왕이 등장하
였으나 비합리적 국가운영으로 몰락하고 결국 태조 왕건이 후삼국을 통일한다는 일반적인 해석을 따르
지 않았을까 생각한다. 즉 태조 왕건이라는 영웅적 인물상을 부각시키고자 했다고 생각한다.

14 이 해석은 물론 이재 교수의 인터뷰로 처리되고 있으나, 결국 역사스페셜 〈궁예〉 제작진의 시각이기도
하다. 이러한 측면은 다른 인터뷰의 경우에도 마찬가지라고 할 수 있다.

15 전문연구와 역사소설을 매개하는 연결고리에 역사대중서가 있다. 전문가가 쓴 궁예 관련 역사대중서로

는 다음의 것을 들 수 있다.

이재범, 『슬픈 궁예』, 푸른역사, 2000.

이도학, 『궁예 진훤 왕건과 열정의 시대』, 김영사, 2000.

김갑동, 『태조 왕건』, 푸른역사, 2000.

16 주명철, 「사극에서 무엇을 읽을 것인가」, 『신동아』, 2001년 7월호, 576쪽.

17 김기덕, 「TV사극의 열풍과 사회적 영향」『역사와 문화』, 푸른역사, 2002.

18 김기덕, 『영상역사학』, 생각의나무, 2005, 141~142쪽.

19 김기봉, 『팩션시대, 영화와 역사를 중매하다』, 프로네시스, 2006, 10~17쪽.

20 이 장은 본래 2006년 한림대학교에서 주최한 태봉의 역사·문화 유적 학술회의에서 발표한 글이다. 이후 2007년 간행된 필자의 책(『한국전통문화와 문화콘텐츠』, 북코리아)에 수록된 바 있다. 따라서 이 장은 2007년 필자의 저서에 수록된 글을 일부 수정, 보완한 것임을 밝혀둔다.

| 연대 | 내용 | 전거 |
|---|---|---|
| ? | 궁예, 중오일重午日에 외가에서 출생. | |
| 869 | 통진洞眞대사 경보慶甫 출생. 진공眞空대사 충담忠湛 출생. | 『佛』 |
| 871 | 법경法鏡대사 경유慶猷 출생. | 『佛』 |
| 873 | 신라, 기근과 질병이 넓게 퍼짐. | |
| 874 | 최치원, 당에서 과거 급제. | |
| 875 | 신라, 경문왕 죽고 헌강왕 즉위. | |
| 876 | 신라, 황룡사皇龍寺에서 백고좌百高座를 개설. 불경佛經 강의. | 『佛』 |
| 879 | 신라, 신홍信弘이 모반을 일으키고 처형당함.<br>법경法鏡대사 현휘玄暉 출생. | 『佛』 |
| 877. 1 | 왕건, 송악군松岳郡에서 출생. | 『高』 |
| 881 | 견훤, 15세에 견훤甄萱(견씨甄氏)이라 칭함. 본성本姓은 이씨李氏. | 『遺』甄 |
| 885 | 최치원, 당에서 귀국. | 『史』本 |
| 886 | 신라, 헌강왕 죽고 정강왕 즉위. | |
| 887 | 신라, 김요金蕘의 난 진압.<br>신라, 정강왕 죽고 진성여왕 즉위(~897년). | 『史』本 |
| 885~888 | 견훤의 아버지 아자개가 사불성沙弗城을 근거로 장군將軍이라 자칭. | 『遺』甄 |
| 889 | 전국에 공부貢賦를 독촉하자 도적들 봉기. | 『史』本 |
| 891 | 신라, 사벌주沙伐州 원종元宗·애노哀奴의 반란으로 영기슈奇를 보냈으나 겁내어 싸우지 않고, 촌주村主 우련祐連이 전사하여 목 베고, 우련의 아들로 촌주를 삼음. | 『史』本 |
| | 궁예, 죽주적괴竹州賊魁 기훤에게 투신하였다가 다시 양길에게 감. | 『史』弓 |
| | 견훤, 서남해西南海 방수군防戍軍 비장裨將으로 반란을 일으킴. | 『遺』甄 |
| 891 | 형미逈微 입당入唐(~905년). | 『佛』 |
| 892 | 궁예, 양길의 부장으로 100여 기 지원을 받아 정벌 전쟁에 참여.<br>궁예, 부석사에서 신라왕의 초상을 칼로 침.<br>궁예, 주천·영월·울오 등지 점령. | 『史』本 |

| | | |
|---|---|---|
| 892 | 견훤, 무진주武珍州 습격. '신라서면도통新羅西面都統' 운운云云 자서自署. 5,000명의 무리 모음.<br>궁예, 기훤 부하 원회元會·신훤申喧과 결탁. 북원적수北原賊帥 양길에게 투신. | 『史』弓 |
| 892. 6 | 통진洞眞대사 경보慶甫 입당(~921년). | 『佛』 |
| 893. 10 | 궁예, 북원北原 하슬라何瑟羅에서 장군이라고 칭함. 600여 명의 무리 모음. | 『史』本 |
| | 홍척洪陟의 법사法嗣인 수철秀澈화상 입적入寂. | 『佛』 |
| 894 | 궁예, 명주溟州에 들어가 무리가 3,500명에 이름. 이를 14대로 나누고 김대金大·검모黔毛·흔장昕張·귀평貴平·장일張一 등을 사상舍上(부장部將)으로 삼음. 장군이라 자칭. | 『史』弓 |
| 895. 8 | 궁예, 저족猪足·생천牲川 2군을 공취. 한주漢州 관내管內의 부약夫若·철원鐵圓 등 10여 군현을 부숨. 개국칭군開國稱君할 만하다 하여 후고구려를 건국. 패서 지역의 호족이 궁예에게 귀부. | 『史』弓 |
| 896 | 왕륭王隆, 궁예에게 귀부. 왕건에게 발어참성을 쌓게 하고 성주城主로 삼음. | 『高』 |
| | 궁예, 승령僧嶺·임강臨江 2현縣을 쳐 빼앗음. | 『史』弓 |
| | 진철進澈대사 이엄利嚴 입당(~911년). | 『佛』 |
| 897 | 효공왕孝恭王 즉위(~912년). | 『史』本 |
| | 궁예에게 인물현仁勿縣이 항복해옴. 공암孔巖·검포黔浦·혈구穴口 등의 성을 격파.<br>양길이 북원에 있으면서 국원 등 30여 성을 차지하였는데 궁예를 치기 위하여 30여 성의 군사를 이끌고 습격하였으나 비뇌성에서 궁예 승리. | 『史』弓 |
| 898. 2 | 궁예, 송악군松岳郡을 수리하고 왕건을 정기대감精騎大監으로 삼음. | 『史』弓 |
| 898. 7 | 궁예, 왕건으로 하여금 양주楊州·견주見州를 공격하게 함. | 『史』本 |
| | 궁예, 패서도浿西道·한산주漢山州 관내 30여 성을 빼앗고 송악군松岳郡에 도읍都邑. | 『遺』曆,<br>『高』 |
| 898. 11 | 궁예, 팔관회八關會 개설. | 『史』弓 |
| | 요공了空 선사 도선道詵 입적. | 『佛』 |
| 899. 7 | 양길, 국원國原 등 10여 성주城主와 궁예를 칠 것을 모의. 비뇌성하非惱城下로 진군하였으나 양길이 패주敗走. | 『史』本 |
| 900. 10 | 국원國原·청주菁州·괴양槐壤의 적괴賊魁인 청길淸吉·신훤莘萱이 성민城民과 함께 궁예에게 항복(왕건, 궁예의 명령을 받고 광주廣州·충주忠州·청주菁州 3개주와 당성唐城·괴양 평정. 왕건이 공功으로 아찬阿飡이 됨). | 『史』本,<br>『高』,<br>『史』弓 |
| 900 | 견훤, 완산完山에 입도立都. 백제왕이라 칭함. 설관분직設官分職함. | 『史』甄 |
| | 견훤, 오월吳越에 사신使臣 파견, 오월왕을 보빙報聘하고 '검교대보檢校大報' 가수加授. | 『史』甄 |

| 900 | 정진靜眞대사 긍양兢讓 입당(~924년)<br>징효澄曉대사 절중折中 입적. | 『佛』 |
|---|---|---|
| | 탄문坦文 출생. | 『佛』 |
| 901 | 궁예, 국호를 고려라 하고 왕이라 칭함. | 『史』本 |
| 901. 8 | 견훤, 대야성大耶城을 쳤으나 굴복시키지 못함. | 『史』本 |
| | 견훤, 금성錦城의 남쪽 연변 부락을 약탈. | 『史』本 |
| 903. 3 | 궁예, 왕건에게 수군을 거느리고 광주계光州界 금성군錦城郡을 공취攻取하게<br>하고 이어 인근 10여 군을 공취. | 『高』 |
| | 궁예, 금성錦城을 고쳐 나주羅州라 함. | 『史』弓 |
| | 궁예, 양주수良州帥 김인훈金忍訓이 구원을 요청하자 왕건을 보내 구함. | 『史』弓 |
| 904 | 궁예, 백관百官 설치. | 『史』弓 |
| | 궁예, 국호國號를 마진摩震, 연호年號를 무태武泰로 고침. | 『史』弓 |
| | 궁예에게 패강도浿江道의 10개를 주현이 항복해옴. | 『史』弓 |
| 905. 7 | 궁예, 청주인淸州人 1,000호를 철원으로 옮기고 도읍으로 정함. | 『史』本 |
| | 궁예, 상주尙州 등 30여 주현을 빼앗음. | 『史』弓 |
| | 궁예에게 공주장군公州將軍 홍기弘奇가 내항來降. | 『史』弓 |
| 905. 8 | 궁예, 신라 변방을 침공하여 죽령竹嶺 동북東北쪽에 이름. 신라는 성주城主에<br>게 영슈을 내려 싸우지 말고 성을 지키게 함. | 『史』本 |
| | 궁예, 새로 정한 도읍 철원경鐵圓京에 들어가 궁궐 · 누대 수리.<br>궁예, 연호를 성책聖册 원년으로 고침.<br>궁예, 패서浿西 13진鎭 평정. | 『史』弓 |
| | 궁예에게 평양성주平壤城主 장군將軍 검용黔用 · 증성甑城의 적의적赤衣賊 ·<br>황의적黃衣賊 명귀明貴가 귀부. | 『史』本 |
| 905 | 선각先覺국사 형미逈微 당에서 귀국. | 『佛』 |
| 906 | 궁예, 왕건 · 검식黔式 등에게 함께 3,000명을 거느리고 상주尙州 사화진沙火<br>鎭을 쳐 견훤과 싸우게 함. | 『高』 |
| | 궁예, 신라를 멸도滅都라 하고 신라에서 내부來附한 자를 죽임. | 『史』弓 |
| | 법경法鏡대사 현휘玄暉 입당. | 『佛』 |
| 907 | 견훤, 일선군一善郡 이남의 10여 성을 빼앗음. | 『史』本 |
| 908 | 법경法鏡대사 경유慶猷 중국에서 귀국(930년 입적). | 『佛』 |
| 909. 6 | 마진의 한찬해군대장군韓粲大將軍 왕건이 오월吳越로 가는 견훤의 배를<br>염해현鹽海縣에서 나포. 광주 진도군 공취 후 고이도皐夷島에 이름.<br>견훤, 나주 포구에서 궁예군과 대치. 왕건이 견훤군의 500여 명을 참획하니<br>견훤 도망. | 『高』 |

| 909 | 마진의 왕건이 압해현 적수賊帥 능창을 갈초도에서 생포. | 『高』 |
|---|---|---|
| 910 | 견훤, 친히 보기步騎 3,000을 거느리고 나주성羅州城을 포위하여 10일이 지나도록 물러나지 않음. 궁예가 수군을 보내 습격하니 견훤이 물러감. | 『史』本 |
| 911. 1 | 궁예, 국호를 태봉泰封으로 연호年號를 수덕만세水德萬歲로 고침. | 『史』本 |
| | 궁예, 왕건으로 금성錦城을 치게 하고 금성을 고쳐 나주라 함. 왕건은 대아찬大阿粲 장군이 됨. | 『史』弓 |
| 911 | 진철대사 이엄利嚴 당에서 귀국. | 『佛』 |
| 912 | 궁예, 후백제와 덕진포德鑪浦에서 승리. | 『史』甄 |
| 913. 3 | 궁예, 왕건을 파진찬波珍粲 겸 시중侍中으로 임명하여 왕건이 백관百官의 우두머리가 됨. | 『高』 |
| 913 | 궁예, 왕건을 시중侍中직에서 해임하고 나주로 내려 보냄. | 『史』弓 |
| | 청주인淸州人 아지태 사건이 일어남. | 『史』弓 |
| 914. 4 | 궁예, 연호를 정개政開 원년으로 고침. | 『史』本 |
| | 태봉 정개政開로 개원. 왕건, 수군을 거느리고 나주 원정. | 『史』弓 |
| | 왕건, 병사 2,000명을 거느리고 나주에 이름. | 『高』 |
| 915 | 궁예, 부인 강씨와 두 아들을 죽임. | 『史』弓 |
| | 궁예와 왕건 대립 후 왕건이 나주로 내려옴. | 『高』 |
| 916. 8 | 견훤, 대야성大耶城을 쳤으나 이기지 못함. | 『史』本 |
| 917 | 궁예, 선각先覺국사 형미逈微를 죽임. | 『佛』 |
| 918. 6 | 왕건, 홍유·신숭겸·복지겸·배현경 등과 함께 궁예에게 반기 들음. 왕건이 왕위에 올라 국호를 고려高麗, 연호를 천수天授라 함. 궁예, 평강에서 피살. | 『高』 |

※전거 표시

『삼국사기』 신라본기 『史』本

『삼국사기』 궁예전 『史』弓

『삼국유사』 왕력편 『遺』曆

『고려사』 태조세가 『高』

『한국불교사』(우정상·김영태 공저, 신흥출판사, 1968) 『佛』

## 1. 사서

### 관찬·사찬 사서

『고려사절요高麗史節要』 　　　　『고려사高麗史』
『동국통감東國通鑑』 　　　　『동사강목東史綱目』
『동사東事』 　　　　『삼국사기三國史記』
『삼국사절요三國史節要』 　　　　『삼국유사三國遺事』
『여사제강麗史提綱』 　　　　『연려실기술燃藜室記述』
『오대회요五代會要』 　　　　『요사遼史』
『자치통감資治通鑑』 　　　　『제왕운기帝王韻紀』
『증보문헌비고增補文獻備考』 　　　　『휘찬여사彙纂麗史』

### 지리지

『대동수경大東水經』 　　　　『대동지지大東地志』
『동국여지지東國輿地志』 　　　　『신증동국여지승람新增東國輿地勝覽』
『아방강역고我邦疆域考』 　　　　『여지도서輿地圖書』
『조선환여승람朝鮮寰輿勝覽』 　　　　『택리지擇里志』

### 읍지

『강원도지江原道誌』 　　　　『강원도철원군읍지江原道鐵原郡邑誌』
『관동읍지關東邑誌』 　　　　『관동지關東誌』
『관북읍지關北邑誌』 안변安邊 　　　　『광주목지光州牧誌』
『광주읍지光州邑誌』 　　　　『나주군읍지羅州郡邑誌』
『나주목읍지羅州牧邑誌』 　　　　『북관읍지北關邑誌』 안변安邊
『송경광고松京廣攷』 　　　　『송도지松都誌』
『안변군읍지安邊郡邑誌』 　　　　『양구읍지楊口邑誌』
『양구현지楊口縣誌』 　　　　『연안부읍지延安府邑誌』
『원주읍지原州邑誌』 　　　　『중경지中京誌』
『평강군지平康郡誌』 　　　　『평강읍지平康邑誌』

『함경남도지咸鏡南道誌』                    『호남읍지湖南邑誌』광주光州

족보

『광산이씨세보』,『순천김씨세보』,『철원궁씨세보』

금석문

김용선,『역주 고려묘지명집성』상·하, 한림대학교 아시아문화연구소, 2001.
이지관,『교감역주 역대고승비문』신라편, 가산문고 1993.
이지관,『교감역주 역대고승비문』고려편 1, 가산문고 1994.
한국고대사회연구소 편,『역주 한국 고대금석문』III, 가락국사적개발원, 1992.
한국역사연구회 편,『역주 나말려초금석문』상·하, 혜안, 1996.
허흥식 편저,『한국금석전문』, 아세아문화사, 1984.

## 2. 단행본·전집

강원대학교 중앙박물관,『(구)철원향교터 발굴조사 약보고서』, 2005.
강원대학교박물관·강원도 철원군,『철원군의 역사와 문화유적』, 1995.
강원도청,『강원의 설화』I, 2005.
곽승훈,『통일신라시대의 정치변동과 불교』, 국학자료원, 2002.
국립문화재연구소,『군사보호구역 문화유적 지표조사 보고서-강원도편-』, 2000.
국립문화재연구소,『군사보호구역 문화유적 지표조사 보고서-경기도편-』, 2000.
김갑동,『나말려초의 호족과 사회변동 연구』, 고대민족문화연구소, 1990.
김갑동,『태조 왕건』, 푸른역사, 2000.
김기덕,『영상역사학』, 생각의나무, 2005.
김기봉,『팩션시대, 영화와 역사를 중매하다』, 프로네시스, 2006.
김기흥,『삼국 및 통일신라 세제의 연구』, 역사비평사, 1991.
김삼룡,『한국미륵신앙의 연구』, 동화출판공사, 1983.
김상기,『고려시대사』, 동국문화사, 1961.
김용선,『고려 금석문 연구』, 일조각, 2004.
김은태,『고려태조 왕건』, 과학백과사전종합출판사, 1996.
김종명,『한국중세의 불교의례 : 사상적 배경과 역사적 의미』, 문학과지성사, 2001.
김철준,『한국고대사회연구』, 지식산업사, 1975.
류영철,『고려의 후삼국 통일과정 연구』, 경인문화사, 2005.
문명대,『한국의 불상조각 2, 통일신라 불교조각사연구(下)-원음과 적조미-』, 도서출판
        예경, 2003.
문경현,『고려태조의 후삼국통일연구』, 형설출판사, 1987.
박종진,『고려시기 재정운영과 조세제도』, 서울대학교출판부, 2000.

백제연구소 편,『후백제와 견훤』, 서경문화사, 2000.

부경역사연구소,『10세기 인물열전-쇠유리부터 능창까지 후삼국 22인의 삶-』, 푸른역
   사, 2002.

송기호,『발해정치사연구』, 일조각, 1995.

신호철,『후백제 견훤정권연구』, 일조각, 1993.

신호철,『후삼국시대 호족연구』, 개신, 2002.

연천군,『연천군지』, 2000.

옥한석,『강원의 풍수와 인물』, 집문당, 2003.

육군사관학교 육군박물관,『경기도 연천군 군사유적 지표조사 보고서』, 1995.

육군사관학교 육군박물관,『강원도 철원군 군사유적 지표조사 보고서』, 1996.

육군사관학교 육군박물관,『경기도 포천군 군사유적 지표조사 보고서』, 1997.

육군사관학교 육군박물관,『포천 운악산성 지표조사 보고서』, 2001.

육군사관학교 국방유적연구실·철원군,『철원 동주산성 지표조사 보고서』, 2005.

이기백,『고려병제사연구』, 일조각, 1968.

이기백,『고려귀족사회의 형성』, 일조각, 1990.

이기동,『신라골품제사회와 화랑도』, 일조각, 1984.

이도학,『궁예 진훤 왕건과 열정의 시대』, 김영사, 2000.

이수건,『한국중세사회사연구』, 일조각, 1984.

이재범,『슬픈 궁예』, 푸른역사, 2000.

이재범,『태봉의 궁예, 철원에 살아 있다』, 철원군·태봉국철원정도기념사업회, 2005.

이재범,『후삼국시대 궁예정권 연구』, 혜안, 2007.

장덕순,『한국설화문학연구』, 서울대출판부, 1978.

전기웅,『나말려초의 정치사회와 문인지식층』, 혜안, 1996.

전덕재,『한국고대사회경제사』, 태학사, 2006.

정청주,『신라말고려초 호족연구』, 일조각, 1996.

조선총독부,『조선보물고적조사자료』, 1942.

조인성,『태봉의 궁예정권』, 푸른역사, 2007.

철원문화원,『철원향토지』 3권, 2000.

채웅석,『고려시대의 국가와 지방사회-'본관제'의 시행과 지방지배질서-』, 서울대출판
   부, 2000.

최규성,『고려태조왕건연구』, 주류성, 2005.

최근영,『통일신라시대의 지방세력연구-신라의 분열과 고려의 민족통일-』, 신서원,
   1990.

추만호,『나말려초 선종사상사연구』, 이론과 실천사, 1992.

포천군,『포천군지』, 1984.

한국고대사연구회 편,『신라말 고려초의 정치·사회변동』, 신서원, 1994.

한국인문과학원, 『평강군지』, 한국근대읍지 56, 1991.

한국정신문화연구원 편, 『한국구비문학대계』 1～7, 1980～1981.

홍승기 외, 『고려태조의 국가경영』, 서울대출판부, 1996.

홍승기, 『고려정치사연구』, 일조각, 2001.

후백제 문화사업회, 『후백제의 대외교류와 문화』, 신아출판사, 2004.

## 3. 학위논문

석사학위논문

강문석, 「철원환도 이전의 궁예정권의 성격」, 한양대 석사학위논문, 2004.

국옥지, 「후삼국의 상호항쟁에 관한 연구」, 단국대 석사학위논문, 1982.

김영미, 「궁예에 관한 일연구」, 한양대 석사학위논문, 1993.

김현미, 「궁예정권의 성격에 대하여」, 조선대 교육대학원 석사학위논문, 1998.

노시백, 「후삼국기 호족의 존재양태」, 연세대 석사학위논문, 1985.

문경혜, 「궁예정권과 불교」, 동국대 석사학위논문, 2000.

문수진, 「고려태조의 후삼국 통합 과정에 대한 재인식」, 서울대 석사학위논문, 1977.

박달영, 「신라 하대 호족의 출신성분소고-궁예·견훤·왕건을 중심으로-」, 동아대 교
육대학원 석사학위논문, 1977.

박성순, 「신라말기의 청주지방 호족세력」, 청주대 석사학위논문, 1990.

박정주, 「신라말 고려초 사자산문과 정치세력」, 한림대 석사학위논문, 1993.

손영익, 「궁예의 불교사상 연구-특히 미륵사상을 중심해서-」, 동국대 석사학위논문,
1961.

오영숙, 「태봉국형성과 궁예의 지지기반」, 숙명여대 석사학위논문, 1985.

음선혁, 「나말려초 지방호족에 대한 일고찰」, 전남대 석사학위논문, 1982.

이원준, 「신라말 호족에 대한 연구」, 경희대 교육대학원 석사학위논문, 1974.

정선용, 「궁예의 세력형성과정과 도읍형성」, 서강대 석사학위논문, 1997.

천희규, 「신라 하대 지방세력의 대두에 대하여」, 고려대 교육대학원 석사학위논문,
1977.

최영호, 「궁예의 몰락과 태조왕건의 즉위과정에 있어서 신라 육두품계열의 지식인에 대
한 연구」, 동아대 석사학위논문, 1988.

박사학위논문

곽승훈, 『신라 하대의 불교와 정치변동』, 한림대 박사학위논문, 1998.

김홍삼, 『나말려초 굴산문 연구』, 강원대 박사학위논문, 2002.

문수진, 『고려의 건국과 후삼국통일과정 연구』, 성균관대 박사학위논문, 1992.

신성재, 『궁예정권의 군사정책과 후삼국전쟁의 전개』, 연세대 박사학위논문, 2006.

음선혁, 『고려태조왕건연구』, 전남대 박사학위논문, 1995.

이순근, 『신라말 지방세력의 구성에 관한 연구』, 서울대 박사학위논문, 1992.

이인재, 『신라통일기 토지제도 연구』, 연세대 박사학위논문, 1995.

이재범, 『후삼국시대 궁예정권의 연구』, 성균관대 박사학위논문, 1992.

조인성, 『태봉의 궁예정권 연구』, 서강대 박사학위논문, 1991.

## 4. 논문

국문

강대량, 「고려초기의 대거란관계」, 『사해』 1, 1948.

강문석, 「철원환도 이전의 궁예정권 연구」, 『역사와 현실』 57, 2005.

강봉룡, 「나말려초 왕건의 서남해지방 장악과 그 배경」, 『도서문화』 21, 2003.

강봉룡, 「후백제 견훤과 해양세력」, 『후백제의 대외교류와 문화』, 신아출판사, 2004.

강세구, 「나말려초 촌주지위의 변천」, 『홍익사학』 2, 1985.

강옥엽, 「나말여초 패서지역에 대한 일고찰」, 『이화사학연구』 20 · 21합집, 1993.

강옥엽, 「려초 서경경영과 서경세력의 추이」, 『동대사학』 1, 1995.

강진옥, 「전설의 역사적 전개」, 『구비문학연구』 제5집, 구비문학회, 1997.

곽동석, 「동문선과 불교조각」, 『강좌미술사』 1-동문선과 고려시대의 미술-, 1988.

권덕영, 「후백제의 해외교섭활동」, 『후백제와 견훤』, 충남대 백제연구소, 2000.

권덕영, 「역사와 역사소설 그리고 사극」, 『역사와 현실』 60, 2006.

권오돈, 「궁예-못다 이룬 태봉의 꿈-」, 『한국의 인간상』 2, 신구문화사, 1965.

권진철, 「고려태조의 중폐비사책에 관한 연구」, 『강원사학』 12, 1996.

권진철, 「고려태조의 후비책에 관한 재고」, 『백산학보』 47, 1996.

김갑동, 「고려건국기의 청주세력과 왕건」, 『한국사연구』 48, 1985.

김갑동, 「고려초의 주에 대한 고찰」, 『고려사의 제문제』 삼영사, 1986.

김갑동, 「고려초기 관계의 성립과 그 의의」, 『역사학보』 117, 1988.

김갑동, 「왕건의 훈요 10조」, 『역사비평』 60, 2002.

김광수, 「나말려초의 지방학교문제」, 『한국사연구』 7, 1972.

김광수, 「고려태조의 삼한공신」, 『사학지』 7, 1973.

김광수, 「나말려초의 호족과 관반」, 『한국사연구』 23, 1979.

김광수, 「고려 관반제도의 변화와 양반호적정리」, 『역사교육』 35, 1984.

김기덕, 「황제국체제를 지향한 고려국가」, 『고려시대 사람들은 어떻게 살았을까』 2, 청
년사, 1997.

김기덕, 「고려의 제왕제와 황제국체제」, 『국사관논총』 78, 1997.

김기덕, 「TV사극의 열풍과 사회적 영향」, 『역사와 문화』 5, 푸른역사, 2002.

김길웅, 「고려초 불상양식의 수용에 관한 고찰」, 『소헌남도영박사고희기념 역사학논
총』, 1993.

김남윤, 「신라 미륵신앙의 전개와 성격」, 『역사연구』 2, 1993.

김도용, 「궁예 세력형성고」, 『동의사학』 2, 1985.

김두진, 「고려초의 법상종과 그 사상」, 『한우근박사 정년기념 사학논총』, 지식산업사, 1981.

김두진, 「왕건의 승려결합과 그 의도」, 『한국학논총』 4, 국민대 한국학연구소, 1981.

김두진, 「'법상융회' 사상 성립의 사상적 배경-고려초의 법상종과 그 사상-」, 『균여화엄 사상연구-성상융회사상-』, 일조각, 1983.

김두진, 「신라하대 굴산문의 형성과 그 사상」, 『성곡논총』 17, 성곡학술문화재단, 1986.

김두진, 「나말여초 동리산문의 성립과 그 사상」, 『동방학지』 57, 1988.

김두진, 「궁예의 미륵세계」, 『한국사시민강좌』 10, 1992.

김두진, 「나말려초의 교종과 선종」, 『한국사』 16, 국사편찬위원회, 1994.

김복희, 「고려초기 관계의 성립기반-패서호족의 동향과 관련하여-」, 『부대사학』 14, 1990.

김상기, 「나말 지방군웅의 대중통교」, 『황의돈기념논총』, 1960.

김성균, 「궁예-좌절된 태봉왕의 꿈-」, 『인물한국사』 1, 1965 ; 『역대 인물 한국사』 2, 1979.

김성준, 「10세기 동북아시아의 국제정세와 한일 교섭문제」, 『대동문화연구』 23, 1989.

김성환, 「죽주의 호족과 봉업사」, 『문화사학』 11·12·13합집, 1999.

김송희, 「신라·태봉·고려의 고관 겸직제」, 『조선초기 당상관 겸직제 연구』, 한양대출 판부, 1998.

김수태, 「신라말·고려초 청주김씨와 법상종」, 『중원문화논총』 1, 충북대 중원문화연구 소, 1997.

김수태, 「견훤정권과 불교」, 『후백제와 견훤』, 서경문화사, 2000.

김영미, 「나말여초 최언위의 현실인식」, 『사학연구』 50, 1995.

김용국, 「나말려초의 고구려고강 수복운동」, 『백산학보』 3, 1967.

김용선, 「고려 인물전기자료의 수집 정리와 편년화」, 『한국학편사료대계』, 한국정신문 화연구원, 1997.

김용선, 「고려전기의 춘천 박씨 일족-박유와 왕자지·왕의-」, 『춘주문화』 12, 1997.

김용선, 「족보 이전의 가계기록」, 『한국사시민강좌』 24, 일조각, 1999.

김용선, 「고려 승려의 일대기」, 『인문학연구』 7, 2000.

김용선, 「통일신라와 고려의 민족통합정책 비교」, 『민족통합의 역사와 과제』, 한림대 민 족통합연구소, 2000.

김위현, 「거란과의 관계」, 『고려시대 대외관계사 연구』, 경인문화사, 2004.

김정숙, 「김주원 세계의 성립과 그 변천」, 『백산학보』 28, 1984.

김재만, 「오대와 후삼국. 고려초기의 관계사」, 『대동문화연구』 17, 성균관대, 1983.

김재일, 「미륵-포천 궁예미륵, 제주 서자복미륵-」, 『우리 민속 아흔아홉 마당』 2, 한림 미디어, 1997.

김주성, 「고려초 청주지방의 호족」, 『한국사연구』 61 · 62합집, 1988.

김주성, 「신라말 · 고려초의 지방지식인」, 『호남문화연구』 19, 1990.

김철웅, 「봉업사의 문헌과 금석문자료 고찰」, 『봉업사』, 경기도박물관 · 안성시, 2001.

김철준, 「궁예와 견훤」, 『사학회지』 3, 연세대 사학연구회, 1963.

김철준, 「후삼국시대의 지배세력의 성격」, 『이상백박사회갑기념논총』, 1964.

김철준, 「한국고대사회의 성격과 나말여초의 전환기에 대하여」, 『한국사시대구분론』, 한국경제사학회, 1970.

김철준, 「후삼국시대의 지배세력의 성격」, 『한국고대사회연구』, 지식산업사, 1975.

김춘실, 「신라말, 고려전기 청주지역의 불교문화-법상종과의 관련을 중심으로-」, 『중원문화논총』 2 · 3합집, 충북대 중원문화연구소, 1999.

김태욱, 「고려 개국공신 신숭겸에 관한 검토」, 『춘주문화』 15, 2000.

김택균, 「궁예와 세달사」, 『사학연구』 75, 2004.

김현길, 「신라하대의 정치형세고」, 『사을한사람』 1, 사을한학회, 1972.

김현묵, 「신라 말기의 반란-궁예의 반란 등 호족들의 신국가 건설 투쟁-」, 『반역의 한국사 상-궁예의 반란~갑오농민전쟁-』, 계백, 1994.

김현정, 「고려 개국공신의 정치적 성격」, 『고려 태조의 국가경영』, 1996.

김혜완, 「신라하대의 미륵신앙」, 『사림』 8, 1992.

김홍삼, 「나말려초 사굴산문과 정치세력의 동향」, 『고문화』 50, 1997.

김홍삼, 「나말려초 사굴산문의 정토신앙과 화엄사상」, 『강원문화연구』 18, 강원대 강원문화연구소, 2000.

김홍삼, 「나말려초 굴산문 신앙의 여러모습」, 『역사와 현실』 41, 2001.

김홍삼, 「나말려초 굴산문 개청과 정치세력」, 『한국중세사연구』 15, 2003.

남동신, 「나말려초 국왕과 불교의 관계」, 『역사와 현실』 56, 2005.

노태돈, 「삼한에 대한 인식의 변천」, 『한국사연구』 38, 1982.

문경현, 「왕건태조의 민족재통일의 연구」, 『경북사학』 1, 1979.

문명대, 「경덕왕대의 아미타조상 문제」, 『이홍직박사회갑기념논총』, 1969.

문명대, 「신라하대 비로사나불상조각의 연구(1)」, 『미술자료』 21, 1977.

문수진, 「고려건국기의 나주세력」, 『성대사림』 4, 1987.

문수진, 「왕건의 고려건국과 후삼국통일」, 『국사관논총』 35, 1992.

문수진, 「고려초기 국가의식의 성장」, 『홍경만교수정년기념논총』, 2002.

민현구, 「한국사에 있어서 고려의 후삼국 통일」, 『역사상의 분열과 재통일』〔상〕, 1992.

박광용, 「소설 '영원한 제국'-풍부한 상상력, 빈곤한 역사의식-」, 『역사비평』 23, 1993.

박광용, 「역사소설 무엇이 문제인가-황진이 관련 소설을 중심으로-」, 『역사와 문화』 6,

박찬홍, 「신라의 결부제와 조(租)의 수취」, 『역사와 현실』 42, 2001.

박창희, 「고려초기 왕권의 실현과 관료제」, 『한국사론』 18, 국사편찬위원회, 1988.

박한설, 「궁예성명고-고구려계승표방과 관련하여-」, 『이선근박사고희기념 한국학논총』, 1974.

박한설, 「후삼국성립과정-후백제 후고려 성립배경을 중심으로-」, 『연구논문집』 9, 강원대, 1975.

박한설, 「후삼국의 성립」, 『한국사』 3, 국사편찬위원회, 1978.

박한설, 「궁예의 발해 수복의식」, 『고구려연구』 13, 2002.

박　현, 「섣부른 미륵신앙의 좌절 : 궁예-불교역사인물 재발견 시리즈(2)-」, 『불교와 문화』 2「22」, 대한불교진흥원, 1997.

백남혁, 「궁예의 전제왕권 확립과 왕건의 후삼국통일」, 『동서사학』 6 · 7합집, 2000.

백남혁, 「왕건의 통치사상과 국정개혁방안」, 『백산학보』 58, 2001.

백남혁, 「고려 광종의 개혁정치기반과 성장」, 『실학사상연구』 23, 2002.

백종오, 「포천성동리 산성의 변화과정 검토」, 『선사와 고대』 20, 2004.

변동명, 「신숭겸의 곡성 성황신 추앙과 덕양사 배향」, 『한국사연구』 126, 2004.

변태섭, 「고려초기의 정치제도」, 『한우근박사정년기념 사학논총』, 일조각, 1981.

서경수, 「나말려초의 신앙형태」, 『불교철학의 한국적 전개』, 불광출판부, 1990.

서영일, 「죽산지역의 역사 · 지리적 배경-통일신라부터 고려초까지-」, 『봉업사』, 경기도박물관 · 안성시, 2001.

석　천, 「후고구려 계승자 궁예는 누구인가-궁예의 출생부터 후고구려 계승까지-」, 『불교춘추』 2, 불교춘추사, 1995.

세종대왕기념사업회 편, 「궁예」, 『한국선현위인어록』 1, 1979.

소　춘, 「궁예왕의 옛 서울을 밟고」, 『개벽』 7, 1921.

송원재, 「역사교실 : 슬픈 궁예」, 『교육비평』 5, 2001.

손영종, 「발해의 서변에 대하여」, 『력사과학』, 1980.

수춘학인, 「궁예의 부하로 삼한을 통합한 고려태조 건국비사」, 『별건곤』 20, 1929.

신종원, 「치악산 석남사지의 추정과 현존민속」, 『정신문화연구』 54, 1994.

신호철, 「궁예의 정치적 성격-특히 불교와의 관계를 중심으로-」, 『한국학보』 29, 1982.

신호철, 「신라의 멸망과 견훤」, 『충북사학』 2, 1989.

신호철, 「신라말 고려초 매곡성(회인) 장군 공직」, 『호서문화연구』 10, 1992.

신호철, 「견훤정권의 대외정책」, 『후백제 견훤정권연구』, 일조각, 1993.

신호철, 「후삼국시대 호족연합정치」, 『한국사상의 정치형태』, 1993.

신호철, 「후삼국 건국세력과 청주 지방세력」, 『호서문화연구』 11, 1993.

신호철, 「신라말 고려초 귀부호족의 정치적 성격」, 『충북사학』 8, 1995.

신호철, 「후삼국기 충북지방의 호족세력」, 『김현길교수정년기념 향토사학논총』, 1997.

신호철, 「궁예와 왕건과 청주호족」, 『중원문화논총』 2 · 3합집, 1999.

신호철, 「후백제 견훤왕의 역사적 평가와 그 의미」, 『후백제와 견훤』, 서경문화사, 2000.

안영근, 「나말려초 청주세력의 동향」, 『박영석교수 화갑기념 사학논총』 상, 1992.

양경숙, 「궁예와 그의 미륵불 사상」, 『북악사론』 3, 1993.

왕광석, 「한국의 연호」, 『동국역사교육』 3, 1991.

위은숙, 「나말려초 농업생산력 발전과 그 주도세력」, 『부대사학』 9, 1985.

유경아, 「왕건의 세력성장과 대궁예관계」, 『고고역사학지』 7, 1991.

유인순, 「철원지방 인물전설 연구」, 『강원문화연구』 8, 강원대학교 강원문화연구소, 1988.

유인순, 「궁예왕 전설과 역사소설」, 『강원문화연구』 21, 강원대학교 강원문화연구소, 2002.

유재춘, 「철원의 고려태조 왕건 구택지설에 대한 검토」, 『강원문화사연구』 10, 강원향토 문화연구회, 2005.

윤남한, 「전환기의 사상경향」, 『한국민족사상사대계 2-고대편-』, 형설출판사, 1973.

윤명철, 「후백제의 해양활동과 대외교류」, 『후백제 견훤정권과 전주』, 주류성, 2001.

윤병희, 「신라하대 균정계의 왕위계승과 김양」, 『역사학보』 96, 1982.

윤여성, 「신라 진표의 미륵신앙 중흥기반」, 『한국문화의 전통과 불교-연사홍윤식교수정 년퇴임기념논총-』, 2000.

이경복, 「궁예와 도굴산문」, 『백산학보』 66, 2003.

이기동, 「나말여초 근시기구와 문한기구의 확장-중세적 측근정치의 지향-」, 『역사학 보』 77, 1978.

이기백, 「고려경군고」, 『이병도박사화갑기념논총』, 일조각, 1956.

이기백, 「고려초기에 있어서 오대와의 관계」, 『한국문화연구원논총』 1, 1960.

이기백, 「귀족적 정치기구의 성립」, 『한국사』 5, 국사편찬위원회, 1975.

이기백, 「진표의 미륵신앙」, 『한국사상사연구』, 일조각, 1986.

이기백, 「한국 풍수지리설의 기원」, 『한국사시민강좌』 14, 1994.

이문기, 「신라 김씨 왕실의 소호김천씨 출자 관념의 표방과 변화」, 『역사교육논집』 23 · 24, 경북대, 1999.

이병도, 「진단변」, 『진단학보』 1, 1934.

이병도, 「태조와 도참」, 『고려시대의 연구』, 을유문화사, 1954.

이상노, 「자칭 미륵불이던 궁예」, 『불교계』 20, 1969.

이상선, 「고려시대의 수원승도에 대한 고찰」, 『숭실사학』 2, 1984.

이성학, 「한국 고대도읍의 역사지리성」, 『사회과학연구』 2, 1986.

이수자, 「안성의 설화」, 『구비문학연구』 14, 2002.

이순근, 「나말려초 '호족' 용어에 대한 연구사적 검토」, 『논문집』 19, 성심여자대학, 1987.

이순근, 「나말려초 지방세력의 구성형태에 관한 일연구」, 『한국사연구』 67, 1989.

이순근, 「힘인가? 지략인가? 민심인가?-궁예·견훤, 그리고 왕건-」, 『역사의 길목에 선 31인의 선택』, 푸른역사, 1999.

이승열, 「임꺽정과 궁예가 공존하는 곳 칠장사」,

http://www.ohmynews.com/ArticleView/
article_view.asp?no=225441&rel_no=1, 2005.

이영자, 「나말 후삼국 미륵신앙의 성격」, 『한국미륵사상연구』, 1987.

이용범, 「고려와 거란과의 관계」, 『동양학』 7, 1977.

이은상, 「궁예의 태봉건국」, 『신동아』 3-2「16」, 1933.

이인재, 「나말려초 북원경의 정치세력재편과 불교계의 동향」, 『한국고대사연구』 31, 2003.

이인재, 「나말려초 원주 불교계의 동향과 특징」, 『원주학연구』 2, 연세대 매지학술연구소, 2001.

이인재, 「나말려초 북원경의 정치세력 재편과 불교계의 동향」, 『한국고대사연구』 31, 2003.

이재범, 「궁예정권의 정치적 성격에 관한 고찰-신라와의 관계를 중심으로-」, 『계촌 민병하교수 정년기념 사학논총』, 1988.

이재범, 「궁예정권의 국호와 연호에 관한 소고」, 『백산박성수교수화갑기념논총 한국독립운동사의 인식』, 1991.

이재범, 「고려태조의 훈요십조에 대한 재검토」, 『성대사림』 12 · 13, 1997.

이재범, 「궁예정권의 성격」, 『홍경만교수정년기념논총』, 2002.

이재범, 「고려태조의 대외정책」, 『백산학보』 67, 2004.

이재범, 「궁예정권의 철원정도에 관한 소고」, 『최홍규정년논총』, 2004.

이재범, 「궁예정권의 철원정도 시기와 전제적 국가경영」, 『사학연구』 80, 2005.

이정신, 「궁예정권의 성립과 변천」, 『남사정재각박사고희기념 동양학논총』, 고려원, 1984.

이태진, 「고려 재부의 성립-그 제도사적 고찰-」, 『역사학보』 56, 1972.

이혜선, 「'용두사철당기'에 보이는 고려초 청주호족」, 『호서문화연구』 14, 1996.

이효종, 「왕건의 세력형성과 고려 건국」, 『고려 태조의 국가경영』, 1996.

임남수, 「고대한국 약사신앙의 전개양상과 조상」, 『사림』 24, 성균관대 수선사학회, 2005.

장국종, 「발해〈고려후국〉의 존립과 그 수도에 대하여」, 『역사과학』, 1992.

장상훈, 「고려 태조의 서경정책」, 『고려 태조의 국가경영』, 1996.

장준식, 「세달사의 위치에 대한 일고찰」, 『문화사학』 11 · 12 · 13, 1999.

전기웅, 「나말려초의 지방출신 문사층과 그 역할」, 『부산사학』 18, 1990.

전기웅, 「나말려초 정치사회사의 이해」, 『고고역사학지』 7, 1991.

정경현, 「고려태조대의 순군부에 대하여」, 『한국학보』 48, 1987.

정두희, 「사극이 펼치는 역사는 과연 역사인가」, 『장희빈, 사극의 배반』, 소나무.

정선용, 「궁예의 세력형성 과정과 도읍 선정」, 『한국사연구』 97, 1997.

정성권, 「안성대산리 석불입상연구」, 『문화사학』 17, 2002.

정영호, 「철불두 이례」, 『고고미술』 15, 1961.

정영호, 「신라사자산 흥녕사지연구」, 『백산학보』 7, 1969.

정중환, 「고려건국고」, 『동아논총』 3, 1966.

정청주, 「궁예와 호족세력」, 『전북사학』 10, 1986.

정청주, 「신라말 · 고려초 호족의 형성과 변화에 대한 일고찰-평산박씨의 일가문의 실례 검토-」, 『역사학보』 118, 1988.

정청주, 「신라말 · 고려초의 나주호족」, 『전북사학』 14, 1991.

정청주, 「왕건의 성장과 세력형성」, 『전남사학』 7, 1993.

정청주, 「신라말, 고려초 지배세력의 사회적 성격-후삼국 건국자와 호족-」, 『전남사학』 9, 1995.

정청주, 「신라말 고려초 순천지역의 호족」, 『전남사학』 18, 2002.

조동걸, 「궁예」, 『태백의 인물』, 1973.

조범환, 「고려 태조 왕건의 대신라정책」, 『고문화』 55, 2001.

조범환, 「후백제 견훤정권과 선종」, 『후백제 견훤정권과 전주』, 전북전통문화연구소, 2001.

조법종, 「후백제 전주와 중국 전주의 관계」, 『후백제의 대외교류와 문화』, 신아출판사, 2004.

조법종, 「후백제와 태봉」, 『한국고대사입문』 3, 신서원, 2005.

조영제, 「고려초기 향리직의 유래에 대한 소고-향리직명의 변화를 중심으로-」, 『부대사학』 4, 부산대학교 사학회, 1980.

조익래, 「고려초 청주호족세력의 존재형태-고려사회로의 전환과정을 중심으로-」, 『북악사론』 3, 1993.

조인성, 「고려 양계의 국방체제」, 『고려군제사』, 육군본부, 1983.

조인성, 「궁예정권의 중앙정치조직」, 『백산학보』 33, 1986.

조인성, 「궁예의 출생과 성장」, 『동아연구』 17, 서강대학교 동아연구소, 1989.

조인성, 「궁예의 세력형성과 건국」, 『진단학보』 75, 1993.

조인성, 「신라말 농민반란의 배경에 대한 일시론」, 『한국고대사연구』 7, 1994.

조인성, 「태봉」, 『한국사』 11 신라의 쇠퇴와 후삼국, 국사편찬위원회, 1996.

조인성, 「미륵신앙과 신라사회-진표의 미륵신앙과 신라말 농민봉기와의 관련성을 중심으로-」, 『진단학보』 82, 1996.

조인성, 「궁예의 세력 형성과 미륵신앙」, 『한국사론』 36, 국사편찬위원회, 2002.

조인성, 「궁예-미륵불을 자처한 전제군주-」, 『한국사시민강좌』 31, 2002.

조인성, 「궁예정권의 대외관계」, 『강좌한국고대사』 4권, 가락국사적개발원, 2003.

조현설, 「궁예 이야기의 전승 양상과 의미」, 『구비문학연구』 제2집, 1995.

주명철, 「사극에서 무엇을 읽을 것인가」, 『신동아』 7월호, 2001.

차상찬, 「태봉국 김궁예는 어떠한 사람인가」, 『개벽』 제42호, 개벽사, 1923.

채상식, 「한국중세불교의 이해방향과 인식틀」, 『민족문화논총』 27, 2003.

채수환, 「나말려초 선종과 호족세력의 결합」, 『동서사학』 4, 1998.

채수환, 「고려태조 왕건의 세력실태에 관한 고찰」, 『동서사학』 5, 한국동서사학회, 1999.

채웅석, 「고려시대 향도의 사회적 성격과 변화」, 『국사관논총』 2, 1989.

천관우, 「궁예」, 『인물로 본 한국고대사』, 정음문화사, 1982.

최규성, 「고려초기의 여진관계와 북방정책」, 『동국사학』 15·16합집, 1981.

최규성, 「고려초기 여진문제의 발생과 북방경영」, 『백산학보』 26, 1981.

최규성, 「고려초기 관료체제와 정치집권세력의 변천」, 『남사정재각박사 고희기념 동양학논집』, 1984.

최규성, 「궁예정권의 지지세력」, 『동국사학』 19·20합집, 1986.

최규성, 「궁예정권의 성격과 국호의 변경」, 『상명여대논문집』 19, 1987.

최규성, 「궁예정권하의 지식인의 동향」, 『국사관논총』 31, 1992.

최규성, 「고려초기 군현제 개편」, 『상명사학』 5, 1997.

최규성, 「호족연합정권에 대한 연구사적 검토」, 『국사관논총』 78, 1997.

최규성, 「궁예정권하의 지식인의 동향」, 『고려 태조 왕건 연구』, 주류성, 2005.

최근영, 「고려 건국이념의 국계적 성격-왕건의 성장과정을 중심으로-」, 『한국사론』 18, 국사편찬위원회, 1988.

최근영, 「후삼국 성립배경에 관한 연구」, 『국사관논총』 29, 1991.

최남선, 「풍악기유」, 1924 ; 『최남선전집』 6, 고려대학교 아세아문화연구소, 1973.

최병헌, 「나말여초 선종의 사회적 성격」, 『사학연구』 25, 1975.

최병헌, 「도선의 생애와 나말려초의 풍수지리설」, 『한국사연구』 11, 1975.

최병헌, 「고려시대의 오행적 역사관」, 『한국학보』 13, 1978.

최성은, 「명주지방의 고려시대 석조보살상에 대한 연구」, 『불교미술』 5, 동국대 박물관, 1980.

최성은, 「나말려초 불교조각의 대중관계에 대한 고찰」, 『불교미술』 11, 동국대 박물관, 1992.

최성은, 「나말려초 중부지역 철불의 양식계보」, 『강좌 미술사』 8, 한국미술사연구소, 1996.

최성은, 「나말려초 포천출토 철불좌상 연구」, 『미술자료』 61, 국립중앙박물관, 1998.

최성은, 「나말려초 중부지역 석불조각에 대한 고찰-궁예 태봉(901~918)지역 미술에 대한 시고-」, 『역사와 현실』 44, 2002.

최성은, 「나말려초 아미타불상의 도상적 고찰」, 『강좌미술사』 26, 한국미술사연구소, 2006.

최성은, 「고려초기 석조반가좌보살에 대한 소고」, 『항산 안휘준교수 정년기념 논총』, 2006.

최인표, 「신라말 선종 정책에 대한 일고찰」, 『한국전통문화연구』 9, 1994.

최인표, 「나말려초 사자산문의 동향」, 『한국전통문화연구』 11, 1996.

최인표, 「나말려초 선종불교와 왕권」, 『한국전통문화연구』 13, 1999.

추만호, 「'궁예전', 어떻게 읽을 것인가」, 『역사와 역사교육』 2, 웅진사학회, 1997.

하현강, 「고려서경고」, 『역사학보』 35 · 36합집, 1967.

하현강, 「고려 태조의 내외정책의 수립배경과 그 성격」, 『동방학지』 54 · 55 · 56합집, 1987.

한국사상연구회 편, 「나말려초의 정신적 추세」, 『한국사상사-고대편-』, 일신사, 1966 ; 『한국사상총서 I 고대인의 문화와 사상 』, 태광문화사, 1975.

한국역사연구회 나말려초연구반, 「나말려초 호족의 연구동향-1920년대 연구를 중심으로-」, 『역사와 현실』 5, 1991.

한규철, 「후삼국시대 고려와 거란관계」, 『부산사총』 1, 부산산업대학, 1985.

한기두, 「고려 선종의 사상적 전통」, 『한국사상사대계』 3, 한국정신문화연구원, 1991.

한기문, 「고려태조의 불교정책-창건사원을 중심으로-」, 『대구사학』 22, 1983.

허흥식, 「갈양사 혜거국사비」, 『고려불교사연구』, 일조각, 1986.

허흥식, 「승과제도와 그 기능」, 『고려불교사연구』, 일조각, 1986.

홍석봉, 「궁예와 호족」, 『인물과 사상』 60, 2003.

홍순창, 「변동기의 정치와 종교-후삼국시대를 중심으로-」, 『인문연구』 2, 영남대학교, 1982.

홍승기, 「고려전기의 노비정책-국왕과 귀족의 정치적 이해와 이에 따른 노비에 대한 입장의 차이-」, 『진단학보』 51, 1981.

홍승기, 「고려초기 중앙군의 조직과 역할-경군의 성격-」, 『고려군제사』, 육군본부, 1983.

홍승기, 「후삼국의 분열과 왕건에 의한 통일」, 『한국사시민강좌』 5, 1989.

홍승기, 「고려 태조 왕건의 집권」, 『진단학보』 71 · 72합집, 1991.

홍승기, 「궁예왕의 전제적 왕권의 추구」, 『허선도선생 정년기념논총』, 1992.

홍윤식, 「안성 쌍미륵사불적의 성격」, 『소헌 남도영박사 고희기념역사학논총』, 1993.

황선영, 「고려초기 역분전의 성립」, 『한국중세사연구』 4, 1997.

황선영, 「후삼국의 외교관계」, 『한국중세사회의 제문제』, 한국중세사학회, 2001.

황운룡, 「고려초기왕권고」, 『논문집』 5, 부산여자대학교, 1977.

함한희, 「구비문학을 통한 문화연구 방법」, 『구비문학연구』 13, 2001.

홍영의, 「고려시대 관련 역사소설의 대중성과 향후 전망」, 『인문콘텐츠』 3, 인문콘텐츠학회, 2004.

외국문

江原正昭, 「新羅末 · 高麗初期の豪族-學說史的檢討-」, 『歷史學研究』 287, 歷史學研究會,

1964.

武田幸男,「高麗初期の關係－高麗王朝確立過程の一考察－」,『朝鮮學報』41, 1966.

濱田耕策,「後百濟王 甄萱の對日外交 意義」,『후백제의 대외교류와 문화』, 신아출판사, 2004.

山崎雅稔,「甄萱政權と日本の交渉」,『후백제의 대외교류와 문화』, 신아출판사, 2004.

日野開三郎,「小高句麗國の研究」,『東洋史學論集』第8卷, 三一書房, 1984.

周藤吉之,「高麗初期の官吏制度－とくに兩府の宰相について－」,『東洋大學大學院紀要』 11, 東洋大學 大學院, 1974.

池內宏,「契丹と高麗及び後百濟との交渉」, 1937.

津田左右吉,「遼の遼東經略」,『滿鮮地理歷史研究報告』3, 1916.

村上四男,「新羅の歷史と五德始終說」,『朝鮮古代史研究』, 開明書院, 1978.

G. Cameroon Hurst III. The Good, The Bad and The Ugly, Korean Studies Forum no.7. 1981.

## 5. 문학작품

강기연,『태조 왕건』, 대원씨아이, 2002.

강병석,『궁예』, 태동출판사, 2000.

김동인,『견훤』, 1940 ;『김동인전집』1, 홍자출판사, 1979.

김성한,『소설 고려태조 왕건』, 포도원, 1992.

박목월,『고려태조 왕건(민족문학대계 12)』, 동화출판공사, 1979.

박연희,『왕건』, 민족문학대계 7, 동화출판공사, 1979.

박연희,『왕건』, 제삼기획, 1990.

박영규,『책략』, 이가서, 2005.

박영규,『후삼국기』, 들녘, 1999.

박용구,『만월대』, 정음사, 1974.

박종화,『삼국풍류』, 삼성출판사, 1970.

사마준,『태조 왕건』, 청솔, 2001.

신봉승,『왕건』, 해냄, 1999.

신채호,『일목대왕의 철퇴』, 1916년 추정 ; 김병민 편,『신채호 문학유고선집』, 연변대 출판사, 1994.

유현종,『궁예』, 사사연, 1986.

유현종,『송악산』, 1979『국제신문』연재 ; 삼중당, 1982.

이광수,『마의태자』, 1926. 5～1927. 1『동아일보』연재 ;『이광수전집』2, 우신사, 1979.

이환경,『태조 왕건』, 밀알, 2000.

최범서,『고려태조 왕건』, 동방미디어, 1999.

# 찾아보기

## ㄱ

가는골 222
갑기천 224
강릉 한송사지 출토 석조보살좌상 200
강사골 223
강씨고개 222, 225
강씨봉 222, 225
강윤형 44
개선사지 석등 189
개적봉 222
개청 27, 28
개태사 186
거란 101, 103, 106, 111, 251
거점산성 158
검교대보 100
검불랑 224
검용 84
계현 224
견권 103
견훤 62, 84, 86, 93, 95, 97, 99, 107, 111, 120, 250
경문왕 20, 67, 76, 211
경순왕 96
경애왕 96, 100
고경문 71, 185, 187, 203
고구려 계승의식 109
고구려 부흥 113, 114, 206
고석성 142, 143, 146, 154, 160, 193
고이도 84

고자라 103
곡긍회 46
골굴암 마애불입상 193
골암성 89, 91, 250
골품체제 21
공직 98
광자대사 윤다 87, 88, 108
광치나 40, 41, 44
광평낭중 44
광평성 40, 41, 47, 51, 54, 117, 127
광평성체제 40, 43, 46, 51, 54, 60, 67, 248
광평시랑 65
구 철원향교 내삼문터 174
구 철원향교 대성전터 165, 174
구 철원향교 동무터 167
구 철원향교 명륜당터 169, 175
구 철원향교 서무터 166
구 철원향교 출토 명문 와편 176
구 철원향교 출토 팔각복련석등하대석 164, 169, 172, 175, 176, 180,
구 철원향교터 164, 172, 177
구례왕 무덤 225
구비전설 210, 214, 225, 233
구요당 186
구진 48
국망봉 222
국사암 219
국현 44
군도 27

군량동 88

군신관계 96, 107, 110, 250

군탄리 222

굴산문 27, 28, 60, 69

굴산사 27, 28, 80,

굴암사 219

굴양꿀 220

궁궐터 221

궁예 19, 37, 76, 93, 112, 247

궁예묘 88

궁예미륵 203, 206, 207, 208, 219

궁예성 156, 221

궁예왕 15, 56, 94, 210, 226, 229, 230, 249

궁예왕 패주전설 154

궁예왕굴 221

궁예왕대각대성지 152, 156

궁예왕의 패인 241

궁예의 모습 206

궁예정권 75, 94

궁지 219

권식 44

금산사 109

금서성 66, 67

금성태수 32, 38, 81

금학산 220

기훤 24, 26, 27, 78, 91, 129, 176, 211

김부식 27, 28, 104, 114, 125, 214, 225

김수원 28

김언 97, 122

김언규 65, 66

김유신 95

김입기 101

김주원 23, 27, 28

김행파 124

김흔 23

ㄴ

나말려초 10, 184, 192, 198, 201, 208, 254

나주 97, 115

나주도대행대 86

난절터 223

남복선원 108

남창동 221

내군 44, 49, 50, 51, 54, 60, 117, 248

내봉감 44

내봉경 44, 65

내봉성 40, 42, 46, 51, 54, 60, 117, 127, 248

내원 28, 60, 125, 249

노비안검법 128, 129, 252

느라떼기 157

느치고개 222

능준 44

능창 86

ㄷ

달고적 103

달의 우물 220

당포성 141

대감 38

대광현 89

대궐터 151, 155, 156, 220, 222, 226

대동방국 72

대룡부 43, 44

대모달 31

대봉국 101

덕진포전투 85, 86

도당유학생 62

도선 69, 108

도성 159

도적 27

도피안사 30

돌터미 225
동궁기실 64
동리산문 68, 108
동막리 221
동주산성 137, 154, 157, 159, 163, 172, 193, 253

### ㅁ

마명동 220
마진 12, 39, 42, 54, 56, 72, 83, 112, 114, 212
마하진단 72, 114
막터골 157
만가대 220
망봉 222
맥국 88
멸도 84, 95, 96, 105, 116, 212
명성산 191, 215
명성산성 143, 150, 152, 154, 157, 221, 228, 253
명주 25, 27, 57, 80, 114
명주장군 27
묘관찰지인 198
무염 69
무왕 109
무지개 폭포 222
무태 12, 39, 56, 83, 112, 212
문과장 224, 226
문벌귀족 42
문신관료 65, 66
문학작품 229, 230, 247, 255
문학적 상상력 236, 242, 245, 256
문한기구 66, 67, 115
문헌전설 210, 211
미륵관심법 51, 53, 55, 59, 60, 118, 121, 129, 205, 248

미륵불 12, 23, 30, 50, 55, 59, 72, 108, 117, 129, 206, 242, 248
미륵신앙 56, 61, 191, 192, 198, 203, 238, 241, 242, 249
미륵참의 202

### ㅂ

박암 65
박유 64, 73, 107, 119, 125, 249
박인원 65, 66
박지윤 31
박직윤 31
박질영 124
반상서 100
반신라정책 94, 106
발삽사 176, 185, 187, 208
발어참성 32, 81
발해 88, 91, 103, 106, 111, 251
배현경 122, 177, 212
백서성 66
백제 계승의식 109
백탁 65
범일 27, 69, 80
법상종 193, 194
볏가리소 221
병부 43, 49, 127
보개산성 145, 150, 152, 155, 157, 221, 228, 253
보라골 223
보로국 103
복지겸 123, 177, 212
봉빈부 110, 250
부석사 20, 95, 128, 211
부세제도 117, 119
부암산 220
부여 대조사 석조보살입상 206

부인 강씨 52, 54, 118, 225, 232, 239
부인 유씨 212
북계 88
북원 24, 31, 34
불만농민 19, 27, 108
비뇌성전투 81, 82

ㅅ

사대 250
사벌성 98
사원세력 19, 23, 25, 27, 36, 77, 108, 247
사정부 115
사청산 224
삼한공신 65
상서도성 43
상주 사화진 84, 98, 116
서경 124
서사 44
석남사 25, 80
석총 51, 107, 119, 125
석충 107
설움골 223
성동리산성 137, 139, 148, 150, 159
성머리 220
성모루토성 141, 158
성산성 147, 148, 159
성주 32
성주사 69
성책 12, 56, 112, 212
성해응 144, 154
세규사 22
세달사 21, 23, 57, 61, 69, 73, 77, 176, 211,
   237
소경의 절터 223
소상 187, 208
송악 지역 33, 36

송악 천도 33, 82, 137
송악태수 81
송함홍 65, 67, 107, 119
수단 43
수덕만세 12, 56, 70, 71, 95, 112, 212
수원승도 19, 23
수춘부 43, 110, 250
순군부 44, 48, 51, 55, 117, 127, 248
시랑 44
시루메고개 222
시중 41, 44
신광보살 57, 108, 238
신성산성 224
신숭겸 123, 177, 212
신일 44
신정적 전제주의 12, 52, 55, 59, 60, 72, 107
신훤 25, 35, 79
실상산문 108
심곡사 126
십국 93

ㅇ

아미타정인 198, 202
아자개 98
아지태 48, 117, 121
아찬 38
안성 국사암 궁예석불삼존상 204, 207
야래자설화 109
야전골 222
양길 24, 26, 30, 34, 79, 81, 91, 114, 120,
   129, 176, 211, 237, 250
어수정 220
어음성 145, 146, 159
여우고개 222
여주 계신리 마애불입상 194
여주 포초골 석불좌상 195

역분전제도 127
역사대중서 243
역사소설 230, 234, 236, 243
역사영화 243
역사적 사실 235, 242, 245, 256
역사적 상상력 236, 245, 256
역사적 진실 242
역성혁명 123
연천 초성리토성 146
영상작품 229, 236, 247, 255
예산진 126
예언 44
오대 93
오덕시종설 70
오성 187, 208
오월 84, 100, 103, 106, 111, 251
오행상생설 95
오행상승설 70, 71
오행적 역사관 70
옥룡사 69, 108
옹주포 224
완이정 224
왕건 28, 32, 38, 48, 76, 81, 92, 107, 111,
    118, 129, 182, 229, 250
왕건의 사저 160, 161, 180
왕권전제화 61
왕규 128
왕릉 32, 38, 81, 116, 121
왕식렴 124
왕재고개 222
왕정랑 223
왕즉보살 125
왕즉불 117, 119, 125
왕창근 65, 99, 107, 176, 187, 203
외서 44
용화세계 58

운악산 216, 222, 226
운악산성 150, 155, 157, 218, 221, 223, 228
울음산성 145
원봉성 67
원외랑 44
원주 195, 197, 198
원주 매지리 석조보살입상 199
원주 봉산동 신선암 석조보살입상 199
원주 봉산동 출토 석조약사불좌상 196
원주 우산동 출토 철조아미타불좌상 197
원주 학성동 출토 철조약사불좌상 196
원회 25, 79
월하리토성 138, 160
월하분교터 162
위화부 43
유긍순 65
유길권 46
유학자 62, 64, 73, 107
윤봉 65
윤선 89, 91, 118
윤형 46
은대리토성 141, 142
은부 49, 117
읍장 31
의자왕 95, 109
의형대 43, 115
이결 46
이경석 178, 179
이긍회 46
이승휴 225
이제현 92, 249
이평리사지 마애불입상 192, 193
이흔암 42, 49, 83, 98, 117, 122, 123
인물전설 217, 225, 227, 255
일연 225
임식 44

ㅈ

장군 31, 36, 81
장수나들 220
장원 179
적당세력 19, 27
적도 19, 27
적의적 84
전륜성왕 51, 59, 72, 206
전중평 224
전초기지 산성 159
정개 12, 56, 112, 212
정기대감 38
정복정책 96, 99
조신 22, 23
존왕의 의 96, 107, 110, 250
종간 61, 73, 117, 249
죽주 24, 78
중서문하성 42, 54
중어성 135, 145, 159
지명전설 219, 226, 227, 256
지장선원 28
지장신앙 193, 194
진각성 44
진골귀족 20, 42, 247
진성여왕의 양위표 103
진표 57, 59, 107, 109, 125
집사부 41, 42, 54
집사성 42, 54

ㅊ

참위설 68, 113
창부 44
천수 124
천하통법 117, 126
천황지 220
철원 도읍 30, 214, 225

철원 도피안사 철조비로자나불좌상 190
철원 지역 30, 133, 142, 146, 148, 153, 158,
    162, 204, 220, 222, 225
철원경 83
철원태수 177, 181, 182, 211
철원향교 163, 174, 177, 254
청광보살 57, 108, 238
청길 35
청주 35, 47, 75, 83, 98, 114, 124, 212
청주인 사민정책 114
초구 27
초적 19, 27, 247
초적세력 27, 36
최남선 225
최승로 128
최승우 62
최응 64, 67, 107, 122, 205, 249
치성광불 208
치성광여래 185, 186
칠장사 219

ㅌ

태봉 12, 15, 37, 56, 93, 112, 161, 184, 212,
    229, 247
태봉도성 134, 154, 159, 181, 253, 258
태봉미술 188
태봉불교 187, 191, 203
태봉산성 149
태수 38
태안사 88
태안사 광자대사비 87
태조왕건구택지설 177
태평 65, 125
테뫼식 석성 145, 148
토성 분정 127
토성리토성 146, 158

토성산성 223
통진대사 경보 69, 108

ㅍ

파주 육계토성 146
팔관회 58, 59, 82
패강도 83
패강진 31, 32
패서 지역 31, 33, 81, 84, 113, 116, 122,
  137, 153, 212
패서도 88
패서적구 29, 31
팩션 243
평산박씨 31, 32, 34
평주 31
평지성 158
평찰 46
포곡식 산성 142, 143, 154, 160,
포천 구읍리 석불입상 203
포천 백운동 출토 철불좌상 189, 190
포천 용화사 석조미륵보살입상 204, 207
풍수도참설 56, 73, 249
풍수지리설 68, 70, 73, 249
풍천원 135, 153, 159, 220, 226, 227
풍천원 석등 188, 189
피나무골 223
피난성 146, 148, 159

ㅎ

하남성 형양 대해사 출토 석조미륵보살입상
  200
한숨모퉁이 222
한신일 65
한탄강 223
할미산성 139, 142, 159

항서밭골 223, 226
해군장군 97
해동대국 114, 119
해상무역 33
행적 28
향도 30
향토지 143
허원 65
허월 28, 60, 73, 125, 249
헌안왕 20, 76, 211
형미 87, 107, 119
혜철 68
호등제 116, 119
호부층 115, 117, 120, 126, 127
호족 9, 39, 91
호족세력 19, 23, 25, 27, 31, 35, 42, 248
호족연합 39, 42, 54
호족연합정권 43, 60
호족연합정책 36, 248
홍기 83, 98
홍유 122, 177, 212
화백 42
화평장터 223
황의 84
효공왕 98
후고구려 15, 35, 39, 109
후당 103, 111, 251
후량 103, 106
후백제 97, 105, 107, 110, 116, 123, 125
후삼국시대 9, 10, 13, 75, 110, 184, 240,
  247, 250
흑수국 103
흑수말갈 89, 91, 250
흑창 126
흥교사 21, 77

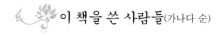 이 책을 쓴 사람들(가나다 순)

김기덕金基德　건국대학교 문과대학 사학과 교수

김용선金龍善　한림대학교 인문대학 사학과 교수

신호철申虎澈　충북대학교 사범대학 역사교육과 교수

유인순柳仁順　강원대학교 사범대학 국어교육과 교수

유재춘柳在春　강원대학교 인문대학 사학과 교수

이　　재李　宰　육군사관학교 군사사학과 명예교수

이재범李在範　경기대학교 인문학부 사학전공 교수

정청주鄭淸柱　전남대학교 문화사회과학대학 문화콘텐츠학부 교수

조범환曺凡煥　서강대학교 박물관 연구교수

조인성趙仁成　경희대학교 문과대학 사학과 교수

채웅석蔡雄錫　가톨릭대학교 인문학부 국사학전공 교수

최성은崔聖銀　덕성여자대학교 인문과학대학 미술사학과 교수

궁예의 나라 태봉
그 역 사 와 문 화

1판 1쇄 펴낸날 2008년 8월 1일

엮은이 | 김용선
펴낸이 | 김시연

펴낸곳 | (주)일조각
등록 | 1953년 9월 3일 제300-1953-1호(구 : 제1-298호)
주소 | 110-062 서울시 종로구 신문로 2가 1-335
전화 | 734-3545 / 733-8811(편집부)
733-5430 / 733-5431(영업부)
팩스 | 735-9994(편집부) / 738-5857(영업부)
이메일 | ilchokak@hanmail.net
홈페이지 | www.ilchokak.co.kr
ISBN 978-89-337-0544-5 93910

값 18,000원

* 엮은이와 협의하여 인지를 생략합니다.

* 이 도서의 국립중앙도서관 출판시도서목록(CIP)은 e-CIP 홈페이지
(http://www.nl.go.kr/ecip)에서 이용하실 수 있습니다.
(CIP제어번호 : CIP2008002217)